최신
편입유형
독해

최신 편입 유형 독해

저 자 박지성
발행인 고본화
발 행 반석출판사
2021년 1월 10일 초판 1쇄 인쇄
2021년 1월 15일 초판 1쇄 발행
홈페이지 www.bansok.co.kr
이메일 bansok@bansok.co.kr
블로그 blog.naver.com/bansokbooks

07547 서울시 강서구 양천로 583. B동 1007호
      (서울시 강서구 염창동 240-21번지 우림블루나인 비즈니스센터 B동 1007호)
대표전화 02) 2093-3399 **팩 스** 02) 2093-3393
출 판 부 02) 2093-3395 **영업부** 02) 2093-3396
등록번호 제315-2008-000033호

ISBN 978-89-7172-932-8 (13740)

최신
편입유형
독해

반석출판사
Bansok

머리말

여타 수험영어와 편입영어를 구별 짓는 가장 두드러지는 특징은 시험 문제를 출제하는 가이드라인이 따로 주어져 있지 않고, 학교별로 문제 유형과 난이도가 상이하다는 점이다. 특히 출제자에 따라 동일 학교의 경우에도 지문 내용의 난이도와 문제 유형이 다소 달라질 수 있다. 그래서 편입 시험을 준비하는 입장에서 어느 학교를 준비하는지에 따라 같은 영어를 공부하더라도 공부방법을 달리 해야 한다는 의미가 되기도 한다.

하지만, 학교별 문제유형과 난이도가 다르다 하더라도 시험에 공통적으로 나오는 문제유형이 있고, 특히나 모든 유형의 문제에 기본이 되는 개념이 있기 마련이다. 이런 의미에서 편입독해를 본격적으로 시작하는 수험생의 경우 문제유형에 대한 기본 개념과 함께 편입에 자주 출제되는 유형 문제에 대해 이해하고, 접근 방법을 숙지해야 할 것이다.

모든 유형의 문제는
주제와 요지의 변형이자 응용이다.

모든 문제는 주제와 요지의 변형이자 응용이다. 그런 의미에서 주제와 요지를 명확하게 이해하고, 해당 문제를 실제 지문에 적용하는 방법을 숙지하는 것이 무엇보다 중요하다. 나아가 편입시험에 나오는 문제는 근본적으로 주제문제와 어떻게 연계되는지를 이해할 필요가 있다. 예를 들어, 변별력 문제로 출제되는 빈칸 문제의 경우 대부분 빈칸이 주어진 문장은 요지문이 되는 경우가 많다. 평소 문제를 풀 때, 지문에 달린 문제 유형에 상관없이 주제와 요지를 찾는 연습을 한다면 빈칸문제는 자연스럽게 해결되는 셈이다. 또 다른 예로, 관련 없는 문장을 찾는 "문장삭제"의 경우 "하나의 단락은 하나의 주제만을 다룬다."는 단락의 통일성을 응용한 문제로 결국 주제에 어긋나는 문제를 찾는 문제이다. 단락의 원리와 연계한 주제 찾기를 응용·변형한 문제임을 알 수 있다.

기본적인 문법학습과 구문력(문장 해석능력)이 갖춰진 수험생은 문장과 문장이 유기적으로 연결된 최소단위의 글인 단락과 여러 단락으로 구성된 글을 읽는 능력을 기르고, 문제를 푸는 방법을 익혀야 할 것이다. 본서는 그런 의미에서 편입독해를 본격적으로 시작하는 수험생을 위한 책이다.

[구성과 세부내용]에서 설명한 문제유형과 세부내용을 시작으로 독해에서 다루는 문제유형에 대한 기본적인 개념과 적용을 꼼꼼하게 숙지하고, 나아가 실전편을 통해서 탄탄한 독해력을 기를 수 있기를 바란다.

저자 **박 지 성**

목차

구성과 세부내용

본서의 구성은 크게 문제유형 풀이와 실전종합문제로 구성되어 있다.

Part 1 에서는 대의파악 문제유형을 다루면서 주제와 요지의 개념을 익히고, 실전 문제를 통해서 적용하는 방법을 학습한다. 앞서 머리말에서 모든 문제유형은 주제와 요지의 응용이자 변형이라고 했듯이 편입 독해를 시작하는 시점에서 가장 집중해서 공부해야 할 파트이다.

Part 2 에서는 내용일치와 불일치, 그리고 특정 정보파악의 문제에 대한 구체적 접근방법을 다룬다. 일반적으로 내용일치와 불일치의 경우 시험 시간에 많은 시간을 잡아먹는 유형으로 알려져 있다. 하지만, 해당 유형의 문제도 정답은 본문의 요지문인 경우가 많고, 내용 불일치의 경우도 요지문의 내용을 변형한 경우가 많다. 결국, Part 1 에서 다룬 대의파악 문제의 연장에서 Part 2의 내용일치와 불일치도 접근해야 촌각을 다투는 시험장에서 효율적 시간관리가 가능하다는 의미다.

Part 3 에서는 내용추론, 밑줄추론, 글 전후 추론, 지시어구 등을 다룬다.

구성과 세부내용

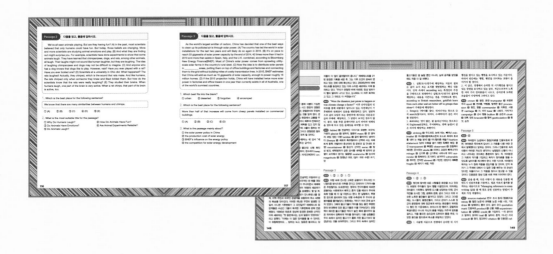

Part 4 에서는 통일성과 응집성을 활용한 문제로 편입 시험에서 난이도가 높은 유형에 해당한다. 빈칸문제, 순서배열, 문장삽입과 삭제의 모든 문제가 주제와 요지를 응용한 문제이다. Part 4의 다루는 유형도 결국 Part 1의 응용과 변형이다.

1) 빈칸문제 - 빈칸이 들어간 문장은 요지문인 경우가 많다.
2) 순서배열 - 하나의 주제만을 다루는 단락의 통일성을 활용한 문제로 글의 도입부에서 주제가 드러나는 두괄식으로 시작하는 경우가 많다. 그러므로 글의 도입부에서 드러나는 주제를 설정하고, 이를 바탕으로 이어지는 글의 순서를 잡는 문제다.
3) 문장삭제 – 글의 도입부에서 설정된 주제에 어긋나는 문장을 고르는 문제다.

Part 5 에서는 어휘와 어법 관련 문제를 다룬다. 어법의 경우 편입독해 지문에서 다소 지엽적이고, 출제빈도가 낮지만 학교별로 시험에 출제되는 경우가 있기에 대비가 필요하다.

Part 6 에선 앞서 학습한 각 유형별 문제를 종합적으로 적용하는 연습을 한다.

Part

1

대의 파악

Passage 1 | Which is the main topic of the passage?

In the United States police officers wear identifiable uniforms when on duty. An officer at an accident scene who is wearing everyday clothes might find that crowds won't obey someone who claims to be a police officer but is without a uniform. The officer might have difficulty keeping onlookers at bay or redirecting traffic away from the scene. When the background assumption is not fulfilled, members of the public will not respond as respectfully as they would if the officer were in uniform, and the officer will have a hard time performing required duties.

① The importance of the uniform
② The police officer's required duty
③ The sequence of uniform identification
④ The public respect for the police officer
⑤ The social prejudices to the police officers

Passage 2 | What does the passage suggest?

Nepal, known for its fabled Himalayas including Mount Everest, has endured a deadly, tragic year. In April, a hanging glacial mass collapsed and tumbled through a dangerous route on Everest, killing 16 Sherpas in the worst single disaster. Months later, an unseasonal snowstorm struck Annapurna, killing at least 43 people including locals and foreign tourists. Were the disasters just prone to happen or was climate change a factor? Everest mountaineers have spoken of changes they've witnessed for years. "In my first journey, there was snow and ice," said Apa Sherpa, a retired mountaineer who made his first summit in 1990. "Now we can see more rocks. It's more dangerous ... the glacier's melting, the ice is falling, there are rocks falling more." After a record of 21 summits of Everest, he has no doubt that conditions are changing rapidly. Dawa Stephen Sherpa, who has been climbing Everest since 2006, agreed: "Our observations show that seracs are peeling off the mountains much quicker and we're seeing avalanches much more frequently and of greater magnitude."

① The deadly disasters in Nepal this year seem to be linked to climate change.
② Unseasonal snowstorms are not going to occur frequently as before in Nepal.
③ Melting glaciers are not necessarily signs of global warming these days.
④ Climbers of Mt. Everest should be reminded that accidents can happen anytime.

다음을 읽고, 물음에 답하시오.

Interior designers may claim that a solitary goldfish displayed in a glass bowl makes a striking minimalist fashion statement, but according to British researchers, goldfish learn from each other and are better off in groups than alone. In one experiment, two groups of goldfish were released into a large aquarium separated by a transparent panel. On one side, fish food was hidden in various locations. The fish on that side foraged for the food while the fish on the other side of the clear panel watched. When released into the feeding area, these observant fish hunted for the food exactly in the proper locations. Other experiments showed that fish raised in a group are less fearful than fish raised alone. And not only are they less skittish, but they are also better at eluding enemies in the event of actual attack.

1. What would be the most appropriate for the topic sentence of the above passage?
① A solitary goldfish makes a striking fashion statement.
② Goldfish learn from each other and are better off in groups.
③ Goldfish are better at eluding enemies in groups.
④ Goldfish raised in groups are less fearful than fish raised alone.
⑤ Observant goldfish hunt for food in the proper locations.

2. Select the word that can best replace the underlined foraged.
① miraged ② hungered ③ searched ④ surrendered ⑤ attacked

3. It may be inferred from the above passage that the underlined skittish means _____.
① frightened ② vulnerable ③ sensitive ④ shrewd ⑤ fragile

다음을 읽고, 물음에 답하시오.

Everyone in the (A) _____ wore crowns. Trumpeters led the advance, and wagons laden with spoils. Towers were borne along representing the captured cities, and pictures illustrating the campaigns; then gold and silver coin and bullion, and similar captured materials; then came the crowns presented to the general as a reward for his bravery by cities, by allies, or by the army itself. One member of the chorus, in the middle of the (B) _____, wearing a body-length purple cloak as well as gold bracelets and necklace, caused laughter by making various gesticulations, as though he were dancing in triumph over the enemy.

1. Which of the following is the most appropriate both for the blanks (A) and (B)?

① triumph   ② procession   ③ commander   ④ carriage

2. Which of the following is the most appropriate topic of the above passage?

① Pictures to illustrate a wedding ceremony
② How to draw laughter by making various gesticulations
③ Mocking rituals of the triumph
④ The ways of commanding the army

What is the topic of the passage?

When you put source material in quotation marks in your essay, you are telling your reader that you have drawn that material from somewhere else. But it's not enough to indicate that the material in quotation marks is not the product of your own thinking or experimentation: you must also credit the author of that material and provide a trail for your reader to follow back to the original document. This way, your reader will know who did the original work and will also be able to go back and consult that work if he or she is interested in learning more about the topic. Citations should always go directly after quotations.

① Writing an essay for readers
② Styles of quoted references
③ The importance of the quotation marks
④ Managing references in essay writing
⑤ Referring others' material in essay writing

What is the passage mainly about?

Can girls expect a level playing field in kindergarten gym classes? Maybe not, says Vonnie Colvin, professor at the University of Kentucky. Colvin, who analyzed teacher-student interactions in 20 kindergarten gym classes in rural Virginia, found that males generally received more encouraging feedback than females. Boys got more positive reinforcement than did girls, both if they performed physical skills correctly and if they needed help improving their skills. "The years between ages three and nine are a critical time for girls to gain confidence in their athletic abilities," Colvin notes. "If they don't master the skills then, they may stop trying." Parents can bolster a preschool girl's physical self-esteem by encouraging her to run and jump and to throw or kick a ball around. "This will help keep her physically active for a lifetime," says Colvin.

① Girl's Fear of Making Mistakes in Gym Classes
② Reasons for Boy's Poor Performance in Physical Activities
③ Importance of Positive Feedback in Enhancing Girl's Physical Skills
④ Similarities between Boys and Girls in Developing Athletic Abilities

Passage 7 　다음을 읽고, 물음에 답하시오.

W. Pennebaker discovered that the most psychologically-revealing results came from counting "function words" such as personal pronouns (like you and my), impersonal pronouns (like it and that), contractions (like can't and they'll) and articles (like the and an). In one study, Pennebaker and a colleague used the software to compare pronoun use by two groups of poets: those who had killed themselves and those who had not. Suicidal poets used the pronoun "I" more often — perhaps a reflection of the excessive self-focus that's common in depression. The reason people's use of pronouns and other function words provides such a window into the mind may stem from their connection to social behavior at a neural level, Pennebaker suggests. Studies of brain-damaged patients have shown that the brain area responsible for processing such words — a region in the left frontal lobe known as Broca's area — is also involved in social tasks. Some research indicates this area also contains mirror neurons, specialized cells that may be involved in imitation and empathy. People with severe damage to Broca's area lose both their social skills and the ability to call up prepositions, pronouns and other function words.

1. Which of the following is the passage mainly about?
① A new software for brain analysis
② The connection between function words and social behavior
③ Issues related to poets' word choices
④ Grammatical mistakes frequently found in the use of function words

2. According to the passage, which of the following is most likely to be an example sentence written by people with damage to Broca's area?
① I don't wanted to doing my job.
② I killed myself by tomorrow.
③ I want see movie.
④ I am a sick people.

다음을 읽고, 물음에 답하시오.

Are there any benefits from drinking filtered water as opposed to municipal tap water? The short answer is yes. While the Environmental Protection Agency regulates municipal tap water and sets legal limits on certain contaminants, and most water utilities generally stay within these limits, some of the legal limits may be too lenient. And more than half of the chemicals found in municipal water are not regulated. Using the right water filter can help further reduce pollutants like lead from old water pipes, pesticide runoff in rural areas and byproducts of chemicals like chlorine that are used to treat drinking water. Radon, arsenic and nitrates are common pollutants in drinking water. Certain filters may help remove these impurities as well. But water contaminants and water quality vary from one local water utility to another, so you want to purchase a filter that is effective at capturing the right contaminants.

1. What is the passage mainly about?
   ① environmental problems
   ② water shortage
   ③ safe water-drinking
   ④ water pollutions

2. According to the passage, tap water _____.
   ① is generally safe to drink
   ② contaminates environment severely
   ③ is better to drink than filtered water
   ④ may contain several types of pollutants

Passage 9   다음을 읽고, 물음에 답하시오.

In the fifth century B.C., the Greek philosophers tried to overcome the sharp contrast between the views of Parmenides and Heraclitus. In order to reconcile the idea of unchangeable Being of Parmenides with that of eternal Becoming of Heraclitus, they assumed that the Being is manifest in certain invariable substances, the mixture and separation of which gives rise to the changes in the world. This led to the concept of the atom, the smallest invisible unit of matter, which found its clearest expression in the philosophy of Democritus. The Greek atomists drew a clear line between spirit and matter, picturing matter as being made of several basic building blocks. These were purely passive and intrinsically dead particles moving in the void. The cause of their motion was not explained, but was often associated with external forces which were assumed to be of spiritual origin and fundamentally different from matter. In subsequent centuries, this image became an essential element of Western thought, of dualism between mind and matter, between body and soul.

1. What is the passage mainly about?

① The origin of Western dualism
② The main problem of Western thought
③ The relationship between spirit and matter
④ The uncanny world of the Greek philosophers

2. Which of the following is NOT true, according to the passage?

① Parmenides and Heraclitus were two opposing poles of the Greek thought.
② Parmenides and Heraclitus once worked together to reconcile their ideas.
③ The Greek atomists believed in the two different worlds of spirit and matter.
④ The tradition of Western thought has been largely embedded in the dualistic world view.

다음을 읽고, 물음에 답하시오.

The ultimate failure of Bohr and Einstein to continue their dialogues together symbolizes the degree of fragmentation that exists in the field of physics today. Despite their close friendship and the energy they brought to their encounters, the two men eventually reached the point where they had nothing more to say to each other. This break in communication was a result of the different and incompatible ways in which the informal language of physics was being used. Each protagonist was using certain terms in particular ways and laying stress on different aspects of the interpretation. A deeper analysis of this whole question shows that what was really at issue was the different notions of order involved. Bohr and Einstein both held to subtly different ideas of what the order of physics, and of nature, should be and this led to an essential break in their dialogue, a break which is reflected in the distance that lies between relativity and the quantum theory today. In particular, Bohr believed that the order of movement of a particle would admit ambiguity while Einstein felt that such a possibility was too absurd to contemplate. The source of this failure in communication between the two giants of modern physics therefore lay in their incompatible notions of order.

1. What is the passage mainly about?
① The cooperative measures that both Bohr and Einstein made
② The prospect of modern physics after Bohr and Einstein
③ The notions of order which Bohr and Einstein theorized differently
④ The way modern physics has eventually come to a dead end

2. What can be inferred from the passage?
① Einstein's relativity theory and Bohr's quantum theory can be seen as two different interpretations of order.
② The break in communication between the two scientists was due to the different orders contained in their theories.
③ Today it is generally acknowledged that science may not be the proper tool with which we can grasp reality.
④ Bohr and Einstein were fundamentally different in their methods of physics research.

What is the most suitable title for the passage?

Protesters outside the University of Pittsburgh Medical Center carried signs reading ANIMALS ARE NOT EXPENDABLE. But for the 35-year old man recovering inside, the choice had been between life and death. In an 11-hour operation, the unidentified patient received a new liver to replace his own, ravaged by hepatitis B. Since the virus would also have destroyed a replacement human liver, doctors transplanted the new organ from a baboon. It was hardly the first time a human had received an animal transplant; kidneys and hearts have been shifted from chimpanzees, baboons and monkeys into people for decades.

① Animal Disease Crisis
② A Life For a Life
③ Stem-Cell Revolution
④ Death Penalty
⑤ The Survival of the Fittest

What is the most suitable title for the passage?

Do you believe that a child who is 6 years old should be told everything, regardless of what it is? Here is the situation: Dad is in jail for one year. Please understand, my husband didn't steal anything, nor did he commit a violent crime. However, he was found guilty of drunk driving — it was his third offense. If you think our son should know all the facts, how do you feel about my taking him to visit his father in jail? Or do you think it would be better to tell him that Daddy is away "on business" and he may be gone for quite a long time? I can't describe the humiliation our family has endured. It was reported in the newspaper, but this is a large city and not everyone is aware of it.

① Crime or Punishment
② Guilt or Innocence
③ Shame or Honor
④ Truth or White Lie
⑤ Knowing or Believing

다음을 읽고, 물음에 답하시오.

Since the middle of the 20th century, a significant alteration has occurred in the relativity of conduct and morals. Before that, people had little doubt that there existed a gap between 'good' and 'bad', the former being coloured a dazzling white and the latter being coloured in unrelieved black. Freud and Jung and their disciples have changed all that, though. We now have learnt that nothing a person ever does is really his fault, but due to repressions and inhibitions derived from parental incompetence or undeveloped opportunities and glands. There are some old-fashioned people like me, however, who still regard with some distrust these explanations of psycho-analysis. Being an individualist by conviction, I regard individuals as responsible for their own actions, and the relativity of moral responsibility (A)_____ by the teachings of the psycho-analyst seems to me as depressing and discouraging as the old doctrine of predestination.

1. Which best fits into the black (A)?

① castigated   ② obviated   ③ disclaimed   ④ inculcated

2. Which is the best title of the passage?

① Who Is Responsible for Our Conduct?
② Why Is Moral Relativity So Important?
③ What We Learned from Psycho-analysis
④ Is There Really a Gap between 'Good' and 'Bad'?

3. Which is true according to the passage?

① People used to question the clear-cut difference between 'good' and 'bad'.
② People's moral actions substantially increased by the new change in relativity.
③ The author implies Freudian psycho-analysis endorses the predestination doctrine.
④ Some people still believe that they are responsible for their own behaviors.

다음을 읽고, 물음에 답하시오.

There hasn't always been quite such optimism about love's longevity as there is today. For the Greeks, inventors of democracy and a people not amenable to being pushed around by despots, love was a disordering and thus preferably brief experience. Later, during the reign of courtly love, love was illicit and usually fatal. Passion meant suffering; the happy ending didn't yet exist in the cultural imagination. The innovation of happy love didn't even enter the vocabulary of romance until the 17th century. Before the 18th century—when the family was primarily an economic unit of production rather than a hothouse of Oedipal tensions—marriages were business arrangements between families; participants had little to say on the matter. Some historians consider romantic love a learned behavior that really only took off in the late 18th century along with the new fashion for reading novels, though even then affection between a husband and wife was considered to be in questionable taste. Historians disagree, of course. Some tell the story of love as an eternal and unchanging essence; others, as a progress narrative over stifling social conventions. But has modern love really set us free? No. We feel like failures when love dies.

1. In which course is this passage most likely to be assigned reading?
① Medicine   ② American history   ③ Sociology   ④ Human biology

2. Which of the following is NOT true of the passage?
① Marriage was a business bridegrooms controlled.
② The Greeks considered love to be a mental problem.
③ The popularity of reading novels altered perceptions of romance.
④ Love's portrayal in the past was generally inconsistent with current views.

3. Which of the following is the best title for the passage?
① Love's Longevity: A Fantasy
② Love's Business Arrangement: Practicality
③ Love as Eternal Truth
④ Love as a Never-Changing Social Form

Passage 5 Choose the best title of the following passage.

We now know that chemical pollutants in soil and groundwater have profound effects on human health and welfare, in terms of both potential disease that the intake of these chemicals can cause, and the economic impact of cleaning up contaminated environments. Health effects from chemical contaminants have been difficult to assess because the impact is not acute, but rather cumulative, resulting in cancer many years following exposure or, more immediately, resulting in birth defects. The cost of cleanup or remediation of the contaminated sites in the United States alone would require more than $1 trillion. Given this price tag, it is increasingly recognized that biological cleanup alternatives, known as bioremediation, may have profound economic advantages over traditional physical and chemical remediation techniques.

① A Huge Price Tag Attached to Environmental Pollution
② Who is to Blame for the U.S. Chemical Pollutant Cleanup Cost?
③ Potential Health and Economic Hazards of Contaminated Environments
④ A Growing Interest in Bioremediation to Combat Polluted Environments

Passage 6 Choose the best title for the following passage.

You'd have to shimmy through a narrow crack in a wall in South Africa's Rising Star cave system to meet the latest addition to the human family. Two years ago, a team led by paleoanthropologist Lee Berger did just that, and on Sept. 10 he announced the results. What Berger found were more than 1,500 bones representing 15 members of the newly named species Homo naledi (from a local word for star). The early prehumans were barely 5 ft. (1.5m) tall and had brains the size of an orange. Some features, like the hands and feet, place H. naledi closer to humans: others, like the small brain, make them apelike. The cave may have been a burial chamber, which would show a very human respect for the dead. The rub is that tests have not yet determined H. naledi's age, with estimates putting it from 2.5 million to 3 million years. A better answer is forthcoming. Until then, think of H. naledi as relatives; whether they're close enough to invite to Thanksgiving is yet to be known.

① Homo Naledi: a Protohuman
② Rising Star: an Ancient Burial Chamber
③ The Brain Size of the Early Prehumans
④ The Age of Homo Naledi

다음을 읽고, 물음에 답하시오.

The greatest scientific example of the sensing type was Sir Isaac Newton. He convinced three centuries of science to look first at the facts and only then to draw cautious inferences. The real world was neither what we wanted it to be, nor influenced in any way by our wishes. We must humbly reflect God-given realities on the pupils of our eyes and not let our beliefs or conceits stand in the way. Only after we have made sure of all the facts should we start to draw inferences. Yet science moves on, and theoretical physics is quite another challenge, needing intuition to disentangle its puzzling anomalies. Albert Einstein was famed for his intuitive powers and would cut himself shaving if an exciting intuition struck him. But none of this means that he ignored the available facts. Having gained his intuitions, he proceeded to test them — an example of how one type helps to verify the conjecture of another.

1. What would be the best title of the passage above?
① the tedious development of scientific analysis
② sensing versus intuiting
③ the cautious progress of big data
④ the decreasing tendency of anomalies and uncertainty

2. Which of the following is true according to the passage above?
① Newton analyzed the situation and looked hard at facts. These speak for themselves, needing no general theorization.
② Einstein gained deep insights into the meaning of the issue. These speak for themselves, needing no factual support.
③ Einstein gained deep insights into the meaning of the issue. Facts are dependent on context. Once he grasped the context, he did not need to think about facts themselves.
④ Newton analyzed the situation and looked hard at the fact, but then he started to draw inferences until the meaning of this issue became clear.

Passage 8 — What is the best title for the passage?

   The dynamic nature of the Russian oil and gas business exemplifies the forces of globalization and the region's changing economy. Prior to the breakup of the Soviet Union, about half of Russia's oil and gas exports went to other Soviet republics, such as Ukraine and Belarus. While these two nations still depend on Russian supplies, the primary destination for Russian petroleum products has overwhelmingly shifted to western Europe. Russia now supplies that region with more than 25 percent of its natural gas and 16 percent of its crude oil, and those linkages are likely to grow even stronger. An agreement between Russia and the EU in 2000 aimed at the rapid expansion of these East-West linkages.

① Dynamic Power of Russia's Natural Gas
② Foreign Investment to Russian Oil and Gas Industry
③ Globalization and Russia's Petroleum Economy
④ Competitive Edge of Russian Petroleum Products

다음을 읽고, 물음에 답하시오.

Not only is aspirin a standard remedy for pain and fever, but it's also used to prevent serious illnesses. Millions of heart attack and stroke survivors pop a low-dose tablet every day to stop them having another event and, increasingly, healthy people are taking it daily to safeguard their cardiovascular health, too.

We've known for a long time that aspirin is very effective in preventing heart attacks and strokes in people with a cardiovascular problem. The drug works by thinning the blood to help prevent small blood clots. More recently, there's been evidence that low doses of daily aspirin can prevent gastro-intestinal cancers as well as breast and prostate cancer, and can also slow mental decline.

But, because aspirin thins the blood, people taking it regularly may actually be at higher risk of a stroke because their brains bleed more. Its long-term use has also been linked to macular degeneration and increased risk of internal bleeding. General practitioner Dr. Marles says those who can benefit from the drug include people who have had any sort of heart event like a heart attack or a stroke. For everyone else, it's up to a doctor to carefully weigh up their risks of cardiovascular disease and bleeding.

1. Which is the best title of the passage?
① Widespread Use of Aspirin
② Aspirin, a Modern Panacea
③ How and When to Take Aspirin
④ Aspirin, What Is Good and Bad

2. Which is NOT a harmful side effect of aspirin?
① heart attack
② poorer eyesight
③ higher risk of a stroke
④ increased risk of internal bleeding

3. Which is NOT true according to the passage?
① Aspirin is effective in preventing certain cancers.
② One of the functions of aspirin is thinning the blood.
③ Aspirin is usually served as a pain and fever relief.
④ Doctors recommend people to take aspirin on a daily basis.

Passage 10 다음을 읽고, 물음에 답하시오.

Critics argue that commercialism fosters censorship in much of the U.S. media. Because of their importance in funding the media, advertisers actually have a lot more power than government agencies do over the content of media in the United States. What advertisers get from that power, say the critics, are programs that create a friendly environment for the consumers they are targeting as an audience. The rules are clear. TV programming executives are aware, for example, that some major advertisers won't fund content that involves too much violence or gays and lesbians. Newspaper editors understand as well that investigating local real-estate brokers (the sponsors of the papers' real-estate sections) is not an economically healthy activity. Magazines know that they will lose lucrative tobacco accounts if they publish too many articles about the hazards of cigarette smoking. Bluntly put, there is a lot at stake if media executives don't create environments that are friendly to marketers in general and to individual advertisers in particular. Critics of commercialism believe, too, that the preoccupation of media with advertising and marketing often leads them to exploit children. Although you can find examples of media for children that do not carry ads, in general, children aged two through twelve are often treated like pintsize consumers. Ad people know all too well that children influence parental spending and, as they get older, have their own purchasing power from gifts and allowances.

1. What is the best title for the passage?

① Censorship in the U.S. Media
② America's Embrace of Commercialism
③ New Marketing Strategies of the Media
④ Commercialism's Effect on the Media

2. Which of the following is "an economically healthy activity" for media executives?

① To publish many articles on the hazards of smoking
② To make TV dramas that involve violence
③ To investigate local real-estate brokers
④ To put ads in TV programs for children

3. What can be inferred from the passage?

① Tobacco companies are important sponsors for magazines.
② Advertisers actually censor the programs they fund.
③ Real-estate brokers rarely subscribe to newspapers.
④ Children aged two through twelve should not appear in ads.

Passage 1 — What is the main idea of the passage?

Your doctor usually checks to see if you have healthy blood pressure in one arm, but a recent study from our research team suggests that taking readings in both arms may help better identify patients at higher risk of heart disease. When researchers analyzed data on nearly 3,400 patients over 13 years, they found that about 10 percent of participants showed higher systolic readings (the upper number) in one arm. Those with arm-to-arm discrepancies of ten points or more were 38 percent more likely to have a heart attack, stroke, or other coronary event. Such imbalances may indicate plaque in major arteries.

① Patients with high risk of heart disease seldom show uneven systolic readings for both arms.
② To find potential heart disease patients, we had better take readings in both arms.
③ Heart attacks or other coronary events may result from measuring blood pressure too often.
④ Arm-to-arm discrepancies of blood pressure could be signs of inefficient metabolism.

Passage 2 — Which is the main idea of the passage?

It is unlikely that many of us will be famous, or even remembered. But no less important than the brilliant few that lead a nation or a literature to fresh achievements, are the unknown many whose patient efforts keep the world from running backward; who guard and maintain the ancient values, even if they do not conquer new; whose inconspicuous triumph it is to pass on what they inherited from their fathers, unimpaired and undiminished, to their sons. Enough, for almost all of us, if we can hand on the torch and not let it down; content to win the affection, if possible, of a few who know us, and to be forgotten when they in their turn have vanished.

① We must learn from the experiences of other people.
② It is a few great men of genius that create civilization.
③ What the future world will be like is impossible to foresee.
④ Great men alone cannot keep up a high level of civilization.
⑤ One who wins the affection easily tends to be forgotten in that way.

What is the main idea of the passage?

We do not learn the meaning of words mostly by looking them up in the dictionary. We build our vocabularies by hearing or seeing words in context. Every time we read a book we add words to our vocabularies, whether we use the dictionary or not. If there is plenty of familiar context — that is, if not too many new words come at once—we may understand everything perfectly without dictionary help. Similarly, we learn to spell largely by noticing how words are spelled. We learn to pronounce words by hearing other people pronounce them. We learn good usage by listening to the usage of the people we admire and look up to and wish to emulate.

① It is useful to employ the dictionary when we face many new words.
② The dictionary is indispensable for learning the contextual meaning of words.
③ It is better to use the dictionary than to imitate people for learning languages.
④ It may be risky to learn the pronunciation of new words without dictionary help.
⑤ The dictionary is useful, but not really central to the process of language learning.

Passage 4 다음을 읽고, 물음에 답하시오.

In Russia, several religions coexist, including Christianity, Judaism, Islam, and animism. The most common religion is Christianity, and most Christians are members of the Russian Orthodox Church. The Church has existed for over 1,000 years, surviving even the official atheism of the Soviet era and the agnosticism that may have been even more prominent at the time. During the communist years, many Russians who practiced Orthodoxy sacrificed career and educational opportunities. The tenacity of Russian Orthodoxy may explain why even nonreligious Russians are inclined to call themselves Russian Orthodox. That same staying power drives the Church today, which is run by Aleksey II of Moscow. Born Aleksey Mikhailovich Ridiger, the future patriarch was from a very _____ family. As a boy, Aleksey was often taken by his parents on their annual pilgrimages, when he most certainly began contemplation of the religious ways of life he was to choose. As patriarch, Aleksey is exalted in the Church governance, but he is not deified. He has published articles on Church history and peacemaking in both the ecclesiastical and secular press, broadening the Church's image both in Russia and abroad.

1. Which of the following best expresses the essential information of this passage?

① The Russian Orthodox Church was banned under Soviet control.
② Few Russians believe in a god.
③ Aleksey II has expanded the church's members.
④ The Russian Orthodox Church has a long history of strong membership in Russia.

2. According to the passage, Aleksey II of Moscow is _____.

① a historian　　② a high church official　　③ a secular leader　　④ an atheist

3. Which of the following best fits in the blank?

① pious　　② opulent　　③ slant　　④ appalling

다음을 읽고, 물음에 답하시오.

Most of us are aware that a positive attitude can improve health and speed recovery from illness, but does this also work the other way around? 'Embodied cognition' is a term used by psychologists to describe how the way we move affects the way we think and feel. An early study in this fascinating field demonstrated that holding a pencil horizontally between your teeth activates the same muscles used for smiling, thus sending pleasure signals to our brain, while people who have Botox injected to reduce laughter lines are less happy afterwards. If you've ever cried during a massage you will know that muscles are not simply an amalgamation of tissue and fibers. They contain delicate traces of our emotional lives and have the capacity to engender feelings without the executive influence of the mind. Our body can be _____ of feeling and a powerful co-creator of our emotional experience and there's research to prove it.

1. Which of the following is most appropriate for the blank?
① a mirror   ② a master   ③ a reservoir   ④ an originator

2. Which of the following is NOT a proper example for the main idea of the passage?
① Open your arms when you feel timid.
② Recall happy memories when you feel bad.
③ Have a hot bath when you're feeling lonely.
④ Take a dance lesson when you need to be creative.

Passage 6   Which is the main idea of the passage?

Greek mythology is largely made up of stories about gods and goddesses, but it must not be read as an account of the Greek religion. According to the most modern idea, a real myth has nothing to do with religion. It is an explanation of something in nature, how any and everything in nature came into existence: people, animals, trees or flowers, the stars, earthquakes, all that is and all that happens. Thunder and lightning, for instance, are caused when Zeus hurls his thunderbolt. Myths are early science, the result of people's first trying to explain what they saw around them.

① Mythology is often very closely associated with religion.
② The most modern idea emphasizes the value of Greek myths.
③ Greek myths frequently mention natural phenomena in detail.
④ Greek myths are explanations of nature rather than religion.
⑤ Science could be better understood by understanding myths.

Passage 7 다음을 읽고, 물음에 답하시오.

Though there has, of course, been a beauty myth in some form for as long as there has been patriarchy, the beauty myth in its modern form is a fairly recent invention. The myth flourishes when material constraints on women are dangerously loosened. Before the Industrial Revolution, the average woman could not have had the same feelings about "beauty" that modern women do who experience the myth as continual comparison to a mass-disseminated physical ideal. Before the development of technologies of mass production, an ordinary woman was exposed to few such images outside the Church. Since the family was a productive unit and women's work complemented men's, the value of women who were not aristocrats or prostitutes lay in their work skills, economic shrewdness, physical strength, and fertility. Physical attraction, obviously, played its part.

1. Which of the following is the main idea of the passage?
   ① The value of women
   ② Women's oppression in patriarchy
   ③ The shifting concept of beauty
   ④ Women's beauty during the Industrial Revolution

2. Which of the following is closet in meaning to the underlined part?
   ① holy images   ② ordinary images   ③ body images   ④ fertile images

What is the main idea of the passage?

Natural selection is usually assumed to favor behaviors that promise survival, but almost no art theorist has ever proposed that art directly promotes survival. It costs too much time and energy and does too little. This problem was recognized very early in evolutionary theorizing about art. In his 1897 book *The Beginning of Art*, Ernst Grosse commented on art's wastefulness, claiming that natural selection would long ago have rejected those who wasted their efforts in so purposeless a way, in favor of others with practical talents; and art would not possibly have been developed so highly and richly as it has been. To Darwin, high cost, apparent uselessness and manifest beauty usually indicated that a behavior had a hidden courtship function. But to most art theorists, art's high cost and apparent uselessness has usually implied that a Darwinian approach is inappropriate — that art is uniquely exempt from natural selection's cost-cutting frugality.

① Art has no survival value, but displays a courtship function.
② Natural selection does not explain art in a plausible way.
③ Many art theorists appreciate art's evolutionary functions.
④ Biologists have found a way to explain art in Darwinian terms.

Which is the main idea of the passage?

The white race divides itself upon economic grounds. The landowning whites look down on everyone else, mostly the working class Cajun whites. These poor whites serve the landowning whites by using violence to maintain the racial order. Despite their efforts, however, the landowning whites still detest and scorn them. In the black race, the Creole culture shuns all darker skin blacks. The Creoles are light skinned blacks who come from the original French colonists in Louisiana. When a Creole girl, Mary Agnes LeFarbre, goes to work on the Samson Plantation with common blacks, her family disowns her. Even though local whites consider the Creoles common blacks, the Creoles themselves refuse to mix with the general black population and act superior. The concept of racism within the black community itself suggests the ridiculousness in using skin color as a means of social division.

① The poor whites use violence for the rich whites.
② Class differences exist even inside the same race.
③ Humans erect boundaries to keep their fellows out.
④ Social frame of racial order constructs American identity.
⑤ People are bound to the traditional image of black and white.

다음을 읽고, 물음에 답하시오.

The fundamental distinction between commitment and fanaticism is uncertainty. A fanatic is certain. A fanatic has the (A) _____. A fanatic knows what really is happening. A fanatic has the plan. When you understand this, you realize that fanaticism is not limited to just the extreme fringes of civilized society. Fanaticism is alive and well in mainstream society. It arises in all kinds of positions of authority. In fact, I would argue it is the first and most fundamental abuse of all positions of authority. From my standpoint, all true commitment lives in the domain of doubt. Anything less than that is calculation based on a belief that is held as absolute: "If this is the way it is, then this is what we must do." Without uncertainty or doubt, there is no foundation for tolerance. If there (B) _____, which we all generally see as our own, we have no space for the possibility that a different point of view may be valid. Because of that, of course, we have no humility. How can we have humility if we've got the answer?

1. Which of the following is the most appropriate for the blank (A) and (B)?

① question — is one right view   ② answer — is one right view
③ answer — are multiple views   ④ question — are multiple views

2. According to the passage, which of the following is true?

① Fanaticism is closely related to true commitment.
② Commitment cherishes the virtue of humbleness and doubt.
③ A meticulous calculation may distinguish fanaticism from commitment.
④ Mild fanaticism has a positive effect on human beings.

3. Which of the following sentences best summarizes the passage above?

① To get an ultimate answer, we need both fanaticism and commitment.
② Uncertainty is the cardinal prerequisite for doubt and humility.
③ Doubt distinguishes commitment from fanaticism.
④ The most critical abuse of commitment is fanaticism.

다음을 읽고, 물음에 답하시오.

Today's smartphones, it can be argued, are rigid and wasteful. With preassembly, there's no real way to personalize them. And if your camera breaks or battery dies, you've got a useless brick. Now, ABN is reimagining that concept with Alpha Phone, a totally customizable phone made of individual pieces. Need a new feature? Just add it. Something broke? Swap it out. This phone starts as a basic frame, called Basit. Then you pick out the microprocessor, camera, battery and extra hardware that's best for you. They snap together like Legos, except with magnets. The flexibility it gives phone owners is unprecedented. You can start at $50 and add on hardware as you can afford it. You can bulk up features for everyday use — or slim down for travel. And swapping out specific parts makes repairs cheaper and overall phone life longer. But will it actually work? Well, if the magnets don't hold up, the phone will fall apart. And awkward combinations could make your phone buggy. Overall, it'll be more expensive; big phone makers buy parts in bulk, so they can build entire devices more cheaply than you can. Alpha Phone might turn out to be like custom PCs — a niche reserved for a crowd that doesn't mind higher prices and _____. Maybe the unrivaled level of individuality will be worth it, though.

1. Fill in the blank.

① stylistic variations ② limited features
③ technical headaches ④ poor adaptability

2. Which of the following is correct about Alpha Phone?

① Its flexibility could result in low price in repairs.
② Basit is one of its advanced and popular models.
③ Researchers invented it while trying to improve custom PCs.
④ It has already become popular among smartphone maniacs.

3. What does NOT seem to be the writer's opinion about Alpha Phone?

① very clever ② really customizable
③ highly profitable ④ more or less practical

Passage 2

The author's tone on the digital currencies in the passage can best be described as _____.

Digital currencies, also known as virtual currencies or cash for the Internet, allow people to transfer value over the Internet, but are not legal tender. Because they don't require third-party intermediaries, merchants and consumers can avoid the fees associated with traditional payment systems. Advocates of virtual currencies also say that because personal information is not tied to transactions, digital currencies are less prone to identity theft. Many of the headlines generated by digital currencies have focused on problems with the system. In January, federal prosecutors charges the CEO of BitInstant, a major bitcoin exchange company, with laundering digital currency through the online drug marketplace. Although digital currencies are far from widespread, their growing popularity — and their potential for misuse — has prompted states to weigh in on the uncharted territory.

① adamant ② circumspect ③ imprudent ④ insouciant ⑤ passionate

다음 글을 읽고 물음에 답하시오.

The relevance of formal economic models to real-world policy has been a topic of some dispute. The economists R. D. Norton and S. Y. Rhee achieved some success in applying such a model (A) _____ to the Korean economy over a fourteen-year period; the model's figures for output, prices, and other variables closely matched real statistics. The model's value in policy terms, however, proved less clear-cut. Norton and Rhee performed simulations in which, keeping long-term factors constant, they tried to pinpoint the effect of short-term policy changes. Their model indicated that rising prices for imported oil would increase inflation; reducing exports by five percent would lower Gross Domestic Product (GDP) and increase inflation; and slowing the growth of the money supply would result in slightly higher inflation. These findings are somewhat (B) _____. Many economists have argued that reducing exports will lessen, not increase, inflation. And while most view escalating oil costs as inflationary, few would think the same of slower monetary growth. The Norton-Rhee model can perhaps be viewed as indicating the pitfalls of a formalist approach that stresses statistical "goodness of fit" at the expense of genuine policy relevance.

1. 윗글의 목적으로 가장 알맞은 것은?
① to propose a new type of economic analysis
② to suggest an explanation for Korean inflation
③ to determine the accuracy of Norton and Rhee's analysis
④ to describe the limitations of a formal economic model

2. 빈칸에 들어갈 가장 알맞은 것은?
① retrospectively — startling
② reflectively — promising
③ prospectively — anticipating
④ intensively — disappointing

Passage 4 **Which best describes the tone of the passage?**

Undoubtedly, the autobiography of Benjamin Franklin is riddled with faults. It is very muddled, particularly towards the end. It was not written in a continuous stretch, but rather pasted together out of separate fragments that were written years apart from one another: often, the author could not remember what he had even written in the previous sections. The work often takes an arrogant, condescending tone, yet it praises the virtue of humility. And perhaps most egregious of all, the part of Ben's life with the most historical significance—the American Revolution—is entirely omitted from the work. There is no real mention of events after 1760, 15 years before the outbreak of war. At that year the autobiography simply stops.

① critical ② praising ③ objective ④ indifferent ⑤ patronizing

Part

2

세부내용 파악

1. 내용 일치 · 내용 불일치

2. 특정 정보 파악

Which of the following is <u>NOT</u> correct about the Harbin Snow and Ice Festival?

Famed for its amazingly intricate sculptures and massive replicas of global icons, the Harbin International Snow and Ice Festival is now underway. Made up of several themed zones, the event area covers an area of about 750,000 square meters, say organizers. Works are mostly inspired by Chinese fairy tales and famous landmarks, such as the Great Wall of China and the Egyptian Pyramids. It's best seen at night when sculptures are lit up from the inside, giving the whole area a fairyland feel. Harbin is a bitingly cold city with January daytime temperatures ranging from minus 13-23 Celsius. Nevertheless, a lot of tourists enjoy this magnificent festival in Harbin.

① Its view is far better at night than during the daytime.
② It exhibits many works reminiscent of China and other countries.
③ When the weather is severely cold, its visitors sharply decrease.
④ It is very famous for its exquisite sculptures and huge replicas.

Passage 2 다음을 읽고, 물음에 답하시오.

We can sometimes observe people whose general intellectual abilities are much lower than average but whose talent in a certain area is extraordinary. They are often called "savants". One interesting example of savants is 'language savant'. Christopher had a lot of difficulty doing routine things due to his low general intelligence. He needed help even when he buttoned his shirt or vacuumed the carpet. However, there was one thing he could do extremely well; he was able to speak and write more than 10 languages. He had not been taught those languages by language teachers or any specialists. Rather, he acquired them in his own way, like reading grammar books by himself. How can we reconcile the conflict between his poor intelligence and superb linguistic ability? One possibility seems to be to propose that language faculty has little to do with general intelligence. In other words, linguistic ability neither reflects nor presupposes general intellectual ability. In fact, such a proposal has been made by some linguists and psychologists. _____, little has been known so far about what makes it possible for language savants to have extraordinary talent. To know the truth, lots of research would be necessary on the ability of savants.

1. Fill in the blank.

   ① However   ② In addition   ③ To sum up   ④ For instance

2. What is this passage about?

   ① The necessity of foreign language education for the disabled
   ② The definition of savants and their limitations in language learning
   ③ The importance of self-study in savants' language acquisition
   ④ The mystery of language savants' talent and low intelligence

3. Which of the following is correct about Christopher?

   ① He had an average nonverbal IQ while his language skills are unusual.
   ② He could do only simple jobs by himself such as vacuum cleaning.
   ③ Grammar books were helpful for him to learn many languages by himself.
   ④ He had a chance to learn more than 10 languages from language specialists.

다음 글의 내용과 가장 부합하는 것은?

A word of encouragement for my working moms: You are actually more productive than your childless peers. Over the course of a 30-year career, mothers outperformed women without children at almost every stage of the game. In fact, mothers with at least two kids were the most productive of all. Here's how the researchers (all men, by the way) came up with those results: they wanted to understand the impact of having children on highly-skilled women, but their work is often difficult to quantify. How do you determine the productivity of a surgeon or a project manager? They decided to analyze the amount of research published by more than 10,000 academic economists as a proxy for performance. A job in the ivory tower of academia requires higher education by definition, and their work is easily searched, recorded and ranked.

① The productivity of a project manager can be easily quantified and analyzed.
② Mothers of one child outperformed those with two or more children.
③ This study did not include mothers whose work was irrelevant to academia.
④ The research team that conducted this study was comprised mostly of women.
⑤ Mothers with children published a less amount of research than childless women.

What is <u>NOT</u> true about 'Bay Walking' according to the passage?

For twenty-three years, thousands of Maryland families and visitors have gathered at the Chesapeake Bay Bridge to join in an annual rite of spring. For one day only — this year, May 4th — the eastbound span of the bridge is open solely to pedestrians, allowing walkers of all ages to stroll for 4.3 magnificent miles. The scenic walk takes about an hour and a half, but most families make a day of it, taking time out for a picnic on the bridge to watch the boats float by. Pedestrians can start their trek between 9 A.M. and 2 P.M. Baby strollers are welcome, but please leave your pets and in-line skates at home. Although the walk is free, the Transportation Authority requests a $1 donation per person to cover the cost of the shuttle buses that bring families back to their starting point.

① People are allowed to take pets while walking.
② People participate in walking only for one day a year.
③ Shuttle buses are provided by the Transportation Authority.
④ Walking can begin in the morning and may take more than an hour.

Passage 5

Which of the following is a true description of the New Yorkers according to the passage?

I had initially intended this to be an analysis of the styles of each of the participants individually, but the conversation itself made this impossible. It turned out that the non-New York participants had perceived the conversation to be "New York" in character, and they had felt out of their element. Because the New Yorkers present tended to expect shorter pauses between speakers' turns at talk, the non-New Yorkers had a harder time saying something before a faster speaker had begun to talk. Furthermore, because the New Yorkers had different ideas about how talk proceeded from topic to topic, the non-New Yorkers were often puzzled about what would be an appropriate comment, or what was appropriate about others' comments. Therefore, this book ended up as a study of one style, what I call a "high-involvement" style, which tended to characterize the speakers from New York, in contrast to the style of the non-New Yorkers, which I call "high-considerateness." (Bear in mind, again, that although aspects of the participants' styles justify grouping them in this way, each speaker's style is unique: there are many New Yorkers whose styles are very different from those of the speakers in this study, and there are many people, not from New York, whose styles are similar to that of these New Yorkers.)

① They began to talk more quickly than the non-New Yorkers did.
② They interrupted others less often than the non-New Yorkers did.
③ They did not express their disagreement as often as the non-New Yorkers did.
④ They had more difficulties in starting a new topic than the non-New Yorkers did.

다음을 읽고, 물음에 답하시오.

You have reached Angel Guardian Services. Our offices are currently closed. Our regular office hours are Monday through Friday, from 8:00 a.m. to 6:00 p.m., with an evening service from 8:00 p.m. to 2:00 a.m. on weekends. If you have an emergency, and are a member of our 24/7 on-call plan, call our emergency line at 555-3455. That's 555-3455 for immediate assistance. A uniformed officer will be dispatched immediately. To order a brochure detailing our products and services, please press 1. To make an appointment for a free consultation, please press 2. For a billing inquiry, please press 3. To check the route and current location of one of our security patrols, please press 4. To hear about our fantastic offers, including this month's 50 percent discount on all AI alarms and infrared sensors for residential and commercial use, please press 5. To hear these options again, please press 6.

1. 위 자동응답기 내용의 업체 유형으로 맞는 것을 고르시오.
 ① A consulting service　　　　② A security company
 ③ A fire-alarm maker　　　　④ An investment company

2. 윗글의 내용과 맞지 <u>않는</u> 것을 고르시오.
 ① The office hours are later on weekends than on weekdays.
 ② 555-3455 is the number only for the members of a specific plan.
 ③ Callers can arrange a consultation with an agent for free.
 ④ A new customer this month can get infrared sensors without charge.

Passage 7 **Which of the following is <u>NOT</u> true about snakes?**

Unlike mammals and birds, snakes cannot generate body heat through the digestion of food. They must depend on external sources of heat, such as sunlight, to maintain body temperature. Temperature control is particularly important when snakes are digesting a meal, or in the case of females, reproducing. Many snakes increase the amount of time spent basking in the sun after they have eaten a large meal in order to speed up the digestive process. To conserve their heat, snakes coil up tightly, so that only a small portion of their skin is exposed to cooler air.

 ① They usually get heat by lying in sunlight.
 ② They coil their bodies in order to stay warm.
 ③ Food is an important source of their body heat.
 ④ Maintaining body temperature is important for digestion.

Passage 8 다음 글을 읽고 물음에 답하시오.

In ancient Rome, there were two different classes of citizens: the patricians and the plebeians. Their values contrasted, and they often came into conflict with each other. The patricians comprised the privileged ruling class while average Roman citizens, possessing fewer rights, made up the plebeians. This distinction was established at the beginning of the Roman Republic in the early sixth century B.C. Patricians held all civil and religious offices and most led lives of luxury as wealthy landowners. ___(A)___, the plebeians were excluded from many roles even though they constituted the majority of Roman citizens. They were required to pay taxes to the patrician government, despite having no political rights. They were not allowed to hold public office except as a military tribune, and they were forbidden to marry patricians. As a result of these conditions, there was ___(B)___ between the two classes. By the third century B.C., however, both classes began to blend together as the plebeians gained more rights and influence and the patricians lost much of their power.

1. 빈칸 (A)와 (B)에 들어갈 가장 알맞은 것을 고르시오.

     (A)   (B)
① Similarly – a great deal of hostility
② Similarly – very little hostility
③ In contrast – a great deal of mobility
④ In contrast – very little mobility

2. 윗글의 내용과 맞지 않는 것을 고르시오.

① It was not until the third century B.C. that patricians and plebeians were mingled together.
② Because plebeians had no political rights, they did not pay taxes to the patrician government.
③ Military tribunes were the only public office that plebeians could serve in.
④ Intermarriage between patricians and plebeians was not allowed in early ancient Rome.

다음을 읽고, 물음에 답하시오.

When Queen Victoria died in 1901, a reaction developed against many of the achievements of the previous century; this reinforced the sense that the Victorian age was a distinct period. In the earlier decades of the twentieth century writers took pains to separate themselves from the Victorians. It was then the fashion for most literary critics to treat their Victorian predecessors as somewhat absurd creatures, stuffily complacent prigs with whose way of life they had little in common. Writers of Georgian period(1911-36) took great delight in puncturing overinflated Victorian balloons, as Lytton Strachey did in *Eminent Victorians*. Their witty descriptions not only identify a distinguishing quality of Victorian life and literature but reveal the authors's distaste for its smothering profusion. The Georgian reaction against the Victorians is now only a matter of the history of taste, but its aftereffects still sometimes crop up when the term Victorian is employed in an exclusively pejorative sense, as prudish or old-fashioned. Contemporary historians and critics now find the Victorian period an example of a richly multi-faceted society struggling with the issues and problems we identify with modernism. So, to give the period the single designation Victorian _____. For a period almost seventy years in length, we can hardly expect generalizations to be uniformly applicable.

1. What is the best expression for the blank?
   ① ignores its problems
   ② reduces its complexity
   ③ elicits sympathetic reflections
   ④ wipes out historical consciousness

2. Which of the following is NOT true according to the passage?
   ① Victorians were the people who deserve a harsh criticism.
   ② Victorians had their own peculiar attitudes and behaviors.
   ③ The term Victorian had a pejorative nuance to many writers of Georgian period.
   ④ Most critics of early 20th century distanced themselves from their Victorian predecessors.

Passage 10   다음을 읽고, 물음에 답하시오.

Iceland enjoys a much milder climate than its name and location adjacent to the Arctic circle would imply. A branch of the Gulf Stream flows along the southern and the western coasts greatly moderating the climate. However, this brings mild Atlantic air in contact with colder Arctic air resulting in a climate that is marked by frequent changes in weather and storminess. Furthermore, this leads to more rainfall in the southern and western parts than in the northern part of the island. The summer tourist season is from late May to early September. During this period, the sun stays above the horizon for 24 hours, and the interplay of light and shadows on mountains, lava fields, and glaciers yields an ever-changing landscape. The winter season is the abode of long nights and severe winter storms. However, the serenity of the frozen expanse and the dance of the aurora borealis, the so-called northern lights, on a clear night sky draw an increasing number of tourists.

1. Which of the following makes the Icelandic climate warmer than might be expected?

① The Gulf Stream   ② Arctic air   ③ Lava fields   ④ Northern lights

2. Which of the following is true of Iceland?

① Winter travel to Iceland is decreasing in popularity.
② Rainfall is equally distributed across the country.
③ The weather in Iceland is highly changeable.
④ Summer tourists can watch the sun sink below the horizon.

Passage 1 다음을 읽고, 물음에 답하시오.

Back in 1967, Scottish inventor John Shepherd-Barron thought getting cash should be as easy as getting a chocolate bar. He is credited with pioneering the first cash machine or ATM in a Barclays Bank in London, UK. But the difficulties lay in ensuring that you were who you said you were. To prevent problems, Shepherd-Barron developed a special type of paper cheque that acted as a precursor to the debit cards we have today. Each cheque would cause his cash machine to request a personal identification number — or PIN — that only the account holder knew. Shepherd-Barron was going to make the machine require a six-digit PIN, but he was overruled . . . by his wife. She believed that six digits were too many to remember, and four became the standard.

1. Which is <u>NOT</u> included in the passage?

① What PIN was for
② When the ATM was invented
③ How popular the first ATM was
④ Where the ATM was first in service

2. Which is <u>NOT</u> true according to the passage?

① It was in the end Shepherd-Barron's wife who decided that PIN should be four digits.
② Shepherd-Barron thought earning money should be as easy as eating a chocolate bar.
③ Identification of the account holder was a main problem in introducing the cash machine.
④ A special type of paper cheque developed by Shepherd-Barron was a primitive type of the debit card.

Read the following passage and answer the questions.

We're retracing a journey that my father, Lester Felten, Jr., made with his parents, Lester and Lorrie, when he was six years old. They had sold just about everything they owned in New Jersey and loaded what little they could into a secondhand car for a journey west. My grandparents, it turns out, were on the tail end of one of the nation's great _____. When most of us think of settlers heading west, we picture farmers or ranchers looking for land; we imagine gold-panning forty-niners searching for El Dorado. But an astonishing number of those who went west in the late 1800s and early 1900s weren't hunting fortunes. They were seeking health. At the time, medicine had no real treatment for tuberculosis, the infectious bacterial disease that was killing my grandmother as it had many others. The best that doctors could offer were tales about the bracingly clean air of the Rockies or the dry heat of the desert, which was said to restore enfeebled lungs. A 1913 survey found that more than half the residents in El Paso, Denver, Colorado Springs, Albuquerque, Tucson, and Pasadena traveled west because they, or someone in their family, had tuberculosis.

1. Why did the writer's grandparents make a journey to the west?

① To discover a gold mine
② To look for land for farming
③ To cure his grandmother's disease
④ To open a hospital for people with tuberculosis

2. Which is most appropriate for the blank according to the passage?

① exiles   ② holidays   ③ migrations   ④ excursions

Passage 3 다음을 읽고, 물음에 답하시오.

A recent ground-breaking research shows how certain foods and lifestyle changes can deactivate the genes that cause us to store fat. Here are a couple of key moves to tamp down the genes that contribute to weight gain. First, getting direct exposure to sunlight between 8:00 a.m. and noon reduces your risk of weight gain regardless of activity level, caloric intake, or age. It may seem bizarre, but it's true! It's possible that morning light synchronizes your metabolism and undercuts your fat genes. Next, _____. Our gut bacteria play a big role in keeping our fat genes in check by chomping on fiber and creating short-chain fatty acids (SCFAs) such as butyrate, which help tame our genetic propensity for weight gain and diabetes. When we take antibiotics for every sniffle that comes along, we create disorder in our gut bacteria and undermine their ability to create the SCFAs that keep our fat genes in check.

1. What does the passage suggest as a way of losing weight?
① Lowering your metabolic rate
② Doing exercise before sleep
③ Reducing caloric intake slowly
④ Going for a morning walk

2. Fill in the blank.
① Cut down on antibiotics.
② Increase the amount of exercise gradually
③ Eat diabetic food when necessary
④ Get ready for cleaning your stomach

다음을 읽고, 물음에 답하시오.

Barn owls are anatomically different enough from other owls to merit their own family in the order of Strigiformes. Instead of the more or less rounded face of most owls, the barn owl has a heart-shaped face and lacks the usual tufted earlike feathers. The common barn owl is from 12 to 18 inches long and has a white face, cinnamon buff back, white breast, and relatively small eyes. The legs are fairly long, feathered to the toes, and, like those of all owls, very strong and equipped with sharp, powerful, curved claws. Barn owls nest in hollow trees, caves, and buildings on every continent except Antarctica and have adapted so well to living near humans that in some areas they seem to have <u>forsaken</u> natural nesting places in favor of man-made ones. They hunt in open spaces and have the largest range of any nocturnal bird. They use their eyesight to locate prey, but their auditory capability is so highly developed that they can hunt small mammals in total darkness.

1. All of the following are features of the barn owl except _____.
   ① small eyes ② curved claws ③ white face ④ black breast

2. Which of the following is closest in meaning to the underlined word?
   ① abandoned ② recognized ③ chosen ④ preferred

3. According to the passage, barn owls have a highly developed sense of _____.
   ① touch ② hearing ③ sight ④ taste

Why did the man take the penguins to the cinema?

A man is driving down the highway when he sees a shipping truck wrecked on the side of the road, and 25 penguins waddling around outside it. He pulls over and the truck driver tells him, "Quick! You've gotta take these birds to the zoo while I wait for help!" The man agrees and drives off with the penguins. After fixing his vehicle, the truck driver heads over to the zoo to make sure the penguins made it safely. There's no sign of them. The truck driver panics and starts scouring the town for his missing penguins. An hour later he passes by the local cinema, when he sees the guy who said he'd help him leaving the theater, 25 penguins still in tow. "What happened!" the truck driver screams. "I told you to take them to the zoo!" "I did," the man answers. "But I had a little money left over, so I thought I'd take them to a movie too."

① To show them a film   ② To present them to people
③ To sell them to the cinema   ④ To return them to the owner

Passage 6 다음을 읽고, 물음에 답하시오.

What do we look for in a car? I've heard many answers when I've asked this question. The answers include excellent safety ratings, great mileage, handling, and cornering ability, among others. I don't believe any of these. That's because the first principle of the culture code is that the only effective way to understand what people truly mean is to ignore what they say. This is not to suggest that people intentionally lie or misrepresent themselves. What it means is that, when asked direct questions about their interests and preferences, people tend to give answers they believe the questioners want to hear. Again, this is not because they intend to mislead. It is because people respond to these questions with their cortexes, the parts of their brains that control intelligence rather than emotion or instinct. They ponder a question, they process a question, and when they deliver an answer, it is the product of deliberation. They believe they are telling the truth. A lie detector would confirm this. In most cases, however, they aren't saying what they mean.

1. The first principle of the culture code would be _____.
① emotion is the energy required to learn anything
② you can't believe what people say
③ the structure, not the content, is the message
④ the context of an actual exploitation is significant

2. Which of the following statements is best supported by this passage?
① Safety ratings, great mileage, handling, and cornering ability do not meet the demand of many customers.
② Sometimes people lie on purpose for their own interest.
③ A lie detector confirms that people deliver diachronic truth.
④ People tend to respond to the given questions by using their intelligence.

3. Which of the following can be inferred from the passage above?
① Most people can predict what they are supposed to do next.
② Most people exactly know why they do the things they do.
③ Most people don't know why they do the things they do.
④ Most people intentionally act in a perverted way when they face a lie detector.

Answer the questions after reading the passage below.

The societies in which shamanism has flourished have been small, relatively self-sufficient social systems which see themselves as coping directly with their natural worlds. Like all human beings, the members of such groups lived in a world of uncertainty. The presence of a person who could maintain contact with the cosmic forces of the universe directly, who could make sense of both the measured order of ordinary times and the catastrophes of drought, earthquake, or flood, was of (A) _____ value.

More complex social systems tend to have "institutionalized" specialists who transmit information without explicit recourse to the supernatural. Such societies have priests and prophets, not shamans, at the overt level. But the line between shaman and prophet is (B) _____. The prophet usually does not enjoy the legitimacy within his society that is granted the shaman. His is a voice crying in the wilderness, not that of the legitimate curer and philosopher. Despite the differences, the prophet can be seen as a kind of shaman, and thus the study of shamanism illuminates some of the obscurities in religious traditions.

1. What is the most appropriate title of the passage above?

① The Nature and Basis of Shamanism
② The Recent Popularity of Shamanism
③ Religious Leaders in Traditional Society
④ The Rise of Shamanism in Different Social Systems
⑤ The Roles of Shamans and Prophets in Different Social Systems

2. Which pair best fits (A) and (B)?

① estimable — blurred   ② insurmountable — fuzzy
③ inculpable — finely drawn   ④ particular — stratified
⑤ incalculable — tenuous

3. According to the passage, which of the following best describes the difference between shamans and prophets?

① Shamans are less likely to be challenged by members of their society.
② Shamans are regarded as demigods while prophets are considered mortal.
③ Shamans are more powerful because they have a mandate from their deity.
④ Shamans maintain greater authority because they live in a religious society.
⑤ Shamans possess a higher social status, due to their ability to call upon the supernatural.

Passage 8 다음을 읽고, 물음에 답하시오.

The potlatch was a ceremonial distribution of property practiced by the indigenous communities of the Pacific Northwest in the United States and in the province of British Columbia in Canada. This custom, usually held in longhouses or large outdoor areas, served as markers for certain social events such as the birth of a new child, the marriage of a young couple, or a successful hunting season. It could be used to commemorate the transfer of ownership or serve as a record of payment in lieu of written records in addition to providing a public display of military alliances or familial bonds. The primary purpose of the potlatch, however, was to provide a means to re-distribute wealth among the tribe in an (A) <u>equitable</u> and ethical manner, allowing the host to rid himself of the spiritual burden that he felt as the sole owner of material items in an essentially communal environment.

1. 본문 중에서 potlatch의 이유로 언급되지 <u>않은</u> 것을 고르시오.

① It honored relationships between different social units.
② It was held to celebrate major events in people's lives.
③ It made it mandatory for the wealthy to distribute their valuables.
④ It served as public notice of a change in proprietorship.
⑤ It displayed social bonds publically.

2. 본문 중 "(A)<u>equitable</u>"과 의미가 가장 가까운 단어를 고르시오.

① ambling   ② unbiased   ③ astute   ④ erudite   ⑤ segregating

다음을 읽고, 물음에 답하시오.

Today the difference between liberals and conservatives stems from their attitudes toward the purpose of government. Conservatives support the original purpose of government: to maintain social order. They are willing to use the coercive power of the state to force citizens to be orderly. But they would not stop with defining, preventing, and punishing crime. They tend to want to preserve traditional patterns of social relations — the domestic role of women and the importance of religion in school and family life, for example. Liberals are less likely than conservatives to use government power to maintain order. Liberals do not shy away from using government coercion, but they use it for a different purpose: to promote equality. They support laws that ensure equal treatment of gays and lesbians in employment, housing, and education; laws that force private businesses to hire and promote women and members of minority groups; and laws that require public transportation to provide equal access to people with disabilities. Conservatives do not oppose equality, but they do not value it to the extent of using the government's power to enforce it. For liberals, the use of that power to promote equality is both valid and necessary.

1. The crucial difference between conservatives and liberals lies in their perspectives regarding _____.

① the values of equality and order
② the structure of government
③ the ways of preserving traditional values
④ the strategies for unifying state governments

2. According to the passage, which of the following is true?

① Promoting equality enhances traditional social relations.
② The traditional role of government is to keep society in order.
③ Private businesses are forced to hire minorities to reduce the crime rate.
④ Conservatives oppose using government coercion to maintain social order.

다음을 읽고, 물음에 답하시오.

Even a brilliant dog may not be able to count as high as the number of feet she has. In a cheese cube counting challenge, dogs struggled to prove they have any number sense at all. Embarrassingly for the dogs, some wolves took the exact same test and passed it. This may be a hint about what dogs lost when they moved to a cushy life of domestication.

Friederike Range and her colleagues raise both wolves and dogs by hand, then train them to take part in cognition research projects. Their interest in canine counting skill isn't totally trivial. In nature, a little bit of number sense might help animals choose the best food source or hunting spot. It also helps to know whether other animals are bigger than yours before getting into a fight. If dogs have any grasp of numbers, they should be able to judge two sets of food items — say, three versus four Milk Bones — and pick the bigger snack. Earlier research found that dogs are OK at this, but only if they can see both food piles. This means they might just be judging which pile takes up more space, not the actual amount. One way to get around this is to drop food items into opaque containers, one by one, while a dog is watching. If the dog understands numbers, it should know which container you dropped more food into. But if the dog can't count, the opaque containers should stump it. A 2013 study found that dogs failed this kind of test.

1. It is implied in the passage that dogs might lose their counting sense because they have been _____.

① reduced in size   ② rarely trained for hunting
③ competing with wolves   ④ bred and fed by humans

2. According to the passage, canine animals with good counting skill may better understand _____.

① where to hunt   ② who their mates are
③ when to hunt   ④ how to fight with enemies

3. According to the passage, dogs failed to pass the test with opaque containers because _____.

① food items were dropped one by one into two containers
② the amount of food items was too much for them to deal with
③ they were not interested in the food items dropped in the containers
④ they could not see how much space the food piles occupied in each container

Part

3

추론

다음을 읽고, 물음에 답하시오.

Nobody believes that media by themselves cause aggression. But Leonardo Eron and Rowell Huesmann of the University of Michigan found in a 22-year study following kids from third grade through adulthood that the single best predictor of later aggression — better than poverty, grades, a single-parent home or exposure to real violence — is a heavy childhood diet of TV carnage. "Of course not every youngster is affected," says Eron. "Not everyone who gets lung cancer smoked cigarettes. And not everyone who smokes cigarettes gets lung cancer. But nobody outside the tobacco industry denies that smoking causes lung cancer." Much of the most effective research has been done on children because they are considered most _____. As Centerwall puts it, "Later variations in exposure, in adolescence and adulthood, do not exert any additional effect." In the early 60's, Albert Bandura at Stanford was the first to show that kids learned behavior from TV, not just from their parents. Psychologists have used four theories of learning to describe how TV violence may influence kids: they learn to imitate what they see on TV, especially when the behavior is rewarded; from the frequency of violence on TV they learn that violence is normal; they become desensitized to real people's suffering; and they become aroused by images on television, triggering violent responses.

1. Which of the following is inferred from the above passage?

① Media can cause copycat crimes.
② Smoking always gives rise to lung cancer.
③ The poverty in childhood plays the most important role in later violence.
④ Exposure to violence on TV leads kids to be sensitive to people's suffering.
⑤ Bandura believes that kids do not learn violent behavior from their parents.

2. Which best fits in the blank?

① susceptible　　② immature　　③ rebellious　　④ influential　　⑤ aggressive

다음을 읽고, 물음에 답하시오.

It's a sound you will probably never hear, a sickened tree sending out a distress signal. But a group of scientists has heard the cries, and they think some insects also hear the trees and are drawn to them like vultures to a dying animal. Researchers with the U.S. Department of Agriculture's Forest Service fastened sensors to the bark of parched trees and clearly heard distress calls. According to one of the scientists, most drought-stricken trees transmit their <u>torment</u> in the 50- to 500- kilohertz range. The unaided human ear can detect no more than 20 kilohertz. Red oak, maple, white pine, and birch all make slightly different sounds in the form of vibrations at the surface of the wood. The scientists think that the vibrations are created when the water columns inside tubes that run the length of the tree break, a result of too little water flowing through them. These fractured columns send out distinctive vibration patterns. Because some insects communicate at ultrasonic frequencies, they may pick up the trees' vibrations and attack the weakened trees. Researchers are now running tests with potted trees that have been deprived of water to see if the sound is what attracts the insects. "Water-stressed trees also smell differently from other trees, and they experience thermal changes, so insects could be responding to something other than sound," one scientist said.

1. Which of the following could be considered a cause of the trees' distress signal?
   ① torn roots
   ② attacks by insects
   ③ lack of water
   ④ formation of water columns

2. It can be inferred from the passage that the sounds produced by the trees _____
   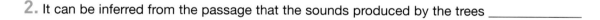
   _____.
   ① serve as a form of communication with other trees
   ② cannot be heard by the unaided human ear
   ③ are the same no matter what type of tree produces them
   ④ fall into the 1-20 kilohertz range

3. Which of the following is closest in meaning to the underlined word?
   ① agony   ② circumstance   ③ requisite   ④ beckon

4. Which of the following is NOT mentioned as a possible factor in drawing insects to weakened trees?
   ① thermal change   ② change in color   ③ sound   ④ smell

Part 3

추론

본문을 통해서 추론할 수 <u>없는</u> 것으로 가장 적절한 것은?

The immune system is the body's first line of defense when it comes to fighting cancerous cells. It can identify and attack the smallest of threats before they become a danger, and distinguish tumor cells from the body's normal cells, protecting our essential systems. But the immune system isn't always successful. Tumor cells have mechanisms to evade or suppress immune response, allowing them to masquerade as normal cells and grow without restraint. Researchers are looking at the tumor microenvironment to better understand how the immune system and tumors coexist, which could ultimately help inform the future of cancer treatment.

① The immune system plays an important role in destroying cancerous cells.
② Future treatments might be discovered by examining how the immune system and tumor cells coexist.
③ The immune system does not always succeed in destroying cancerous cells.
④ Tumor cells are more likely to appear in people with weakened immune systems.

Passage 4   다음 글을 읽고 빈칸에 들어갈 가장 알맞은 것을 고르시오.

A sentence of English is a completely different thing from a string of words chained together according to the transition probabilities of English. Remember Chomsky's sentence *Colorless green ideas sleep furiously*. In English texts the probability that the word colorless is followed by the word green is surely zero. So is the probability that green is followed by ideas, ideas by sleep, and sleep by furiously. Nonetheless, the string is a well-formed sentence of English. Conversely, when one actually assembles word chains using probability tables, the resulting word strings are very far from being well-formed sentences.

The author suggests that Chomsky contrived the sentence *Colorless green ideas sleep furiously* in order to show that _____.

① improbable word sequences can be grammatical
② human language is based on a huge word chain stored in the brain
③ people learn a language by recording which word follows which other words
④ word chains using probability tables are a good way to make well-formed sentences

Which statement <u>CANNOT</u> be inferred from the passage below?

In vitro fertilization does not contribute to developmental delays up to age 3, according to a new study. As many couples who use IVF to have children are older, for example, other factors can affect fetal development. The study showed that developmental delays were not more prevalent among children conceived through IVF. The new study also said children conceived through IVF were not at greater risk with full-blown developmental disabilities such as learning disabilities, speech or language disorders, or autism. The researchers found no significant difference between IVF and non-treatment groups of children with developmental delays —13 percent of children conceived with IVF had a delay, while 18 percent of those not conceived with treatment had a delay.

① IVF is not one of the factors in neonatal developmental delays.
② The IVF industry has been disrupted by parental perturbations.
③ IVF is not more precarious than other factors for fetal development.
④ The age of parents can be germane to the health of their child.

다음을 읽고, 물음에 답하시오.

Think of the gigantic economic engine that China has become as it industrializes and its population becomes more affluent. More people mean larger markets, more workers, and efficiencies of scale in mass production of goods. (A)_____, adding people boosts human ingenuity and intelligence that will create new resources by finding new materials and discovering new ways of doing things. Economist Julian Simon (1932-1998), a champion of this rosy view of human history, believed that people are the "ultimate resource" and that no evidence suggests that pollution, crime, unemployment, crowding, the loss of species, or any other resource limitations will worsen with population growth. In a famous bet in 1980, Simon challenged Paul Ehrlich, author of *The Population Bomb*, to pick five commodities that would become more expensive by the end of the decade. Ehrlich chose metals that actually became cheaper, and he lost the bet. Leaders of many developing countries share this outlook and insist that, instead of being (B)_____ with population growth, we should focus on the (C)_____ consumption of the world's resources by people in richer countries.

1. Which statement can be best inferred from the passage above?
   ① Population growth could bring benefits.
   ② Many factors determine population growth.
   ③ Population growth has already begun to slow.
   ④ Many people remain pessimistic about population growth.
   ⑤ The differences in population growth around the world are large.

2. Which expression best fits (A)?
   ① Moreover   ② On the other hand   ③ Therefore   ④ Meanwhile   ⑤ Nevertheless

3. Which pair best fits (B) and (C)?

	(B)	(C)		(B)	(C)
①	temperate – overall		②	compulsive – gross	
③	pessimistic – unnecessary		④	apathetic – elastic	
⑤	obsessed – inordinate				

다음을 읽고, 물음에 답하시오.

> If you look at it one way, these are the best of times for organic egg and milk producers. They can barely keep up with demand. Prices for their products are high. Profits are rolling in. Operations are expanding.

(A) Cornucopia published many of the photos online this week. The organization says the images show that these farms are violating organic rules that require good pasture for cows, and access to the outdoors for chickens.

(B) But that expansion is provoking suspicion, name-calling, and even clandestine investigations within the organic "community," because some organic advocates believe that some of these mega-farms are not truly organic.

(C) The photos of egg producers, meanwhile, show arrays of large hen houses with small areas of grass or bare dirt between them. In some photos, the small doors that normally allow chickens to leave the house and roam outside appear to be closed, and no birds are visible outside.

(D) This past summer, an organization called the Cornucopia Institute, which has been fighting against what it considers a takeover of organic farming by big business, commissioned aerial photographers to collect images of 14 large organic egg and milk operations in nine different states.

1. Which is the best order from (A) to (D) for a paragraph starting with the sentences in the box?
   ① (B) — (D) — (A) — (C)   ② (D) — (A) — (B) — (C)
   ③ (D) — (B) — (A) — (C)   ④ (B) — (C) — (D) — (A)

2. Which of the following CANNOT be inferred from the passage?
   ① Organic food is very popular these days.
   ② Big companies are taking over the organic food business.
   ③ Organic eggs and milk are required by law to be naturally produced.
   ④ The organic farms on Cornucopia's photos are run by strict regulations.

On October 21, 1962, an exhibition opened at the New York's Sidney Janis Gallery that altered American art history. The exhibition featured new artists who dominated the 1960s. New York's art critics went crazy. A renowned critic said this exhibition "hit the New York art world with the force of an earthquake." Surely, there were contrasting views. The new artists were referred to as 'vulgarists' and even 'sign painters.' Despite polarized views, these artists, priding themselves as descendants of Marcel Duchamp, continued to defy traditional fine art. Andy Warhol was the heart of this movement. He had admired fine art all his life, but Warhol was faithful to this commercial approach until the end. He used 'ready-made' subjects for his paintings, replicated, and copied them in silk-screens, and projected the public's desire through them. His famous Campbell's Soup Cans expresses best Andy Warhol's aesthetics. The two words, (A) _____ and (B) _____, split Warhol's ego all his life. He wrote, "Business art is the step that comes after art. I wanted to be a business artist. Being good in business is the most fascinating kind of art." He called himself a business artist, but Warhol never quenched his thirst for fine art. The term 'Warholism' signifies the world's love for the artist, but (C) critics refused to rid his work of the commercialism tag. A quarter century has passed since he faced death alone in a New York hospital, but Warhol remains one of our most controversial artists.

1. According to the passage, which of the following is true of Andy Warhol?

   ① He was a pioneering artist highly influential to his descendants including Duchamp.
   ② He created materials for his works by himself.
   ③ His commitment to the commercial approach led him to his abhorrence of fine art.
   ④ His artworks still receive mixed reviews from critics.

2. From the context, which of the following ordered pairs best fits into (A) and (B)?
   ① traditional — modern   ② art — business
   ③ old — new   ④ replicated — original

3. Which of the following can be inferred from the underlined (C)?
   ① Warhol's business art was still underestimated by art critics.
   ② Warhol's name was removed from the history of art.
   ③ Warhol's business art was finally acknowledged as mainstream art.
   ④ Warhol cleared himself of the accusation of being a business artist.

Passage 9 다음을 읽고, 물음에 답하시오.

The chains of habit are too light to be felt until they are too heavy to be broken. At my age I can't change any of my habits. I'm stuck. But you will have the habits 20 years from now that you decide to put into practice today. So I just suggest that you look at the habits that you admire in others or behavior that you admire in others and make those your own habits, and you look at what you really find somewhat reprehensible in others and just decide that those are things you are not going to do. Ben Franklin did that a few hundred years ago, and it still works today. If you do that, you'll find that you convert all of your horsepower into output.

1. It can be inferred from the passage that the writer is _____.
  ① his early ages   ② at his blooming age of 20
  ③ early adolescence   ④ his advanced age

2. What is the key word of the above passage?
  ① horsepower   ② output   ③ habit   ④ today

Passage 10 **Which of the following can be inferred from the passage?**

A smartphone app will soon serve as an official driver's license for many people in Iowa, USA. "We are really moving forward on this," Paul Trombino, director of the state's Department of Transportation, announced during an agency budget hearing this week. "The way things are going, we may be the first in the nation." The new license will be accepted by police during traffic stops as well as at the state's airports. "It is basically your license on your phone," he said, according to the newspaper. A pin number will be needed for verification, making it secure. Iowans will still have the option of keeping their traditional licenses. The new app license will be available in 2015 at no additional cost to drivers.

① The app license costs drivers a registration fee.
② The new license on the phone is vulnerable to identification theft.
③ The Iowa state government actively makes use of new technologies.
④ People in Iowa are required to carry a traditional license in the state airport.

다음을 읽고, 물음에 답하시오.

If the Great Powers can, for the time being, avoid major war among themselves by nuclear deterrence, then the likeliest explosive situations will occur in areas not of vital interest to them. It is there that the United Nations can experiment and develop. Nor can a firm beginning be made (A) <u>otherwise</u>. At present the United Nations Organization, in the words of a recent writer, "is not… the parliament and government of mankind but an institution of international diplomacy." It can only hope to grow from the one into (B) <u>the other</u> by admitting its present limitations and, more than that, by beginning to practice its own terms and conditions. If a start could be made now — and even if only in miniature — international government might finally emerge.

1. Which of the following best describes the main idea of (A) <u>otherwise</u>?

① unless the United Nations practice its own terms and conditions in areas not vital to the Great Powers
② unless the Great Powers practice their own terms and conditions in areas vital to themselves
③ unless the United Nations experiment and develop its own policy in areas vital to the Great Powers
④ unless the Great Powers avoid major war

2. Which of the following best describes the main idea of (B) <u>the other</u>?

① a rogue state
② national parliament
③ international government
④ the Great Powers

다음을 읽고, 물음에 답하시오.

There are still a lot of people who believe that they can tell your fortune in the cards, read your palm, or predict your future in the stars. A special Norwegian version of this is telling your fortune in coffee cups. When a coffee cup is empty, there are usually some traces of coffee grounds left. Looking like just some indefinable traces at first, these traces might be said to form a certain image or pattern — (A) _____. If the (B) grounds resemble a car, it might mean that the person who drank from the cup is going for a long drive. Thus the 'fortune-teller' is trying to foresee something that is really quite unforeseeable. This is characteristic of all forms of foreseeing.

1. Which best fits into the blank (A)?
   ① if we give our imagination free rein
   ② only when we distort our fancy against the facts
   ③ though we stretch our vision beyond the limit
   ④ whereas we are minutely cautious in our conjecture

1. Which is closest in meaning to the underlined (B) grounds?
   ① layers   ② dregs   ③ evidences   ④ rudiments

다음을 읽고, 물음에 답하시오.

The modern concept of psychology as a medical science that studies and cures mental, emotional, and behavioral illnesses was just forming when Sigmund Freud began his work in the field. Freud's treatments and theories from the turn of the twentieth century have become cultural norms. While today's popular culture makes fun of his focus on sexual drives, his idea that behavior has unconscious or subconscious motivations is now accepted as fact. Freud was also a main figure in the first explorations of therapy based on simple talking, which is still the core of many modern therapies. Carl Jung was the second influential figure in the formation of the field of psychology. Although he worked with Freud on his theory of complexes, his view was much broader. He took an almost anthropological look at the person in the contexts of culture and religion. Through higher-level analysis, he saw beyond individual illness to a person's personality type. (A) His modern influence can be seen in such widely disparate places as Joseph Campbell's popularization of universal myth and the therapeutic tool, the Myers-Briggs Personality Type Indicator.

1. 다음 진술 중 Freud가 믿었던 것을 고르시오.
   ① Psychology should not become a medical science.
   ② People sometimes act based on unconscious motivations.
   ③ Simply talking was not an effective therapy.
   ④ Men have sexual fantasies about their mothers.
   ⑤ There are certain types of human traits.

2. 다음 진술 중 밑줄 친 (A)문장의 의미에 가장 가까운 것을 고르시오.
   ① Joseph Campbell's theory of universal myths and the Myers-Briggs tool are both influenced by him.
   ② His influence can be seen in the way Joseph Campbell's popularization of the universal myth is reflected in the Myers-Briggs Personality Type Indicator.
   ③ His influences included Joseph Campbell's concept of universal myth and the Myers-Briggs tool.
   ④ Even though Joseph Campbell and Myers-Briggs were very different, their ideas are connected by his theories.
   ⑤ According to his theories, Joseph Campbell's concepts and Myers-Briggs indicator are totally different ideas.

　　다음을 읽고, 물음에 답하시오.

　　The presence and operation of the binary code in a modern computer are not apparent to the user. Personal computers may be used for a variety of functions — playing music, editing photos, writing documents, or performing financial accounting. The user performs each of these activities by entering unrelated commands into different software programs. Yet, each of these applications uses (A) <u>the same components</u> in the computer to perform its functions. In order to achieve this, the functions of each program must be converted to the binary code used by the computer's processor, memory, and storage hardware.

1. 본문을 통해 <u>binary codes</u>에 대해 바르게 유추한 것을 고르시오.
　① The conversion of commands into binary code is not visible to a computer user.
　② The functions behind commands in different applications are actually quite similar.
　③ Central processing units and storage components perform similar functions.
　④ Applications would perform more effectively if the user entered binary code.
　⑤ The similar coding system is a key for consistent performance.

2. 본문 중 (A) <u>the same components</u>가 뜻하는 것을 고르시오.
　① binary codes　　② computers　　③ softwares　　④ commands　　⑤ users

다음을 읽고, 물음에 답하시오.

Life tastes much the same, whether we quaff it from a golden goblet, or drink it out of (A) <u>a stone mug</u>. The hours come laden with the same mixture of joy and sorrow, no matter where we wait for them. (B) <u>A waistcoat of broadcloth</u> or of fustian is alike to an aching heart, and we laugh no merrier on velvet cushions than we did on (C) <u>wooden chairs</u>. Often have I sighed in (D) <u>those low-ceilinged rooms</u>, yet disappointments have come neither less nor lighter since I quit them. Life works upon a compensating balance, and the happiness we gain in one direction we lose in another. As our means increase, so do our desires; and we ever stand midway between (E) <u>the two</u>.

1. Among (A), (B), (C), and (D), which one does not group together with the others?

① (A)   ② (B)   ③ (C)   ④ (D)

2. According to the context, which of the following is closest to what (E) refers to?

① Desire and desperation
② Wealth and poverty
③ Happiness and sadness
④ Accomplishment and disappointment

다음을 읽고, 물음에 답하시오.

For centuries the Roman Catholic Church maintained an (A) Inquisition, which sent many people with deviant ideas to their deaths and banned or burned books; some books are banned by the Roman Catholic Church even today. In Iran, A. R. Khomeini, shortly before his death in 1989, banned the book The Satanic Verses by Salman Rushdie and invited all believers to kill the author and his publishers. It is somewhat amazing that many people in Christian countries were so shocked by this action, in view of their own countries' histories of religious intolerance. With some exceptions, and Khomeini's action is one of them, Islam in history has been _____ than has Roman Catholic Christianity. The medieval Crusades, which cost hundreds of thousands of lives, were a product of Christian, not of Muslim, intolerance. In the Muslim Turkish Empire, People of the Book were tolerated and could exercise their religion, as long as they paid a special tax. On the other hand, even Protestant Christians, generally considered to be more broad-minded, have made victims of religious intolerance. Protestant nations have also in past centuries burned supposed witches. In the early 21st century, fundamentalist Christian preachers denounced Harry Potter series as a work of the devil.

1. Choose the one that best fills in the blank.

① more flourished
② less tolerant of other religions
③ more tolerant of other religions
④ less flourished

2. It can be inferred from the passage that an (A) "Inquisition" here means _____.

① a former tribunal of the Roman Catholic Church created to discover and suppress heresy
② the illegitimate legacy of Roman Catholic Church which caused many fanciful ideas and thoughts
③ a general term for a severe mental interrogation
④ a situation of violating the rights or privacy of individuals

3. Which of the following is NOT true according to the passage?

① Salman Rushdie's book was forbidden to read in Iran.
② Protestants generated the victims of intolerance as Roman Catholics did.
③ Harry Potter series were negatively appreciated by some Christians.
④ The Satanic Verses was banned for its vanity and intolerance.

Passage 7 | 밑줄 친 "a nest egg"의 의미로 가장 알맞은 것을 고르시오.

I set down choice experiences so that my own writings may inspire me, and at last I may make wholes of parts. Certainly, it is a distinct profession to rescue from oblivion and to fix the sentiments and thoughts which visit all men more or less generally, that the contemplation of the unfinished picture may suggest its harmonious completion. Associate reverently and as much as you can with your loftiest thoughts. Each thought that is welcomed and recorded is <u>a nest egg</u>, by the side of which more will be laid. Thoughts accidentally thrown together become a frame in which more may be developed and exhibited.

① a surprise heretofore not discovered
② a journal entry to be treasured and jointed with other entries
③ a thought that will manifest itself as yet another thought
④ a memory that will stimulate thought and solicit a recording in a journal

Passage 8 | 다음을 읽고, 물음에 답하시오.

Marriage gives you someone to blame — for just about everything. Before you get married, when you feel depressed, you think to yourself, Is this it? And by "it" you mean (A) _____. Is this all life has to offer? Just one day followed by another? The same dreary routine? Etc. But after you get married, you think to yourself, Is this it? And by "it" you mean (B) _____. If your life feels monotonous, devoid of possibilities, static, two-dimensional, whatever, you don't blame your life; you blame your marriage. As a thing that's supposed to fill up your days until you die, your marriage becomes like an emblem of your life, like a kind of plastic insulation that's pressed all the way up against the very borders of your existence. It's much easier to blame the stuff lining the walls than the room itself. And there is, you sometimes remind yourself, just a little space between the lining and the outer boundaries, and thus it allows you to trick yourself into thinking if you could just get into that space between where your marriage ends and your life continues, or if you could somehow <u>tear down the plastic</u>, escape the confines of your marriage, life would suddenly be vibrant and rich and unexpected and mysterious again.

1. Choose one that are most appropriate for the blanks.

① life — marriage   ② spouse — life
③ marriage — marriage   ④ life — life
⑤ marriage — life

2. What does the underlined <u>tear down the plastic</u> mean?

① get a new job   ② have your own hobby   ③ fail the experiment
④ terminate the marital status   ⑤ escape from the routine

다음 글을 읽고 물음에 답하시오.

In 1966, Eddie Arnold earned induction into the Country Music Hall of Fame. Ranked among the most popular country singers in U.S. history, Arnold used his smooth voice to escape from poverty. When his father died, the family farm was lost to creditors and the Arnolds were forced to become sharecroppers. Even when achieving his lifelong dream of becoming a top-selling artist, this country boy never lost touch with his roots. Even while gaining a rather sophisticated fan base with his succession of hits, he always referred to himself as the "Tennessee Plowboy." In his mind, his background as a hard-working farm hand prepared him for the demanding role of a successful singer. From the beginning, he _____ from most of his contemporaries in the world of country singers. Unlike most of them who appeared either in jeans and plaid shirts or glittering sequins and spangles, Arnold always dressed in debonair attire. When he died in May 2008, the music world lost an immensely popular crooner of romantic ballads.

1. 윗글의 빈칸에 들어갈 가장 알맞은 것은?
   ① kept his figure   ② cut a different figure
   ③ emerged a big figure   ④ created a whole figure

2. 밑줄 친 "this country boy never lost touch with his roots"가 의미하는 것으로 가장 알맞은 것은?
   ① Arnold remained connected to the family farm and continued to pursue agriculture.
   ② Arnold eschewed his humble beginnings and indulged in a more sophisticated lifestyle.
   ③ Arnold liked to be known as a farm hand and favored jeans and cowboy boots when he performed.
   ④ Arnold continued to identify himself with the attitudes and values of hardworking rural Americans.

다음을 읽고, 물음에 답하시오.

Experts say that if you feel drowsy during the day, you haven't had enough sleep. If you routinely fall asleep within five minutes of lying down, you probably have severe sleep deprivation, possibly even a sleep disorder. Microsleeps, or very brief episodes of sleep in an otherwise awake person, are another mark of sleep deprivation. In many cases, people are not aware that they are experiencing microsleeps. The widespread practice of "burning the candle at both ends" in Western industrialized societies has created so much sleep deprivation that what is really abnormal sleepiness is now almost the norm. Sleep-deprived people who are tested by using a driving simulator or by performing a hand-eye coordination task perform as badly as or worse than those who are intoxicated. Sleep deprivation also magnifies alcohol's effects on the body, so a fatigued person who drinks will become much more impaired than someone who is well rested. Driver fatigue is responsible for an estimated 100,000 motor vehicle accidents and 1500 deaths each year, according to the National Highway Traffic Safety Administration. Since drowsiness is the brain's last step before falling asleep, driving while drowsy can and often does lead to disaster. Caffeine and other stimulants cannot overcome the effects of severe sleep deprivation. The National Sleep Foundation says that if you have trouble keeping your eyes focused, if you can't stop yawning, or if you can't remember driving the last few miles, you are probably too drowsy to drive safely.

1. 밑줄 친 "burning the candle at both ends"가 의미하는 것으로 가장 알맞은 것은?
  ① an ardent desire to sleep
  ② a state of extreme agitation
  ③ an unrelenting schedule that affords little rest
  ④ the unavoidable conflagration that occurs when two forces oppose each other

2. 윗글의 목적으로 가장 알맞은 것은?
  ① to offer preventive measures for sleep deprivation
  ② to alert readers to the signs and risks of not getting enough sleep
  ③ to recommend the amount of sleep individuals need at different ages
  ④ to explain why sleeplessness has become a common state in Western societies

Part 3

저녁

Passage 1   다음을 읽고, 물음에 답하시오.

None of us was present when culture patterns started to diverge between peoples: the attribution of causes for these differences is a matter of educated speculation on the basis of historical and prehistorical sources. Both the Roman and the Chinese Empires were ruled from a single power center, which presupposes a population prepared to take orders from the center. The Germanic part of Europe, on the other hand, was divided into small tribal groups under local lords who were not inclined _____. It seems a reasonable assumption that early statehood experiences helped to develop in these peoples the common mental programs necessary for the survival of their political and social systems. The question remains, of course, as to why these early statehood experiences deviated.

1. Which of the following statements is likely to follow the final sentence?
   ① One way of supporting the guesswork for causes is to look for quantitative data about correlated countries.
   ② The logic of the partnership, supported by various research studies, could be about as follows.
   ③ The combination of climate and affluence is the subject of a highly interesting study by Dutch social psychologist Evert.
   ④ Some effects of the mental program called power distance go back to Roman times.

2. Choose the one that best fills in the blank.
   ① to accept directives from anybody else
   ② to refuse directives from anybody else
   ③ to transfer directives from another party
   ④ to disregard directives from another party

다음을 읽고, 물음에 답하시오.

Bradley Wilson believes that studying small movements in all kinds of animals could give scientists new insights into their emotional states. To show how this might work, Wilson and his colleagues put pocket-sized accelerometers on two very different animals: elephants and humans. It's popular for scientists to track animals' large-scale movements — GPS and motion detectors have followed the migrations of birds and giant crabs, for example. But Wilson wasn't interested in where animals were going. Instead, he wanted to know how their small-scale movements revealed their emotions or other internal states.

First, the researchers looked at elephants, using accelerometers on neck collars to measure the movements of the animals. As the elephants walked around, an observer noted whether they were moving for a "positive" or "negative" reason. Positive movement meant walking toward something desirable — maybe some food or a nice pile of mud to wallow in. Being chased away by a dominant herd member, on the other hand, was negative movement. When the researchers combined this information with the 3D accelerometer data, they found a significant difference in how elephants moved their bodies during positive and negative states.

1. Which of the following is most likely to be the purpose of Wilson's experiments?

① To observe animals' movements to learn how they feel
② To test new devices developed for spying on animals' movements
③ To distinguish positive and negative movements of large animals
④ To compare different animals in their ways of using intellect

2. Which of the following is the author most likely to write about immediately after this passage?

① How far elephants can move a day
② How the researchers tracked the elephants
③ Results of Wilson's experiment with humans
④ Usefulness of accelerometers in the experiments

Passage 3   다음을 읽고, 물음에 답하시오.

One of the most commonly used stylistic devices for creating humour is a pun. In its broadest sense, a pun is a form of word-play in which some feature of linguistic structure simultaneously combines two unrelated meanings. Whereas the unrelated meanings in a pun are often situated in individual words, many puns cut across different levels of linguistic organization and so their formal properties are quite variable. Clearly, the pun is an important part of the stylistic arsenal of writers because it allows a controlled 'double meaning' to be located in what is in effect a chance connection between two elements of language. It is, however, a resource of language that we all share, and it is important not to sequester away literary uses of language from everyday language practices. The essence of punning is an ambiguity projected by balancing two otherwise unrelated elements of linguistic structure.

1. According to the passage, a pun is based on the similarity between _____.
   ① poetic principles in operation   ② two individual punning strategies
   ③ two unrelated aspects of language   ④ phonological and morphological rules

2. Which of the following is LEAST likely to be discussed immediately after this passage?
   ① Definition of pun   ② Situations for pun
   ③ Samples of pun   ④ Pun in literature

다음을 읽고, 물음에 답하시오.

For me, <u>requests for coffee to "pick my brain"</u> are the most common these days. I counted over 35 email requests in the last month alone, unrelated to my day-to-day business operations or mentorship programs I've already committed time to. I love being helpful when I can, but there's an inherent conflict between saying yes and saying no. Saying yes takes time away from my growing team, who need my time, presence, and support, as well as from my friends and family. In fact, if I had said yes to all of the requests last month (assuming each takes 30 minutes), it would have taken me over 17 hours. That's almost an hour every workday! Saying no, however, is both a missed opportunity to help someone and build a relationship and a risk of coming off as rude, even if your reasons are pure. Oh, and not to mention, harder to do. I've opted for balancing the two as much as possible, but finding the best way to say no has taken some time. So what's a busy professional to do when an inquiry email you don't want to take comes through?

1. Which of the following is closest in meaning to the underlined <u>requests for coffee to "pick my brain"</u>?

① Requests for my advice
② Requests for coffee time to relax
③ Requests for refreshing my brain
④ Requests for regular brain checkups

2. Which of the following is <u>NOT</u> true of the author?

① He has received many email messages asking for help.
② He has spent some time for mentorship programs.
③ He spent 17 hours responding to requests last month.
④ He finds it more difficult to reject requests than to accept them.

3. Which of the following is the author most likely to write about after the passage?

① How to advise people to act more politely
② How to nicely turn down email requests
③ How to say yes and no more evenly
④ How to write email messages professionally

Which of the following is most likely to be mentioned right after the passage?

Each year around 50,000 people die in this city, and each year the mortality rate seems to graze a new low, with people living healthier and longer. A great majority of the deceased have relatives and friends who soon learn of their passing and tearfully assemble at their funeral. A reverent death notice appears. Sympathy cards accumulate. When the celebrated die or there is some heart-rending killing of the innocent, the entire city might weep. Yet a much tinier number die alone in unwatched struggles. Death even in such forlorn form can cause a surprising amount of activity. Sometimes, along the way, a life's secrets are revealed. Here's a story.

① Life secrets of celebrities
② Detailed procedures of a funeral
③ A story of a person who died alone
④ Causes of the decreasing death rate
⑤ Sorrows from losing friends or relatives

4 지시 어구

개념과 풀이 방법강의 핵심 내용 메모하기

Passage 1   다음을 읽고, 물음에 답하시오.

Haka are traditional Maori war dances with loud chanting, strong hand movements, foot stamping, and thigh slapping. Performers may incorporate traditional weapons, such as spears, shields, and clubs, into (A)them. Facial expressions are an important facet of haka performance as (B) they demonstrate the performer's ferocity or passion. For women, these expressions involve opening the eyes wide and jutting out their tattooed chin. For men, it means widening the eyes and stretching out their tongue or baring their teeth. Though these expressions may be intimidating, they are not necessarily a sign of aggression, but may simply show strong and deep-felt emotions. Haka often poetically describe ancestors and events in the tribe's history. Haka are still used during Maori ceremonies and celebrations to honor guests and show the importance of the occasion. (C)They are also used to challenge opponents on the sports field. If you have seen haka performed, you will probably agree (D) they are terrifying to behold.

1. Among (A), (B), (C), and (D), which of the following is different from the others in what they refer to?

① (A)   ② (B)   ③ (C)   ④ (D)

2. According to the passage, which of the following is NOT true of haka?

① They utilize unnatural facial movements.
② They represent repressed desires.
③ They continue to be performed regularly.
④ They are used to respect or unnerve the viewer.

다음을 읽고, 물음에 답하시오.

In the Middle Ages the inn was supplemented to some extent by the monastic houses, but these, as a rule, entertained only two classes, the very rich and the very poor. The first were received by the monks because they did not dare to refuse <u>them</u>, but many were their complaints regarding the excesses of their unwelcome guests. The monastery door, however, was always open to the poor man, who was never turned empty away. The inns were used by the people between these two extremes, for they were too miserable for the nobility, and too expensive for the poor. They were frequented by the smaller gentry, merchants, packmen, and other traders. The entertainment was poor enough; a number of beds were spread out in one room on the floor, and each guest bought what food he required.

1. What does the underlined "<u>them</u>" refer to?

① the poor   ② the inns   ③ the nobility   ④ the monastic houses

2. According to the passage, which of the following is true?

① Merchants could afford to stay in an inn.
② The monastic houses had more guests than the inns.
③ The rich were very welcome guests at the monastic houses.
④ The poor could not stay in an inn because it was not open to them.

Passage 3
Passage 3 다음을 읽고, 물음에 답하시오.

An intelligence quotient, or IQ, is a score derived from one of several standardized tests designed to assess human intelligence. The abbreviation "IQ" was coined by the psychologist William Stern for the German term Intelligenz-Quotient, his term for a scoring method for intelligence tests he advocated in a 1912 book. When current IQ tests are developed, the median raw score of the norming sample is defined as IQ 100, and scores each standard deviation (SD) up or down are defined as 15 IQ points greater or less. By this definition, approximately two-thirds of the population scores an IQ between 85 and 115, and about 5 percent of the population scores above 125. IQ scores are used as predictors of educational achievement, special needs, and job performance. They are also used to study IQ distributions in populations and the correlations between IQ and other variables. Raw scores on IQ tests for many populations have been rising at an average rate that scales to three IQ points per decade since the early 20th century, a phenomenon called the Flynn Effect.

1. 윗글의 내용과 가장 부합하지 <u>않는</u> 것은?
① IQ test was designed by the psychologist William Stern in his book.
② The majority of the population falls within one SD up or down in IQ scores.
③ About 5% of the population has an IQ score above 125 points.
④ IQ scores predict a person's capacity for education and work.
⑤ Populations have been distributed according to their IQ scores.

2. 윗글에서 밑줄 친 the Flynn Effect에 대해 가장 옳게 나타낸 것은?
① It describes how IQ scores are spread in populations.
② It shows why raw scores are meaningful on the IQ test.
③ It indicates a steady growth of IQ points as to time.
④ It explains why IQ can predict many social phenomena.
⑤ It refers to the effect of the SD on the IQ score scales.

다음을 읽고, 물음에 답하시오.

The human species, according to the best theory I can form of it, is composed of two distinct races, the men who borrow, and the men who lend. To these two original diversities may be reduced all those <u>impertinent</u> classifications of Gothic and Celtic tribes, white men, black men, red men. All the dwellers upon earth, "Parthians, and Medes, and Elamites," flock hither, and do naturally fall in with one or other of these primary distinctions. The infinite superiority of the former, which I choose to designate as the great race, is discernible in <u>their</u> figure, port, and a certain instinctive sovereignty. The latter are born degraded. "He shall serve his brethren." There is something in the air of one of this cast, lean and suspicious; contrasting with the open, trusting, generous manners of the other.

1. Which of the following is the primary mode of the passage?

① narration   ② description   ③ cause and effect   ④ classification

2. Which of the following is closest in meaning to the underlined word <u>impertinent</u> in the passage?

① important   ② insolent   ③ irrelevant   ④ inimical

3. Which of the following best refers to the underlined pronoun <u>their</u> in the passage?

① the human species
② men who borrow
③ men who lend
④ dwellers upon earth

다음을 읽고, 물음에 답하시오.

(A) As England's coal production increased, so did the difficulties of extracting a more desirable type of coal from deep within the earth. (B) A softer "brown coal" called lignite could be mined with relative ease, but contained numerous impurities and did not produce as much heat as the harder, denser types of "black coal," bituminous and anthracite, that were tapped from larger, and more subterranean seams. (C) New problems arose with working far beneath the earth's surface, including a lack of proper ventilation for miners, and an increased likelihood of tunnels and mining galleries collapsing, as thick supporting columns comprised of the hardest black coal were chiseled away because (a) <u>they</u> were considered too valuable to remain untapped. (D) Added to this were cases of uncontrolled and unwanted explosions, along with constant flooding as underground water reservoirs were accidentally struck by miners tunneling into the depths of mine shafts in search of "black gold." (E)

1. 아래 내용 중 본문에 "<u>a problem when working underground</u>"로 지적되지 않은 것을 고르시오.
   ① a shortage in a change of air
   ② a possibility of a breakdown of drifts
   ③ an unexpected blasting
   ④ a scarcity of potable water
   ⑤ the danger of constant flooding

2. 본문 중 (a) <u>they</u>가 가리키는 것을 고르시오.
   ① miners   ② tunnels   ③ galleries   ④ columns   ⑤ brown coals

3. 다음 문장이 위치할 알맞은 곳을 고르시오.

   The fear of sudden and devastating deluge had surpassed all other mining perils to become the biggest quandary facing English miners of the sixteenth and seventeenth centuries.

   ① (A)   ② (B)   ③ (C)   ④ (D)   ⑤ (E)

Part

4

통일성과 응집성
활용 문제

다음을 읽고, 물음에 답하시오.

One might acknowledge the degrading effect of a market in refugees and still conclude that the scheme does more good than harm. But what the example illustrates is that markets are (A) _____. They embody certain norms. They presuppose — and promote — certain ways of valuing the goods being exchanged. Economists often assume that markets do not touch or taint the goods they regulate. But this is untrue. Markets leave their mark on social norms. Often, market incentives (B) <u>erode</u> or crowd out nonmarket incentives.

1. Which of the following is the most appropriate for the blank (A)?

① not mere mechanisms
② mere working mechanisms
③ not in mechanical advantage
④ made with mechanical aptitude

2. Choose the one that is closest in meaning to the underlined part (B) <u>erode</u>.

① show off   ② eat away   ③ boost up   ④ demand for

Passage 2   **Which of the following is the most appropriate for the blank?**

Binary _____ aren't exceptionally common on Earth, even though roughly 15 percent of asteroids in Earth-crossing orbits are thought to have a companion in tow. That's because "getting two distinct nearby craters that are well dated has been hard to accomplish," says Bill Bottke of the Southwest Research Institute. Today, these two 458-million-year-old craters—Lockne and Målingen — are set amidst forests and farmlands. Lockne, the larger of the two, is about 7.5 kilometers across and was created as the rubble pile asteroid collided with Earth. About 16 kilometers away is Målingen, which is just 0.7 kilometers across and made by the smaller companion.

① orbits   ② moons   ③ craters   ④ comets   ⑤ companions

Which best fits in the blank?

The globe is losing valuable species day by day; 20% to 50% of the world's _____ may be gone before the end of the next century, and the irony is that human beings will have contributed overwhelmingly to that loss. The human population is expected nearly to double within the next few decades. For third world agrarian economies especially, the competition for space and resources will grow during this "demographic winter," and the losers will be the wild animals.

① natural resources
② ozone layer
③ oil supply
④ biological diversity
⑤ financial institutions

다음을 읽고, 물음에 답하시오.

Conflict theorists assume that dominant forms of sport in a society ultimately promote the interests of people with money and economic power. Sport in all its forms, they argue, focuses the emotions and attention of the have-nots in society on escapist spectator events, which distract them from the need to change the economy. In fact, sport, especially spectator sport, is organized and sponsored by those with money and economic power in an effort to affirm the capitalist values of competition, production, and consumption. Thus, conflict theorists see sport as _____ in society, as activities and spectacles that deaden awareness of economic exploitation among those without power while perpetuating the privilege and position of those who control wealth and the economy. This leads to an emphasis on the negative consequences of sports and the conclusion that radical changes are needed in sports and society as a whole. According to conflict theorists, the goal of these changes is to bring about the development of a humane and creative society, so that sport can become a source of expression, creative energy, and physical well-being.

1. Choose the one that best fills in the blank.
   ① a premium   ② a prompter   ③ an opiate   ④ a prize

2. Which of the following CANNOT be inferred about "sports" according to "conflict theorists"?
   ① Privileged people cater to the financial needs of the have-nots through the sports industry.
   ② The sports industry does not reflect the best interest of the populace.
   ③ Sports can be something more than an instrument that serves capitalist values.
   ④ Sports induce underprivileged people to be oblivious to their disadvantages.

3. What is the main objective of "conflict theory" in the analysis of "sports"?
   ① mobilizing underprivileged people toward social change through manipulating their fear of instability
   ② calling attention to political and economic issues and forms of inequality that create tensions in society
   ③ suggesting to those with wealth and power ways in which to revolutionize entertainment management
   ④ remedying problems of inequality in a capitalist society by enforcing egalitarian membership in spectator events

Passage 5　다음을 읽고, 물음에 답하시오.

The use of audiovisual materials has been integrated into language learning for many years. In fact, technology to listen to target language audio and record oneself has been commonly available in language classrooms since the 1970s. Despite countless innovations and technologies made available in language learning since then, the cassette recorder is the single piece of technology that has affected language learning the most. Audio material has been readily available online, either as streamed or downloadable files, since the 1990s. With the arrival of Web 2.0 tools, audio can be distributed by individuals or institutions while being (A) _____ other content. 'Podcast' has made the transition from technical to commonplace in a very short time. The impact and penetration of podcasting has been wide ranging, far reaching, and arguably much faster than that of the world wide web. This impact can be (B) _____ the fact that the uses of podcasting are varied, from entertainment to politics to education, and can appeal to a mass audience.

1. 윗글의 주제로 가장 적절한 것은?

① The advantages and disadvantages of diverse audiovisual materials
② The substantial effect of the cassette recorder in language education
③ The introduction of streamed or downloadable files in language education
④ The evolution of audiovisual materials in language education and the emergence of podcasting
⑤ The prevalence of audiovisual materials and dependence on podcasting in various areas in the society

2. 윗글에 주어진 빈칸 (A), (B)에 들어갈 가장 적절한 표현을 순서대로 나열한 것은?

① replaced by — translated into
② separated from — argued against
③ restricted to — substantial with
④ interested in — liable to
⑤ combined with — attributed to

It has been observed that procrastination is related to irrational fears and self-criticism. Procrastinators are frequently unsure of their ability to complete a task. At the heart of such irrational fear for procrastinators is an inappropriate concept of what constitutes an adequately accomplished task. Failure is (A) _____: standards are simply too high. To (B) _____ the emotional consequences of this failure, procrastinators delay beginning a task until it cannot be completed satisfactorily. The (C) _____ for the procrastinator is that his or her avoidant behavior furnishes a convenient excuse for the failure caused by this avoidance. A task done poorly by the procrastinator can be blamed on time limitation or even laziness, rather than inability. In this manner, procrastination serves as an ego-defensive function.

1. Which best fits into the blanks (A) ~ (C)?

	(A)	(B)	(C)
①	improbable	circumvent	penalty
②	inevitable	maximize	penalty
③	inevitable	circumvent	payoff
④	improbable	maximize	payoff

2. According to the passage, why do procrastinators put off their duties?

① Because they want to blame other people.
② Because they cannot feel any satisfaction.
③ Because they can complete the task on time.
④ Because they have low confidence in their success.

다음을 읽고, 물음에 답하시오.

Sugar contributes to premature ageing, just as cigarettes and UV rays do. When collagen and elastin — components that support the skin — break down from sun or other free-radical* exposure, cells try to repair themselves. But this process slows down with age. And when sugar is present in the skin, it forms cross-links with amino acids that may have been damaged by free radicals. These cross-links jam the repair mechanism and, over time, leave you (A) _____. Once cross-links form, they won't unhitch, so keep sugar intake (B) _____. Avoid soft drinks and pastries, and swap sugar for cinnamon — it seems to slow down cross-linking, as do cloves, ginger and garlic.

*free radical: an atom or group of atoms having one or more unpaired electrons

1. Which best fits into the blank (A)?
① with artificially sweetened cells
② with prematurely old-looking skin
③ with radically repaired mechanism
④ with a nutritionally balanced body

2. Which best fits into the blank (B)?
① as low as you can
② as soon as possible
③ as long as you can
④ as much as possible

What would be the most appropriate sentence in the blank?

Scientists found that Neanderthal eyes were, on average, 15 percent larger than those of humans. They attribute this to the Neanderthals' European origin, where they would have had lower light levels than in Africa, where humans developed. Accordingly, the researchers estimate Neanderthal brains used twice the space for visual processing in comparison with human brains. Improved sight was not without its costs. _____ Neanderthals are believed to have lived in smaller groups and traveled shorter distances for resources.

① Neanderthal brains were more asymmetric than other hominid brains.
② Neanderthals had significantly larger bodies than humans.
③ Neanderthals likely had less brain capacity to put toward social interaction.
④ Neanderthals ornamented themselves or made art.
⑤ Neandertahls were stockier and stronger, particularly in the upper body than humans.

My interest in Doris Lessing derives from her novel "The Fifth Child". The story concerns a young idealistic couple, Harriet and David Lovatt, united in their desire to raise a large family and gain happiness. They quickly have four children and build what appears to be an idyllic life. Then, against the advice of relatives, Harriet becomes pregnant again. Almost at once, she feels poisoned by the being growing inside her; and from the moment he is born, Ben looks and behaves like a monster: violent and remorseless. He eventually destroys her family. "The Fifth Child" is a work of horror that subverts our most sacred cultural assumption: (A) _____.

It is also a story I knew in my bones. My brothers and I were well-behaved suburban boys who savaged one another in private. After we were grown, my mother, a psychoanalyst, wrote a book called "The Monster Within". It's about maternal ambivalence and, specifically, women's fears of giving birth to monsters, which reflects in part her struggle with her combative sons. My mother saw Lessing's novel as a psychological parable about (B) genetic greed. Their fifth child embodies the danger of this unstoppable appetite. As the father of two young children, I found this interpretation insightful but deeply unsettling — particularly after my wife announced last year that she was pregnant with another child. I couldn't help feeling a spasm of dread. Had we taken on too much? Would we now be punished? I'm relieved to report that our third child is perfectly sweet, at least so far. But the power of "The Fifth Child" remains undiminished. Every time I read it, I feel the same tangle of fear, despair, frustration and morbid exhilaration.

1. Which expression best fits (A)?

① the ignorance of children
② the fear of sibling rivalry
③ the innocence of children
④ the rite of adolescent rebelliousness
⑤ regrets of childhood

2. Which statement can be best inferred from the passage above?

① The idea of big happy family continues to deliver hopes and joys to our life.
② The essayist had a difficult childhood experience that strengthened his relationship with mother.
③ Lessing's novel is based on her real-life event that has an uncanny resemblance to the essayist's own experience as a father of three children.
④ Frequent pregnancies increase the chance of postpartum depression for many women.
⑤ Lessing's novel can be read as a warning to those who want to pursue the dream of having a big happy family.

3. According to the author of the passage, which part of Lessing's novel best illustrates the meaning of the underlined term (B) genetic greed?

① Harriet and David Lovatt continue to have children for their family happiness.
② The Lovatt couple's pursuit to happiness is finally rewarded by their fifth child.
③ Harriet and David Lovatt are later killed by their fifth child.
④ Harriet and David Lovatt are taken aback by the continuing expansion of their family.
⑤ Harriet feels poisoned by her fifth child growing inside her.

Passage 10 다음을 읽고, 물음에 답하시오.

No crisis since the Civil War affected Americans more seriously than did the Great Depression. As the 1930s began, one out of every four wage-earners was without work, more than 15 million men and women. In Mississippi, on a single day in 1932, one quarter of the entire state went under (A)_____ hammer. In New York, a number of homeless people moved into a cave in Central Park and stayed there for a year, as they could find nowhere else to live. Dust storms born in Texas and the Dakotas would soon begin to darken skies all the way east to Washington. Prices of wheat and corn and cotton fell so low that crops were (B)_____ in the fields. In Boston, children with cardboard soles in their shoes walked to school past silent shoe factories with padlocks on the doors.

1. Which best fits into the blank (A)?
   ① the lawmaker's   ② the speculator's   ③ the accountant's   ④ the auctioneer's

2. Which does NOT fit into the blank (B)?
   ① misplaced   ② neglected   ③ untended   ④ abandoned

3. Which is NOT true according to the passage?
   ① As the 1930s began, about one fourth of the American population lost their jobs.
   ② After the Civil War, the Great Depression was the biggest crisis for the Americans.
   ③ Some basic necessities of life like shoes were in short supply during the Great Depression.
   ④ In the time of the Great Depression some people even lived outdoors as they had no other choice.

Passage 1   다음을 읽고, 물음에 답하시오.

It happens that in England the State went somewhat further, and was compelled to make some attempt to control the movement of labour. (A) _____ labour was provided within the manor by labourers who themselves had interests in the land of manor, the problem was one for the manor alone; but hired labour became more and more the practice as specialization developed, in ancillary trades as well as in agriculture itself, and labourers left their manor, with the result that the State interfered in the interests of public order and the needs of employers. (B) <u>This was especially so</u> after the Black Death created a dearth of labour. Justices of labour were created to regulate labour, and were subsequently merged with the justices of the peace, who were originally concerned only with the apprehension of criminals.

1. Which of the following is the most appropriate for the blank (A)?

① Whereas   ② Unless   ③ Therefore   ④ So long as

2. Which of the following best describes the main idea of (B) <u>This was especially so</u>?

① The intervention of the State was needed.
② The specialization of labour was emphasized.
③ The tradition of manor system should be kept.
④ The movement of labour need not to be controlled.

Answer the questions after reading the passage below.

The human activity most destructive to the soil is overgrazing. Overgrazing causes the loss of vegetation as a result of the increase of herbivores. Any land that is cleared of vegetation becomes vulnerable to desertification. A second cause of desertification is improper irrigation. Farmers in many parts of the world divert water supplies for their crops. _____, one area's gain is another area's loss. In China's Xinjiang Autonomous Region, for example, the building of dams and the withdrawal of water for irrigation have dried up the Tarim River. This has caused the trees and other vegetation that acted as a barrier between the Taklimakan and Kumtag deserts to die off. Now the two deserts are spreading toward each other, and they may eventually merge. Some of the methods for stopping the advance of deserts are quite simple. Algeria, for example, has planted a green wall of trees across the edge of the Sahara to prevent more land from turning into desert. To stop the overgrazing of land, some areas are requiring the careful management of livestock. To combat deforestation, people are encouraged to less depend on wood. Simple devices such as solar cookers and wind turbines can help.

1. Which is the most appropriate for the blank?

① Instead   ② However   ③ Furthermore   ④ In particular

2. According to the passage, which is true?

① To stop desertification, people are encouraged to use alternative energy.
② Raising many animals can stop the land from desertification.
③ Tarim River dried up because the two deserts spread toward each other.
④ Algeria planted trees in the middle of the Sahara to stop more desertification.

3. Which is the main idea of the passage?

① Overgrazing and irrigation are the biggest problems that have caused desertification.
② Some of the human activities have caused desertification, and there are methods to stop it.
③ Today, the amount of desert on earth is increasing, and we have to take actions to stop overgrazing.
④ To stop desertification, some countries encourage people to plant trees and to less depend on wood.

다음을 읽고, 물음에 답하시오.

Language frequently serves as an ethnic boundary marker. The native language of an individual is the primary indicator of ethnic group identity in many areas of the world. In the south-western United States, Hopi and Navajo members are readily distinguished by their language alone. However, just because two populations share a common language, it does not mean they share a common identity, any more than the fact that two populations speak different languages means that they have two distinct identities. For example, the Serbs and Croats of what was Yugoslavia speak Serbo-Croatian. They are, however, distinct and historically antagonistic ethnic groups. ___(A)___, a person may be Irish and speak either Gaelic or English as his or her native language. The German government grants automatic citizenship to all ethnic German refugees from Eastern Europe. A difficulty in ___(B)___ these refugees is that many speak only Polish or Russian. Thus, one does not have to speak German to be an ethnic German.

1. According to the passage, which is true?
   ① Hopi and Navajo members do not share a common language.
   ② German Citizenship is automatically granted to a person who can speak German.
   ③ The Serbs and Croats share a common identity because they speak the same language.
   ④ The native language is the most essential single indicator of ethnic group identity in every country.

2. Which is the most appropriate for the blank (A)?
   ① Therefore   ② Conversely   ③ As a result   ④ To begin with

3. Which is the most appropriate for the blank (B)?
   ① lauding   ② secluding   ③ assimilating   ④ calumniating

Passage 4 다음을 읽고, 물음에 답하시오.

Until recently, pioneers of ⓐ_____ health innovation had remained at the margins of our biomedical research and regulatory establishment. Yet in the last two months alone, two individuals widely shared videos in which they injected themselves with unregulated gene therapies. Josiah Zayner is one of the self-experimenters and the CEO of the Odin, a start-up that sells gene-editing kits for home use. (A) Is self-experimentation with gene-editing techniques something we should herald as a new form of "permissionless" innovation? Or will self-proclaimed biohackers, by testing the regulatory framework, harm the emerging ecosystem of citizens who contribute to biomedical innovation? (B) ⓑ_____ banning the sale of gene-editing kits is only a weak, temporary solution. What we need is to foster an ethos of responsible innovation outside of traditional research institutions. We must recognize the urgent need to build legitimacy, but also tailored regulatory support for new forms of health research. (C) The path forward is not to promote radical, unregulated science, but to develop engagement channels that force citizens, patients, ethicists and regulators to rethink and design an adaptive oversight system. (D)

1. Choose the words that fit best for blanks ⓐ and ⓑ.
   ① ⓐ transnational — ⓑ Furthermore
   ② ⓐ democratized — ⓑ Yet
   ③ ⓐ ecological — ⓑ For instance
   ④ ⓐ optimal — ⓑ Nevertheless

2. The author's presentation is most like that of a _____.
   ① researcher offering a scholarly analysis
   ② daily journalist reporting on a news story
   ③ motivational speaker giving an inspiring talk
   ④ public intellectual presenting an opinion on an ethical dilemma

3. Which of the following cannot be inferred from the passage?
   ① Biotechnologies have progressed to a point where individuals can experiment with gene therapies at home.
   ② The U.S. government recently approved self-experimentation by a practitioner outside of a traditional research institution.
   ③ A recent development in health research involves entrepreneurship.
   ④ Despite the potential for citizens to take a proactive role outside of medical practices, many ethical issues remain unresolved.

4 Which would be the best place for the following sentence?

Self-experimentation with gene therapies raises troubling safety and ethical questions, from the potential for infections and immunological reactions to lack of understanding of the risks involved and unrealistic expectations from patients.

① (A)   ② (B)   ③ (C)   ④ (D)

Passage 5   다음을 읽고, 물음에 답하시오.

Drugs for suppressing the appetite are available either over-the-counter or by prescription. They are beneficial for some dieters, but only if they are combined with a reduced-calorie diet and preferably with behavioral modification. _____ they do little to retrain eating habits, and weight regain occurs after the medication is discontinued.

① But   ② Thus   ③ Otherwise   ④ Nonetheless

Passage 1 Which is the proper order of the sentences (A) ~ (D)?

That genius is unusual goes without saying.

(A) However, another link, between savant syndrome and autism, is well established.
(B) A link between artistic genius on the one hand and schizophrenia and manic-depression on the other is widely debated.
(C) But is it so unusual that it requires the brains of those that possess it to be unusual in other ways, too?
(D) It is, for example, the subject of films such as "Rain Man," in which the autistic brother shows an extraordinary talent of memorizing figures.

① (A)-(B)-(C)-(D)　　② (A)-(D)-(C)-(B)　　③ (C)-(B)-(D)-(A)　　④ (C)-(B)-(A)-(D)

Passage 2 Which of the following is the best order from (A) to (D) for a passage starting with the sentence in the box?

One of the most controversial issues to rear its head in the global spread of English as an international language is the extent to which the propaganda of English as a medium of education, commerce, and government has impeded literacy in mother tongue languages, has thwarted social and economic progress for those who do not learn it, and has not generally been relevant to the needs of ordinary people in their day-to-day or future lives.

(A) Likewise, within the United Nations, the Universal Declaration of Linguistic Rights has endorsed the right of all people to develop and promote their own languages and to offer children access to education in their own languages.
(B) A central issue in the linguistic imperialism debate is the devaluing of native language through the colonial spread of English. For more than a century, there was little or no recognition of the imperialistic effect of the spread of English (and French) in colonial contexts.
(C) Linguistic imperialism calls attention to the potential consequences of English teaching worldwide when Eurocentric ideologies are embedded in instruction, having the effect of legitimizing colonial or establishment power and resources, and of reconstituting cultural inequalities between English and other languages.
(D) In recent years, there have been some signs of hope for the preservation of indigenous languages as seen, for example, in the Council of Europe's 1988 European Charter for Regional and Minority Languages, which assumes a multilingual context and support for minority languages.

① (B) — (D) — (C) — (A)　　　　② (D) — (A) — (B) — (C)
③ (C) — (B) — (D) — (A)　　　　④ (B) — (A) — (D) — (C)

Reorder the following sentences to form the most coherent passage.

(A) Such chains tend to intertwine in a disorderly fashion when part of a solid.
(B) Polymers are long, chainlike molecules; each link in the chain is either an identical chemical unit (as in the case of polyethylene) or one of a small set of such units (as in the case of nylon, which has two sorts of link).
(C) Strength, however, requires order.
(D) To make a strong material the individual molecules should, as far as possible, be stretched out in parallel with one another, thus forming an elongated crystal, and the crystals should then be similarly aligned in a fiber as that fiber is being drawn.

① (D) – (A) – (C) – (B)　　　　　② (D) – (C) – (A) – (B)
③ (B) – (C) – (D) – (A)　　　　　④ (B) – (A) – (C) – (D)

글의 순서를 바로 잡으시오.

(A) Unique properties of TRPM8, a cold-sensing protein found in their systems, shield these rodents from harsh weather.
(B) This new research about TRPM8 brings scientists closer to understanding enigmas of hibernation.
(C) The uncanny ability to withstand prolonged cold results in part from an adaptation that thirteen-lined ground squirrels have developed in molecules they share with other mammals.
(D) It's really important because if they're too cold, they can't hibernate.

① (A) — (C) — (D) — (B)　　　　　② (B) — (C) — (D) — (A)
③ (C) — (B) — (A) — (D)　　　　　④ (C) — (A) — (D) — (B)

Choose the best order after the sentence in the box.

In 1979, when Ken Ross was eight, his family moved from Scotland to France for his father's job with IBM.

(A) During the past quarter-century, according to the International School Consultancy Group(ISG), based in Britain, their number has grown from under 1,000 to more than 7,300. In the 2013-14 academic year they generated $41.6 billion in revenue and taught 3.75 million pupils globally. Twenty-two countries have more than 100 international schools, headed by the UAE, with 478, and China, with 445.

(B) The computer firm paid the fees at the English School of Paris, where his classmates were mostly children of expats from Britain and elsewhere: managers, army officers, diplomats and the like. A couple were Saudi princes. For the most recent class reunion, old boys and girls, flew in from as far afield as China and South Africa.

(C) Since then, there has been a boom in such "international schools", which teach in English in non-Anglophone countries, mostly offering British A-levels, American APs and SATs, or the International Baccalaureate.

① (A) — (C) — (B)　　　　　② (B) — (A) — (C)
③ (B) — (C) — (A)　　　　　④ (C) — (A) — (B)

Which is the best place to fill the following sentence in?

The process of building defenses continues into the next phase.

All human beings, in their understanding of themselves, build sets of defenses to protect the ego. The newborn baby has no concept of its own self; gradually it learns to identify a self that is distinct from others. (A) In childhood, the growing degrees of awareness, responding, and valuing begin to create a system of affective traits that individuals identify with themselves. (B) In adolescence, the physical, emotional, and cognitive changes of the pre-teenager and teenager bring on mounting defensive inhibitions to protect a fragile ego, to ward off ideas, experiences, and feelings that threaten to dismantle the organization of values and beliefs on which appraisals of self-esteem have been founded. (C) Some persons — those with higher self-esteem and ego strength — are more able to withstand threats to their existence, and thus their defenses are lower. (D) Those with weaker self-esteem maintain walls of inhibition to protect what is self-perceived to be a weak or fragile ego, or a lack of self-confidence in a situation or task.

① (A)　　② (B)　　③ (C)　　④ (D)

다음을 읽고, 물음에 답하시오.

We've all seen animals playing. But are they having fun? (A) In the past, most scientists believed that only humans could have fun. But today, those beliefs are changing. More and more scientists are studying animal emotions and play. (B) And what they are finding out might surprise you. For example, scientists have done experiments to show that some animals laugh. They have learned that chimpanzees, dogs, and rats, among other animals, all laugh. Their laughs might not sound like human laughter, but they are laughing. The idea of laughing chimpanzees and dogs may not be difficult to imagine. (C) And anyone who has a dog knows that dogs like to play. However, rats? Have you ever played with a rat? Have you ever tickled one? (D) Scientists at a university in Ohio did. What happened? The rats laughed! Actually, they chirped, which is the sound that rats make. And like humans, the rats chirped only when someone they knew and liked tickled them. But how do the scientists know that the rats were really laughing? (E) They studied their brains. When humans laugh, one part of the brain is very active. When a rat chirps, that part of its brain is active, too.

1. Which is the best place for the following sentence?

We know that there are many similarities between humans and chimps.

① (A) ② (B) ③ (C) ④ (D) ⑤ (E)

2. What is the most suitable title for the passage?
  ① Why Do Humans Laugh? ② How Do Animals Have Fun?
  ③ Do Animals Have Emotions? ④ Are Animal Experiments Reliable?
  ⑤ Do Animals Laugh?

다음을 읽고, 물음에 답하시오.

As the world's largest emitter of carbon, China has decided that one of the best ways to clean up its polluted air is through solar power. (A) The country has led the world in solar installations for the last two years and will likely do so again in 2015. (B) It's on pace to reach 33 gigawatts of solar power capacity by the end of 2014, 42 times more than it had in 2010 and more than exists in Spain, Italy, and the U.K. combined, according to Bloomberg New Energy Finance(BNEF). Most of China's solar power comes from sprawling utility-scale solar farms in the country's rural west. (C) Now the idea is to distribute solar panels in _____ areas, putting them on top of office buildings and factories and connecting them to the grid without building miles of costly transmission lines. In 2015, BNEF estimates that China will add as much as 15 gigawatts of solar capacity, enough to power roughly 16 million homes. (D) If the 2015 projection holds, China will have installed twice more solar power in factories and office towers in one year than currently exists in all of Australia, one of the world's sunniest countries.

1. Which best fits into the blank?

① urban   ② deserted   ③ forgotten   ④ encamped

2. Which is the best place for the following sentence?

More than half of that increase will come from cheap panels installed on commercial buildings.

① (A)   ② (B)   ③ (C)   ④ (D)

3. What is the passage mainly about?

① the solar power policy in China
② the production cost of solar energy
③ BNEF's influence on the energy policy
④ the competition for solar energy development

Choose the best place for the sentence given in the box.

For this category of workers, personality, people skills, and communications skills are often more important than a formal education.

Tourism is a labor-intensive industry. It requires great effort and many key players to achieve success. Hotels, resorts, bed and breakfast, and other places to stay comprise one of the most labor-demanding sectors in tourism. (A) More than 80% of workers in the lodging sector are employed as service, office, and administrative support personnel. In most cases, people in this category learn the necessary skills on the job, with relatively few having pursued a post-secondary education. (B) Service workers are a very important and large part of the success of accommodation properties. Housekeeping, maintenance, food preparations and food services' staffers are all included in these positions. (C) In addition to people who work directly in room and facilities maintenance, there are also important roles for workers in the amenities area, including recreation and fitness workers, chauffeurs, and camp counselors. (D)

① (A)   ② (B)   ③ (C)   ④ (D)

Which of the following does NOT fit in the context?

According to study experts, one tip for exam success is regular daily and weekly study. Another tip is to focus on, in your study sessions, ideas that the instructor has emphasized in class. (A) <u>In addition, use the night before an exam for a careful review rather than a stressful cramming.</u> (B) <u>Then get up a bit early the next morning and review your notes one more time.</u> (C) <u>Study skills are tools and strategies used to make learning more efficient, organized, and successful.</u> (D) <u>Last, once the test begins, the advice of experts is to answer the easiest question first; then go back and tackle the hard ones.</u>

① (A)　　② (B)　　③ (C)　　④ (D)

Part

5

어휘와 어법

Passage 1 Which of the following does NOT fit in the context?

(A) <u>Despite</u> its rapid spread, Islam is not a religion for those who are casual about regulations; (B) <u>likewise</u>, adhering to its rules takes effort and discipline. One must rise before dawn to observe the first of five prayers required daily, (C) <u>none of which</u> can take place without first ritually cleansing oneself. Sleep, work, and recreational activities take second place to prayer. Fasting for the month of Ramadan, undertaking the pilgrimage to Mecca at least once in a lifetime, paying tax for relief of the Muslim poor, and accepting Islam's creed require a serious and energetic commitment. (D) <u>On the whole</u>, the vast majority of Muslims worldwide do observe those tenets.

① (A)　　② (B)　　③ (C)　　④ (D)

Passage 2 다음을 읽고, 물음에 답하시오.

All science is <u>subject</u> to human bias. This is especially true for social scientists. Since human behavior is their area of study, they are actually part of the subject matter. Furthermore, human behavior patterns vary from one place to another and from one group to another. This is in contrast to the subject matter of the natural sciences. When a chemist studies hydrogen, he can assume that one hydrogen atom is very much like another, wherever it is found, and that the conditions surrounding it can be quite accurately controlled. The same is true when a physicist measures a metal bar; he can be quite sure that it will not stretch or shrink in length as long as natural conditions are the same. This is why Earl Babbie quotes economist Daniel Suits, who calls the natural sciences the "easy sciences" because of the _____ nature of their subject matter.

1. Select the best word that can replace the underlined <u>subject</u>.
　① reliable　　② likely　　③ susceptible　　④ apathetic　　⑤ immune

2. Fill in the blank with a suitable word.
　① predictable　　② versatile　　③ flexible　　④ formidable　　⑤ whimsical

3. The tone of the above passage can be described as _____.
　① critical　　② objective　　③ vindictive　　④ cynical　　⑤ ambivalent

4. What can be most likely inferred from the above passage?

① Human bias is the subject matter that social scientists mainly study.
② The conditions surrounding human behavior can be accurately controlled.
③ Social sciences may be called hard because of their stubborn subject matter.
④ Daniel Suits is quoted to support that natural sciences are subject to bias.
⑤ A metal bar may change in length according to natural conditions.

Passage 3   다음을 읽고, 물음에 답하시오.

At the beginning of the 1960s, Andy Warhol began to produce flat, commodified, curiously exact paintings of household goods everyone in America knew and handled daily. Starting with a series of Coke bottles, he progressed rapidly to Campbell's soup cans, food stamps and dollar bills. He would soon be the most famous and charismatic proponent of Pop Art. One talks about the shock of the new, but part of the reason Pop Art caused such a (A)wringing of hands among artists, gallerists and critics alike, is that it looked on first glance like a category error, a painful collapse of the seemingly unquestionable boundary between high and low culture; good taste and bad. Warhol was painting things to which he was sentimentally attached, even loved; objects whose value derives not because they're rare or individual but because they are reliably the same. One dollar bill is not more attractive than another; drinking Coke puts the coal miner among the company of presidents and movie stars. It's the same (B)_____ that made Warhol want to call Pop Art Common Art.

1. Which of the following is closest in meaning to the underlined (A)wringing of hands?

① disturbance   ② joy   ③ apathy   ④ applause

2. Which of the following is most appropriate for the blank (B)?

① financially inspired production   ② democratic inclusive impulse
③ selective aesthetic taste   ④ unquestioning new criticism

3. Which of the following is NOT mentioned in the passage?

① Andy Warhol was the originator of what is known today as Pop Art.
② Warhol had sentimental affection for common objects such as Coke bottle and Campbell's soup cans.
③ Pop Art challenged the conventional understanding of art, culture, and taste.
④ Warhol's artwork emphasized the attraction of sameness by using multiply reproduced images of everyday commodities.

Choose the BEST set of words for blanks Ⓐ, Ⓑ, and Ⓒ.

Researchers recently announced a series of discoveries that would upend a bedrock tenet of neuroscience. For decades the Ⓐ _____ brain was understood to be incapable of growing new neurons. Once an individual reached adulthood, the thinking went, the brain began losing neurons rather than gaining them. But evidence was building that the Ⓑ _____ brain could, in fact, generate new neurons. In one particularly Ⓒ _____ experiment with mice, scientists found that simply running on a wheel led to the birth of new neurons in the hippocampus, a brain structure that is associated with memory. Since then, other studies have established that exercise also has positive effects on the brains of humans, especially as we age, and that it may even help reduce the risk of Alzheimer's disease and other neurodegenerative conditions.

① Ⓐ human — Ⓑ elderly — Ⓒ precipitous
② Ⓐ mammal — Ⓑ immature — Ⓒ astounding
③ Ⓐ adolescent — Ⓑ fully developed — Ⓒ definitive
④ Ⓐ mature — Ⓑ adult — Ⓒ striking

다음을 읽고, 물음에 답하시오.

It is a common saying that thought is free. A man can never be hindered from thinking whatever he chooses so long as he conceals what he thinks. The working of his mind is limited only by the bounds of his experience and the power of his imagination. But this natural liberty of private thinking is (A)of great value. It is unsatisfactory, to the thinker himself if he is not permitted to communicate his thoughts to others, and it is obviously of no value to this neighbours. Moreover, it is extremely (B)difficult to hide thoughts that have any power over the mind. If a man's thinking leads him to call in question ideas and customs which regulate the behaviour of those about him, to reject beliefs which they hold, to see better ways of life than those they follow, it is almost (C)impossible for him, if he is convinced of the truth of his own reasoning, not to betray by silence, chance words or general attitude that he is different from them and does not (D)share their opinions. Some have preferred, like Socrates, some would prefer to-day, to face death rather than (E) conceal their thoughts. Thus freedom of thought, in any valuable sense, includes freedom of _____.

1. Which is NOT appropriate in the context?
① (A)   ② (B)   ③ (C)   ④ (D)   ⑤ (E)

2. Which best fits in the blank?
① assembly   ② religion   ③ speech   ④ criticism   ⑤ movement

다음을 읽고, 물음에 답하시오.

Bees, classified into over 10,000 species, are insects found in almost every part of the world except the southernmost and northernmost regions. One well known species is the honeybee, the only bee that produces wax and honey. Humans use the wax for making lipsticks, candles, and other products, and they use the honey for food. While gathering the pollen and nectar with which they make honey, bees are (A) concurrently helping to fertilize the flowers on which they land. Many fruits and vegetables would not survive if bees did not carry the pollen from blossom to blossom. Bees live in a structured environment and social structure within a hive. The different types of bees perform special functions. The worker bee carries nectar to the hive in a special stomach called a honey stomach. Other workers make beeswax and shape it into a honeycomb, which is a waterproof mass of ___(B)___ compartments, or cells. The queen lays eggs in completed cells.

1. Which CAN replace (A) concurrently?

① simultaneously   ② accidentally   ③ successfully   ④ structurally

2. Choose the best answer for ___(B)___.

① six-sides   ② six-siding   ③ six-sided   ④ sides-six

3. Which one is NOT TRUE?

① Worker bees carry nectar in a honey stomach.
② Bees are mainly found in northernmost regions of the world.
③ Eggs are laid in completed cells.
④ The honeybee is the only bee that produces wax and honey.

4. Choose the best title.

① Several Species of Bees
② How to Make Honey
③ The Useless Drone
④ The Honeybee—Its Usefulness and Characteristics

다음을 읽고, 물음에 답하시오.

(A) The body's foreman ① <u>on</u> call is a cell called the osteocyte*, embedded all through the matrix of the bone. (B) Every time you run or lift a heavy box, you cause minute damages ② <u>in</u> your bones. (C) The osteocytes sense this and send a repair team to remove damaged cells and patch the holes ③ <u>with</u> fresh ones. (D) This is why bone-jarring exercise like jogging is recommended to beef ④ <u>at</u> the bones of thin, small-boned women of northern European ancestry, whose genetics, post-menopause*, will land them on the shortlist ⑤ <u>for</u> hip replacement. (E) *osteocyte: 골세포, *post-menopause: 폐경후기

1. Where is the most appropriate place for the following sentence in the passage above?

The re-paving strengthens the bone.

① (A)　　② (B)　　③ (C)　　④ (D)　　⑤ (E)

2. Select the underlined expression which is grammatically incorrect.

① on　　② in　　③ with　　④ at　　⑤ for

다음을 읽고, 물음에 답하시오.

Consider the balance that we are told needs to be struck between security and civil liberties. In the abstract, there is some truth in this claim. But in some specific policy areas, the right balance might mean tilting the scales entirely to one side. There is, for instance, arguably no balance that needs to be struck between <u>incarcerating</u> people without trial for years on end and national security; the former just should not happen. No balancing is required when the scales come firmly down on one side.

1. Which can best replace the underlined <u>incarcerating</u>?
① blandishing　　② decrying　　③ confining　　④ banishing　　⑤ renouncing

2. What can be most likely inferred from the above passage?
① One set of concerns just overrides the other.
② Poverty with security is better than plenty in the midst of uncertainty.
③ The ground of liberty must be gained by inches.
④ Just scales and full measure injure no man.
⑤ Truth finds no asylum.

다음을 읽고, 물음에 답하시오.

You can return many items sold on Amazon.com. When you return an item, you may see different return options depending on the seller, item, or reason for return. Do you need to return an item shipped by Amazon.com? Then, go to Returns Center. Select Return Items to display your recent orders. To return a gift, see Return a Gift. Choose items to return. Next to the item or order, select Return or Replace items. Select your item, your reason for returning it, and explain the reason for your return. Choose how to resolve your return. Select to issue a refund or replacement, if applicable. For items sold from an Amazon seller, you will see Submit Return Request. The Amazon seller reviews return requests before issuing a refund or replacement. If you do not receive a response within two business days, you can submit an A-to-Z Guarantee claim on the website.

1. 윗글에서 밑줄 친 if applicable의 뜻과 같은 것은?
① if appropriate   ② if necessary   ③ if undamaged   ④ if responded   ⑤ if in stock

2. 윗글의 내용과 가장 부합하지 않는 것은?
① Returns Center is the first icon to click to process the item return shipped by Amazon.com.
② Buyers who wish to return a gift or a purchased item use the same process.
③ For a refund or replacement, buyers provide the reason for return on the webpage.
④ Items purchased from an Amazon seller go through a different step to process a return.
⑤ If a return request is not responded within two business days, a claim can be submitted online.

다음을 읽고, 물음에 답하시오.

I grew up in the northern Himalayan region of Kashmir. My grandfather ⓐwould take all his grandkids for walks in his apple orchards, where he would pick apples that had been tasted by a bird and ⓑcarve off the opposite side to give to us. I felt he was ⓒsuch miser that he wanted to sell the "good" apples rather than feed them to his grandkids. I hesitantly asked, "Why would you not offer the ripe-looking apple untouched by the bird?" He rolled his hand over my head affectionately. "The bird ⓓwould only eat one that is sweet, so I pick the best for you," he said. "(A)_____." This is my mantra in my personal and professional life.

1. Which is grammatically INCORRECT?
① ⓐ   ② ⓑ   ③ ⓒ   ④ ⓓ

2. Which best fits into the blank (A)?
① Never assume; always ask
② Don't show emotions to the elderly
③ Strong affections paralyze rational thinking
④ Don't be afraid to be the one who loves the most

Part

6

실전 종합문제

1회

다음 글의 내용과 가장 부합하지 <u>않는</u> 것은?

The lights stay on all night in Gangnam, where plastic surgery clinics line the streets. Signs in Chinese beckon visitors. Once they are inside, translators stand ready. Seizing an opportunity to tap the steady and ubiquitous flow of China's newly rich who are traveling overseas, Korea's government is promoting the country as a place to shop, eat, stay — and perhaps get a nip and a tuck. And the Chinese, mainly women, are visiting in droves for body modifications, from the minor, like double eyelid surgery, to the extreme, like facial restructuring. While plastic surgery is common in China, Korean hospitals are perceived to be safer and more hygienic, albeit pricier.

① Double eyelid surgery is considered a kind of minor plastic surgery.
② Plastic surgery is not expensive in Korea, compared with China.
③ Chinese men as well as women visit Korea for plastic surgery.
④ Some Chinese visitors even want a facial restructuring surgery.
⑤ Chinese visitors consider Korean hospitals cleaner than Chinese hospitals.

Passage 2 Choose the best place in the passage for the sentence in the box.

It does mean that you can be sure they'll be safe and potent at least until the expiration date.

The FDA requires that drug manufacturers test their products to see how long they last and then include an expiration date on the packaging. (A) That doesn't necessarily mean that the products are no good the day after expiration date. (B) Most manufacturers just don't keep testing forever to see when their products lose potency. (C) Companies may test only for a year or two, and if the product is okay, they stamp an expiration date of one year or two — whatever applies — after the date of manufacture. (D) The question of expiration dates may seem tricky, but there are guidelines that can help consumers keep medications and foods safe.

① (A) ② (B) ③ (C) ④ (D)

Passage 3 — Choose the most logical order of the following sentences.

(A) Studies have shown that even good rehabilitation programs fail to reform many released prisoners.

(B) The apparent failure of such programs had led many people to stress imprisonment as a punishment rather than as treatment.

(C) For this reason, some experts believe that it would be cheaper, more humane, and more productive to keep most offenders in community correctional centers rather than in prisons.

(D) The current concern with crime and the problems of prisons have helped focus public attention on the continuing debate about the purposes and effectiveness of prisons.

(E) On the other hand, experts also have failed to prove that prisons reduce the crime rate either by incapacitating offenders or by discouraging people from breaking the law.

① (A) — (B) — (C) — (E) — (D)
② (A) — (C) — (E) — (B) — (D)
③ (A) — (E) — (B) — (D) — (C)
④ (D) — (E) — (C) — (A) — (B)
⑤ (D) — (A) — (B) — (E) — (C)

　다음을 읽고, 물음에 답하시오.

　　Despite what most people suppose, many profound mathematical ideas don't require advanced skills to appreciate. One can develop a fairly good understanding of the power and elegance of calculus without actually being able to use it to solve scientific or engineering problems. Think of it this way; you can appreciate art without acquiring the ability to paint, or enjoy a symphony without being able to read music. (A)_____. So what mathematical ideas can be appreciated without calculation or formulas? For example, gaze at a sequence of regular polygons: a hexagon, an octagon, and so on. I can almost imagine a yoga instructor asking a class to meditate on what would happen if the number of sides kept increasing. Eventually, the sides shrink so much that the perimeter begins to appear as a curve. And then you see it. What will emerge is a circle, while at the same time the polygon can never actually become (B) one. The realization is exhilarating— it lights up pleasure centers in your brain. This underlying concept of a limit is one upon which all of calculus is built.

1. Which of the following best fits into (A)?

① Math also deserves to be enjoyed for its own sake.
② You can start enjoying math once you learn basic calculus.
③ The parts of math you can enjoy require the knowledge of formulas.
④ But math has its own kind of beauty, distinguished from the arts.

2. Which of the following does (B) refer to?

① A perimeter　　② A curve　　③ A circle　　④ A polygon

Passage 5 — Choose the one that is mentioned in the passage.

Everything about Titanic was as epic as the original ship. To begin with, the budget — the largest of any movie, at the time. What did writer/director James Cameron do with $200 million? First, he took 11 deep-sea expeditions down to the original wreck. Next, he assembled an all-star cast led by Leonardo DiCaprio and Kate Winslet, and put them in a 17 million gallon water tank. Above deck a sumptuous set was built, meticulously modeled after the Titanic's original blueprints, down to the grand staircase and the logo on the china. Was it money well spent? Shooting Titanic was notoriously rough sailing, but it was a critical hit that won the 11 Oscars it was up for, including Best Picture and Best Director. It also made boatloads of money, the first film to hit the billion dollar mark at the box office.

① the dangers involved in sailing the Titanic
② the location of the original Titanic wreck
③ James Cameron's scrupulous attention to detail
④ how well Titanic did in DVD sales worldwide

The latest, popular trend in literature is to feature a dystopian landscape — a landscape plagued by inhospitable environments, broken social and political systems, or dark, end-of-days imagery. What has been most prominent as an attempt to add a unique edge to novels in the young adult genre such as The Hunger Games and Divergent has now seeped into adult literature. Although dystopian novels have long been common in the literary world, this new wave of dystopian works is drawing from new sources to reflect our changing societal values. What was once created in light of fears of overwhelming government control and loss of freedoms is now written using new threats that are even less in our control. We face new realities such as dangerous pandemics, climate change, and resource depletion, and this new surge in the supply of bleak worlds that has flooded the shelves of book stores is meant to reflect these fears of our society. Our culture's obsessive consumption and addiction to technology inspires environments with altered climates in a near distant future that are no longer limited to science fiction. This use of climatic change as a literary theme shows a shift in our society's paradigm of thought that is beginning to not only understand the urgency of the problem at hand, but also accept its power over our lives. Among these dystopian novels is the popular The Bone Clocks by David Mitchell, which shows this dystopian realism through his brilliant storytelling. The novel begins in 1984, and continues through the next few decades through war and into an era where fossil fuels are dwindling and humans are struggling to survive. In Station Eleven, a novel written by St. John Mandel, humanity has been wiped out by a deadly flu pandemic in a post-apocalyptic world that serves as a backdrop for deeper themes as characters move towards self-discovery and try to find meaning in a world where the most important part of living is surviving.

1. Which of the following is <u>NOT</u> mentioned in the passage?

① the world of dystopian novels
② the future of dystopian genres
③ the most popular novelists of dystopian genres
④ the way dystopian novels reflect contemporary issues

2. Which of the following is far from the mood of dystopian novels?

① urgent   ② desperate   ③ apocalyptic   ④ hilarious

3. Which of the following is true, according to the passage?

① The appearance of dystopian novels is quite a recent phenomenon.
② Most of the dystopian novels read like lacking a sense of immediacy.
③ Crises of contemporary life are main source materials for dystopian novels.
④ Dystopian novels often show the optimistic future of humanity.

다음을 읽고, 물음에 답하시오.

Pizza is certainly one of the world's favorite foods. But where does pizza come from? And who made the first one? In fact, people have been making pizza for a very long time. People in the Stone Age cooked grains on hot rocks to make dough — the basic ingredient of pizza. Over time, people used the dough as a plate, covering it with various other foods, herbs, and spices. They had developed the world's first pizza. In the early 16th century, European explorers brought back the first tomatoes from the Americas. Tomatoes are a standard ingredient in many pizzas today. At first, however, most Europeans thought they were _____. For about 200 years, few people ate them. Slowly, people learned that tomatoes were safe to eat, as well as tasty. In the early 19th century, cooks in Naples, Italy, started the tradition of putting tomatoes on baking dough. The flat bread soon became popular with poor people all over Naples. In 1830, cooks in Naples took another bit step in pizza history — they opened the world's first pizza restaurant. Today, up to five billion pizzas are served every year around the world.

1. Which is NOT true according to the passage?

① Tomatoes had not existed in Europe until the early 16th century.
② In Europe, tomatoes became an ingredient in pizza in the early 19th century.
③ People in the Stone Age used hot rocks to make dough.
④ Cooks in Naples opened the world's first pizza restaurant.
⑤ The flat bread cost a lot, so only rich people in Naples ate it.

2. Which best fits in the blank?

① seedy   ② poisonous   ③ expensive   ④ tasteless   ⑤ priceless

Although psychology was not recognized as its own field until the late nineteenth century, its early roots can be traced to the ancient Greeks. Plato and Aristotle, for instance, were philosophers concerned with the nature of the human mind. In the seventeenth century, René Descartes distinguished between the mind and body as aspects that interact to create human experience, thus paving the way for modern psychology. While philosophers relied on observation and logic to draw their conclusions, psychologists began to use scientific methods to study human thought and behavior. A German physiologist, Wilhelm Wundt, opened the world's first psychology laboratory at the University of Leipzig in 1879. He used experimental methods to study mental processes, such as reaction times. This research is regarded as marking the beginning of psychology as a separate field. The term psychiatry was first used by a German physician, Johann Reil, in 1808. ___(A)___, psychiatry as a field did not become popular until Sigmund Freud proposed a new theory of personality that focused on the role of the unconscious. ___(B)___, psychologists were concerned primarily with the conscious aspects of the mind, including perceptions, thoughts, memories, and fantasies of which a person is aware.

1. According to the passage, which is true?
   ① Plato had an interest in understanding the mind.
   ② Sigmund Freud paved the way for modern psychology.
   ③ Modern philosophers began to use scientific methods to study human thought.
   ④ Johann Reil proposed a new theory of personality that focused on the role of the unconscious.

2. Which is the most appropriate for the blanks (A) and (B)?
   ① For example – In the meantime   ② Otherwise – At the same time
   ③ As a result – After that time   ④ However – Before that time

Passage 9   Choose the best place in the passage for the sentence in the box.

In doing so, they are reacting to the static electricity that enters the air before a thunderstorm.

Creatures that are very sensitive to the changes in the air before a storm can predict a change in the weather. (A) Birds, for example, sense the pressure change and fly lower. (B) Similarly, houseflies detect this change and move indoors to avoid the downpour. (C) And cats are known to groom themselves just before a storm. (D) The electricity separates their fur and makes them feel dirty, so they lick themselves to make the fur smooth and clean again.

① (A)   ② (B)   ③ (C)   ④ (D)

In the 2008 Olympics in Beijing, China, swimmer Michael Phelps won eight gold medals. (A) He was the first person to win so many medals in one Olympics. How did he do it? (B) It took years of training, a lot of hard work, natural ability, and very big feet. Phelps uses the dolphin kick when he swims. The dolphin kick is a special way of moving your feet in the water. (C) When you swim on the surface of the water, you make waves. And the waves slow you down. (D) With the dolphin kick, a swimmer's feet are always below the surface of the water, so there are no waves. That's how dolphins swim, and they are some of the fastest animals in the ocean. Many swimmers use the dolphin kick. But Phelps has a special advantage. (E) They are more like a dolphin's flipper than most people's feet are. And his large feet give him a lot of power. Phelps can also stretch his feet out very far, even farther than a ballet dancer can. That gives him a big advantage in the water. He stretches his feet out very far. He then snaps them down quickly to move his body forward.

1. Which is the best place for the following sentence?

His feet are very large and very flat.

① (A)　　② (B)　　③ (C)　　④ (D)　　⑤ (E)

2. Which is true according to the passage?

① Phelps's big feet made him clumsy with the dolphin kick.
② Phelps tried to learn some dance movements to acquire the dolphin kick.
③ Dolphins don't make waves when they swim.
④ Phelps is the first person who used the dolphin kick in the world.
⑤ Phelps has a talent for swimming, so he doesn't need to train very much.

Part

6

실전 종합문제

2회

다음을 읽고, 물음에 답하시오.

Science is not, on the whole, a glamorous enterprise. A single set of data points routinely represents months in the lab or years out in the field. Even the most productive researchers are constantly getting stuck and having to dig their way out. Meanwhile, most researchers' labors end up wasted, lost on hypotheses that were ill-conceived or simply unlucky. And yet they keep at it, now and then with fatal consequences. The difficulty of the work is essential to it; the true subject of science, one could argue, is _____. And what goes for science also goes for science writing, or at least for the best of it. It is less about answers than about questions: why does time move only in one direction? How did life begin? What happened to the Neanderthals? The stories are exciting but also demanding. They take us to places that — in some cases literally, in some metaphorically — are hard to get to. They ask us to look at the world in a new way.

1. Choose the one that best fills in the blank.
   ① our vulnerability to pain
   ② the obduracy of reality
   ③ the origin of the universe
   ④ the amazing human intellect

2. Which of the following CANNOT be inferred from the passage?
   ① For meaningful outcomes scientists often spend more time and energy than they originally plan to.
   ② Even the best of science writing does not necessarily provide definitive explanations.
   ③ Fruits of scientific research can be earned through perseverance.
   ④ Research success depends on expeditious experiments.

Passage 2 다음 글의 제목으로 가장 적절한 것은?

Taurine should be usually taken less than 3,000 mg a day. At this dosage, your body is able to use taurine to power vital processes and excrete any excess via the kidneys. However, at higher doses, taurine may cause unintended side-effects. There have been no comprehensive studies on the effects of taurine if taken in large doses. Consult your doctor before taking large amounts of taurine.

① Doctor's Warning against Taurine
② Effects of Taurine on Human Body
③ Possible Side-Effects of Taurine
④ Comprehensive Analysis of Taurine
⑤ Recommended Dosage of Taurine

Passage 3 Choose the best place in the passage for the sentence in the box.

Humans are not different.

Research on rats shows that when animals live in crowded conditions, they live disorderly, violent lives. (A) Crowded inner cities are models of lawlessness; the crowded highways of Los Angeles encourage aggression by drivers, and even shootings. (B) As our urban areas continue to grow in population density, these types of problems will surely also grow. (C) That means more family violence and more fighting over available resources. (D) The American dream will become just that — only a dream.

① (A) ② (B) ③ (C) ④ (D)

다음을 읽고, 물음에 답하시오.

A former mortgage consultant, Chris Ihle, had just parked his motorcycle in front of his office in Ames, Iowa, last July when he noticed a Pontiac Bonneville sedan with disabled-person tags stalled on railroad tracks. Then he heard a train whistle from next intersection. Chris threw down his glasses and keys near his bike and ran toward the car. An elderly man in a neck brace, Jean Papich, 84, sat in the driver's seat, turning the key and hitting the gas. Jean's wife, Marion, 78, was peering nervously at him from the passenger's seat. (A) Chris ducked under the crossing gates, got behind the car, and pushed, but his boots slipped on the warm asphalt. He could see the train approaching fast. (B) He ran around to the front of the vehicle and shouted at Jean to put the car in neutral. Chris could feel the ground rumbling beneath his feet as the locomotive was bearing down on them, brakes squealing and horn blaring. He wedged his boots into the track grooves and shoved. Finally, the car rolled off the tracks. When Chris looked up, the Union Pacific train's towering grill was just a few feet away. (C) He flattened himself against the side of the sedan as the train roared past. (D) Stunned and speechless, Chris staggered back to work and poured himself a cup of coffee as a crowd gathered at the scene. Weeks later, Marion called to thank Chris. He responded, "There's a time to talk and a time to act."

1. Which is the best place for the following sentence?

It might be easier to push the car backward, Chris thought.

① (A)   ② (B)   ③ (C)   ④ (D)

2. Which is the best title for the passage?
① An Unhappy Car Accident on Railroad Tracks
② Pushing or Pulling? Which One is More Effective?
③ Quick Thinking Saves a Couple Stalled in a Train's Way
④ A Former Mortgage Consultant Met a Disabled Couple on a Train

Passage 5 — Answer the questions after reading the passage below.

Originality is what distinguishes art from craft. We may say, therefore, that it is the (A) _____ of artistic greatness or importance. Unfortunately, it is also very hard to define; the usual synonyms — uniqueness, novelty, freshness — do not help us very much, and the dictionaries tell us only that an original work must not be a copy, reproduction, imitation, or translation. What they fail to point out is that originality is always relative: there is no such thing as a completely original work of art. Thus, if we want to rate works of art on an "originality scale" our problem does not lie in deciding whether or not a given work is original but in (B) _____.

1. Which expression best fits (A)?

① yardstick   ② creativity   ③ pitfall   ④ tradition   ⑤ craftsmanship

2. Which expression best completes (B)?

① achieving something original
② distinguishing art from non-art
③ establishing just exactly how original it is
④ assuming that there are timeless values in art
⑤ representing the lowest common denominator for popular taste

Passage 6 — 다음 글의 순서를 바로 잡으시오.

(A) Indeed, the evidence for fiber's benefits extends beyond any particular ailment.
(B) But while the benefits are clear, it's not so clear why fiber is so great.
(C) A diet of fiber-rich foods reduces the risk of developing diabetes, heart disease and arthritis.
(D) That's why experts are always saying how good dietary fiber is for us.

① (B) — (A) — (D) — (C)   ② (C) — (B) — (A) — (D)
③ (C) — (A) — (D) — (B)   ④ (B) — (D) — (A) — (C)

Choose the one that the underlined expression refers to.

Wherever there is ignorance, Nature is dreaded as much as a child dreads darkness. The appearance of a comet in the sky caused whole nations in earlier days to tremble with fear because nothing was known of the nature and movements of these bodies. From the time that Newton showed that comets travel round the sun in definite paths under the control of gravitational attraction, the feeling of awe and anxiety formerly produced by such celestial visitors has been diminishing. They are now looked upon as interesting spectacles instead of being regarded as heralds of disaster.

① paths ② comets ③ UFOs ④ satellites

Passage 8

Choose the best title of the passage.

In 2005 researchers traveled to Panama on a rescue mission. The invasive chytrid fungus had been found in the country's mountains, threatening to eliminate entire populations of amphibians. Biologists loaded hundreds of frogs into crates, including several dozen rare Rabbs' fringe-limbed tree frogs and tadpoles, to protect them in U.S. labs. Now only one Rabbs' remains. The others died of natural causes, and new tadpoles were never able to fully metamorphose in the labs. The last Rabbs' — nicknamed Toughie by his caretakers — lives inside a biosecure shipping container with several other rare frog species. Roughly the size of an adult's hand, he's fed a diet of crickets and is weighed weekly but otherwise touched sparingly. "It's pretty nerve-racking taking care of him," says the Atlanta Botanical Garden's Mark Mandica. Although Toughie is healthy, researchers believe he's also very old.

① Endangered Frogs
② Longevity of Amphibians
③ Natural Disasters Killing Tadpoles.
④ Botanical Revolution: Increasing Fungus

Passage 9 Which is the best order from (A) to (D) for a paragraph starting with the sentences in the box?

There is no duty we so much underrate as the duty of being happy. By being happy we sow anonymous benefits upon the world, which remain unknown even to ourselves, or when they are disclosed, surprise nobody so much as the benefactor.

(A) One of these persons, who had been delivered from more than usually black thoughts, stopped the little fellow and gave him some money with this remark: 'You see what sometimes comes of looking pleased.'

(B) The other day, a ragged, barefoot boy ran down the street after a marble, with so jolly an air that he set everyone he passed into a good humor.

(C) If the boy had looked pleased before, he had now to look both pleased and confused. For my part, I justify this encouragement of smiling rather than tearful children.

(D) I do not pay for tears anywhere but upon the stage; but I am prepared to deal largely in the opposite commodity. A happy man or woman is a better thing to find than a five-pound note.

① (A) — (B) — (D) — (C)   ② (B) — (A) — (C) — (D)
③ (C) — (B) — (A) — (D)   ④ (D) — (C) — (B) — (A)

다음을 읽고, 물음에 답하시오.

Controversy exists over the Falkland Islands' discovery and subsequent colonization by Europeans. At various times, the Islands have had French, British, Spanish, and Argentine settlements. Britain reasserted its rule in 1833, although Argentina maintained its claim to the islands. In April 1982, Argentine forces occupied the islands. British administration was restored two months later at the end of the Falkland War. A population of 2,932 primarily (A) _____ native Falkland Islanders, the majority of British descent. Other ethnicities include French and Scandinavian. Immigration from the United Kingdom and Chile has reversed a population decline. Under the British Nationality Act 1983, Falkland Islanders are British citizens. The islands (B) _____ the boundary of the subarctic oceanic and tundra climate zones, with both major islands having mountain ranges reaching 700m. They are home to large bird populations, although many no longer (C) _____ the main islands because of competition from introduced species.

1. 윗글의 내용과 가장 부합하지 <u>않는</u> 것은?
   ① Various nationalities have occupied the Islands since they were discovered and colonized by Europeans.
   ② In the Islands' recent history, a war took place between two nations for the ownership of the Islands.
   ③ British descendents largely occupy the Islands, along with residents from different ethnic backgrounds.
   ④ The Islands has a population less than 3,000, and the number constantly declines despite new immigrants.
   ⑤ Local birds dominantly lived in the Islands, where foreign birds started to take up their habitat.

2. 윗글에 주어진 빈칸 (A), (B), (C)에 들어갈 가장 적절한 표현을 순서대로 나열한 것은?
   ① consist of — breed on — lie on
   ② consist of — lie on — breed on
   ③ breed on — consist of — lie on
   ④ breed on — lie on — consist of
   ⑤ lie on — consist of — breed on

정답 및 해설

Part 1 대의 파악

1. 주제 p10

Passage 1

정답 ①

해석 미국에서 경찰관들은 근무 중에 식별이 가능한 제복을 입는다. 사복을 입고 있는 사고 현장의 경찰관은 군중들이 제복을 입진 않았지만, 경찰관이라 주장하는 사람의 말에 복종하지 않는다는 것을 알게 된다. 경찰관은 군중들을 저지하거나, 사고 현장에서 교통을 우회시키는 데 어려움을 겪게 될 것이다. 배후의 전제조건이 충족되지 않으면(즉, 경찰관이 제복을 입고 있지 않으면), 경찰이 제복을 입었을 경우에 그들이 응하는 만큼 공손하게 응하지 않을 것이다. 그리고 경찰관은 필요한 임무를 수행하는 데 어려움을 겪게 될 것이다.

해설 본문은 경찰이 임무를 수행하는 데 있어 "제복의 중요한 역할(기능)"을 설명하는 글이다.

어휘 identification **n** (사람·물건의) 신원 확인 fulfill **v** (약속·의무 따위를) 이행하다, 완수하다 keep ~ at bay ~을 접근시키지 않다; 저지[견제]하다 onlooker **n** 구경꾼, 방관자

Passage 2

정답 ①

해석 에베레스트산을 포함하는 전설적인 히말라야 산맥으로 유명한 네팔은 지독하고 비극적인 한 해를 겪었다. 4월, 매달려 있던 빙하 덩어리가 무너지면서 에베레스트의 위험한 등산로로 굴러떨어져 16명의 셰르파가 죽는, 단일 사고 중 최악의 재난을 초래했다. 몇 달 뒤, 계절과 맞지 않는 때 아닌 눈보라가 안나푸르나를 덮쳐, 지역 주민과 외국인 관광객을 포함하여 최소 43명의 목숨을 앗아갔다. 이러한 재난은 우연히 발생한 것일까, 아니면 기후변화가 그 요인일까? 에베레스트 등반객들은 수년간 그들이 목격한 기후변화에 관해 언급해왔다. 1990년 최초로 정상에 등정한 은퇴한 산악인 아파 셰르파는 "첫 등반에서는, 눈과 얼음이 있었어요."라고 말했다. "이제는 더 많은 암석들을 볼 수 있어요. 더 위험해졌어요. ... 빙하는 녹고, 얼음은 붕괴되고, 암석들이 더 많이 굴러 떨어져 옵니다." 에베레스트를 21번 등정한 기록을 세운 후, 그는 기후 조건이 급속히 변하고 있는 것에 대해 확신하고 있다. 2006년부터 에베레스트를 등정하고 있는 다와 스티븐 셰르파도 이에 동의하고 있다. "우리가 관찰한 바에 따르면, 탑상 빙하가 더 빨리 떨어져 나가고 있고, 눈사태도 더 자주 목격되고 있고 그 규모도 더 커졌습니다."

해설 "Were the disasters just prone to happen or was climate change a factor?" 이후 산악인들의 인터뷰를 통해 네팔에서 일어나고 있는 자연재난이 기후변화와 연계성이 있음을 뒷받침하고 있다. 일반적으로 글의 도입부 또는 중반부에 제시되는 의문문은 글의 주제에 해당하고, 그 답변이 요지인 경우가 많다. 결국, 내용 추론 문제이지만 요지 파악과 연계성을 염두에 두고 만든 문제임을 파악할 수 있다.

어휘 fabled **a** 전설적인; 이야기로 유명한; 허구의; 가공의 glacial **a** 빙하의, 얼음의 mass **n** 큰 덩어리; 모임; 집단, 다량 tumble **v** 굴러 떨어지다, 넘어지다 Sherpa **n** 셰르파 족(히말라야 산맥에 사는 티베트계 종족; 히말라야 등산대의 짐 운반과 길 안내로 유명) mountaineer **n** 등산가; 산악인 serac **n** 탑상 빙괴, 세락(빙하가 급한 경사를 내려올 때 빙하의 균열이 교차해서 생기는 얼음탑) avalanche **n** 눈사태 magnitude **n** (엄청난) 규모, (길이·규모·수량) 크기, 양

Passage 3

정답 1. ② 2. ③ 3. ①

해석 어항 속에 전시된 고독한 금붕어가 두드러진 미니멀리즘 방식으로 이목을 끈다고 인테리어 디자이너들은 주장할지도 모르겠지만, 영국의 연구자들에 따르면 금붕어는 서로에게서 배우고 혼자 있을 때보다 무리에 속해 있을 때 더 잘 지낸다고 한다. 한 실험에서, 투명한 판으로 분리되어 있는 대형 수족관에 두 무리의 금붕어들을 풀어놓았다. 한쪽에는, 먹이가 여러 곳에 숨겨져 있었다. 그쪽의 물고기들이 먹이를 찾는 동안 투명한 판의 반대쪽에 있던 물고기들은 이를 지켜보았다. 관찰력이 예리한 물고기들은 먹이가 놓인 쪽에 풀어주자 옳은 위치에서 정확하게 먹이를 찾아냈다. 다른 실험들은 무리 속에서 길러진 물고기가 홀로 자란 물고기보다 덜 겁낸다는 것을 보여주었다. 그리고 무리 속에서 길러진

148

물고기들은 덜 놀랄 뿐만 아니라, 실제 공격을 받았을 때도 적을 더 잘 피했다.

해설 1. 실험/조사/연구에 해당하는 지문의 결과는 글의 요지 또는 요지를 뒷받침하는 핵심 내용이다. 단락 속에서 according to는 특정인의 주장을 구체적으로 전개하거나 실험/조사/연구의 결과에 해당하는 내용을 이끈다는 점을 기억하도록 한다. according to British researchers, goldfish learn from each other and are better off in groups than alone이 주제문에 해당한다.
2. forage는 '(먹이를) 찾다, 뒤지다'라는 뜻으로 ③의 search(찾아보다, 뒤지다, 수색하다)가 같은 의미를 전달한다.
3. skittish는 '겁이 많은, 잘 놀라는'이라는 뜻으로①의 frightened(겁먹은, 무서워하는, 깜짝 놀란)이 같은 의미에 해당하는 표현이다.

어휘 striking ⓐ 두드러진, 눈에 띄는, 빼어난 minimalist ⓐ 미니멀리즘의(최소한의 요소로 최대의 효과를 내려는 예술 방식) ⓝ 미니멀리즘 예술가 fashion statement (남의 이목을 끌기 위한) 독특한 복장, 물건 transparent ⓐ 투명한 observant ⓐ 관찰력이 예리한; 준수하는 elude ⓥ 피하다, 교묘히 빠져나가다 mirage ⓝ 신기루 ⓥ 신기루로 나타나게 하다 surrender ⓥ 항복하다; 포기하다, 넘겨주다 vulnerable ⓐ 취약한, 연약한 shrewd ⓐ 기민한, (판단이) 재빠른 fragile ⓐ 깨지기 쉬운, 약한

Passage 4

정답 1. ② 2. ③

해석 행진에 참석한 모든 사람들은 화관을 쓰고 있었다. 트럼펫 주자들이 앞서 행렬을 이끌었으며, 마차에는 전리품이 가득했다. 함락된 도시를 상징하는 타워, 군사 작전을 묘사한 그림, 금화와 은화, 금괴 그리고 이와 비슷한 노획한 물건들이 옮겨지고 있었다. 그리고 그 다음에는, 도시들이, 동맹군들이, 그리고 군대가 스스로 장군의 용맹함에 대해 장군에게 바치는 화관들이 뒤따랐다. 행진 한 가운데서, 코러스의 한 멤버가, 금팔찌와 목걸이뿐만 아니라 자신의 몸을 뒤덮는 자주색 망토를 걸치고, 적을 물리친 승리감에 도취되어 춤을 추듯, 다양한 몸짓을 함으로써 폭소를 유발하고 있었다.

해설 1. 전쟁에서 승리한 뒤 시가행진을 벌이고 있는 행렬을 묘사하고 있는 지문이다. 따라서 빈칸에는 '행렬, 행진'을 의미하는 표현이 들어가야 할 것이다.
2. 이 글은, 전쟁에서 승리한 뒤 시가행진을 벌이고 있는 장면을 묘사하고 있는 글로, 적군으로부터 노획한 여러 가지 전리품들이 나오고, 승리감에 도취된 모습들이 다양하게 그려지고 있다.

어휘 crown ⓝ 왕관, 화관 trumpeter ⓝ 트럼펫 주자 spoil ⓝ 전리품, 약탈품, 탈취한 물건 procession ⓝ 행진, 행렬 commander ⓝ 지휘관, 사령관 carriage ⓝ 차, 마차 bear ⓥ 나르다, 가져가다 campaign ⓝ 군사 행동 bullion ⓝ 금은괴 cloak ⓝ 외투, 망토 bracelet ⓝ 팔찌 gesticulation ⓝ 몸짓, 손짓

Passage 5

정답 ④

해석 여러분이 논문에서 원(본)자료를 인용부호에 두면, 여러분은 독자에게 당신이 그 자료를 다른 어떤 곳에서 발췌했다고 말하는 것이다. 그러나 인용부호 속의 내용이 여러분 자신의 생각이나 실험법의 산물이 아니라고 나타내는 것으로는 충분하지 않다. 즉, 여러분은 그 자료의 작가를 기입하고 독자가 원자료를 찾을 수 있도록 실마리를 제시해야 한다. 이런 식으로, 여러분의 독자는 누가 원래 작품을 썼는지를 알 것이며, 만약 독자가 그 주제에 대해서 더 많은 것을 배우는 데 관심이 있다면, 되돌아가서 그 작품을 찾아서 참고할 수 있을 것이다. 인용문은 항상 인용 바로 뒤에 이어져야 한다.

해설 글을 쓸 때, 다른 사람이 쓴 내용을 인용할 때 반드시 인용부호를 사용하고, 원본 자료의 출처를 밝히라는 내용이므로 "Managing references in essay writing (글을 쓸 때 참조 문헌 인용하는 방법)이 주제로 가장 적절하다.

어휘 source material (연구·조사 등의) 원(原)자료 essay ⓝ (짧은 논문식) 과제물; 논문; 수필; 시도, 기도 draw ⓝ 발췌하다, 뽑아 오다, 끌어 오다 quotation mark 인용부호 product ⓝ 산물; 제품 experimentation ⓝ 실험(법) credit ⓥ 기입하다, ~의 공이라고 말하다, 밝히다 trail ⓝ 실마리; 흔적, 지나간 자국

consult Ⓥ 찾다, 참고하다 citation Ⓝ 인용(문) reference Ⓝ 참고, 참조; 언급; 참조 문헌; 참고문; 인용

Passage 6

정답 ③

해석 유치원 체육 수업에서 여자아이들이 공평한 경쟁의 장을 기대할 수 있을까? 아마도 그렇지 않을 것이라고, 켄터키 대학교의 교수인 보니 콜빈은 말한다. 버지니아 주 시골에 있는 20개 유치원의 체육 수업에서 교사와 학생 간의 상호작용을 분석했던 콜빈은 일반적으로 남자아이들이 여자아이들보다 더욱 고무적인 피드백을 받았다는 것을 발견했다. 신체적 기술을 정확하게 수행한 경우와 기술을 향상시키는 도움이 필요한 경우 모두, 남자아이들이 여자아이들보다 더 정적 강화[positive reinforcement]를 얻었다. "세 살에서 아홉 살 사이의 시기는 여자아이들이 자신의 운동 능력에 대한 자신감을 얻을 수 있는 중대한 시기입니다."라고 콜빈은 말한다. "만약 그 시기에 기술을 완전히 익히지 못하면, 그들은 노력을 그만둘지도 모릅니다." 달리고 점프하고 공을 던지거나 차도록 격려해 줌으로써 부모가 취학 전 여자아이의 신체적 자존감을 강화시켜 줄 수 있다. "이것이 여자아이를 평생 동안 신체적으로 활동적으로 유지하는 데 도움이 될 겁니다."라고 콜빈(Colvin)은 말한다.

해설 "여자아이들에게도 "정적 강화"를 제공함으로써 신체적 기술을 향상시켜라."는 내용을 대조의 글 전개를 통해서 전달하는 글이다. 요지가 반영된 주제 설정의 문제임을 파악한다.

어휘 a level playing field 공평한 경쟁의 장 positive reinforcement 심리학 용어인 "정적 강화"는 목표행동(target behavior)이 나타난 이후 특정한 후속 자극을 제공함으로써 그 행동의 발생률, 강도 혹은 지속시간을 증가시키는 방법을 말한다. bolster Ⓥ 강화하다, 북돋우다

Passage 7

정답 1. ② 2. ③

해석 W. 페니베이커는 (you와 my 같은) 인칭대명사, (it과 that 같은) 비인칭대명사, (can't와 they'll 같은) 축약형, 그리고 (the와 an 같은) 관사 등의 "기능어"를 세어보면 심리학적으로 가장 흥미로운 결과가 나온다는 것을 발견했다. 한 연구에서, 페니베이커와 한 동료는 소프트웨어를 이용해 두 그룹의 시인들의 대명사 사용을 비교해보았다: 자살한 시인들과 그렇지 않은 시인들. 자살한 시인들은 대명사 "나(I)"를 더 자주 사용했다 — 그것은 아마도 우울증에 일반적인 과도한 자기 집중이 반영된 것이다. 사람들의 대명사나 다른 기능어의 사용이 그 마음을 들여다볼 수 있는 창을 제공하는 이유는 신경계의 차원에서 그 단어들이 사회적 행동과 연관되어 있기 때문일지도 모른다고 페니베이커는 말한다. 뇌에 손상을 입은 환자들에 대한 연구는 그런 단어들을 처리하는 일을 맡은 뇌역 — 좌측 전두엽에 있는 브로카(Broca)의 부위라고 알려진 뇌역 — 이 또한 사회적 일과 관련되어 있다는 것을 보여주었다. 어떤 연구는 이 뇌역이 또한 거울 뉴런을 포함하고 있는데, 거울 뉴런은 모방과 공감에 관련되어 되어 있는 특화된 세포라는 것을 보여준다. 브로카의 부위에 심한 손상을 입은 사람들은 사회적 기술과 전치사, 대명사 그리고 다른 기능어들을 사용하는 능력 두 가지 모두를 잃는다.

해설 1. W. 페니베이커의 연구결과를 다루는 글이다. '기능어를 얼마나 많이 사용하는지를 알면 그 사람의 마음을 들여다볼 수 있으며, 이는 기능어 사용과 사회적 행동이 뇌신경적 차원에서 연관성이 있기 때문'이라는 것이다. 따라서 글의 주제는 "The connection between function words and social behavior"가 적절하다.

2. 마지막 문장인 "People with severe damage to Broca's area lose both their social skills and the ability to call up prepositions, pronouns and other function words."에서 브로카 뇌역에 손상이 발생한 경우 "전치사, 대명사 그리고 기능어"를 불러내는 능력을 상실할 수 있다는 내용을 파악할 수 있다. ①, ②, ④는 전치사, 대명사, 관사의 쓰임에는 이상이 없다.

어휘 revealing ⓐ 흥미로운 사실을 보여주는 function word Ⓝ 기능어 (의미보다는 문법적 기능이 중요한 단어) personal pronoun Ⓝ 인칭대명사 impersonal pronoun Ⓝ 비인칭대명사 contraction Ⓝ 축약형; 수축, 축소 article Ⓝ 관사 suicidal ⓐ 자살의, 자살하고 싶어 하는 reflection Ⓝ 반영 depression Ⓝ 우울증 stem from Ⓥ ~에서 기인

하다 neural **a** 신경(계통)의 process **v** 처리하다 frontal lobe **n** 전두엽 neuron **n** 뉴런, 신경세포 empathy **n** 공감, 감정이입 call up **v** 사용하다, 상기시키다 preposition **n** 전치사

Passage 8

정답 1. ③ 2. ④

해석 도시의 수돗물과 비교되는 정화된 물을 마심으로써 어떤 이득이 있는가? 간단한 답변은 '그렇다'이다. 미국 환경보건국이 도시의 수돗물을 규제하고 몇몇 오염물질에 대한 법적인 제한을 설정하고 대부분의 상수도 시설이 일반적으로는 그러한 제한 내에 속하는 반면에, 그런 법적인 제한 중 일부는 너무 관대하다. 그리고 도시의 수돗물에서 발견되는 절반 이상의 화학물질은 단속받지 않는다. 적절한 수돗물 여과장치를 사용하는 것이 오래된 수도관에서 나오는 납과 같은 오염물질, 시골 지역에서의 살충제 유출 액체를 그리고 식수를 처리하기 위해서 사용되는 염소와 같은 화학물질의 부산물을 더 많이 줄이는 데 도움이 된다. 라돈, 비소, 그리고 질산염은 식수에 흔한 오염물질이다. 또한 몇몇 여과장치는 이러한 불순물을 제거하는 데 도움이 될 수도 있다. 그러나 수돗물 오염물질과 수질은 지역의 상수도 시설마다 다르다. 그래서 적절한 오염물질을 걸러내기에 효과적인 여과장치를 구매하는 것을 원하는 것이다.

해설 1. 당국의 규제에도 불구하고 수돗물에는 오염물질이 있으며, 여과장치를 사용하면 오염물질과 불순물을 제거하는데 도움이 된다는 내용을 다루고 있으므로 주로 "안전한 식수"에 관한 글이다.
2. "Using the right water filter can help further reduce <u>pollutants like lead from old water pipes, pesticide runoff in rural areas and byproducts of chemicals like chlorine</u> that are used to treat drinking water."의 밑줄 친 부분을 통해서 ④가 정답임을 알 수 있다.

어휘 benefit **n** 혜택, 이익, 이득 filtered water 여과된 물, 여과수 as opposed to ~와는 대조적으로[반대로] municipal **a** 시의, 도시의 tap water 수돗물 regulate **v** 규제[단속, 통제]하다 contaminant **n** 오염물질 utility **n** 설비, 시설; 쓸모가 있음(= usefulness), 유용 lenient **a** 관대한; 인정 많은, 자비로운 pollutant **n** 오염물질 lead **n** 납 pesticide **n**

살충제, 농약 runoff **n** 유출 액체, 땅 위를 흐르는 빗물 byproduct **n** 부산물; 부작용 chlorine **n** 염소 treat **v** 처리하다 drinking water 식수 radon **n** 라돈 arsenic **n** 비소 nitrate **n** 질산염 impurity **n** 불순물; 불순 as well 또한(= too)

Passage 9

정답 1. ① 2. ②

해석 기원전 5세기에, 그리스의 철학자들은 파르메니데스와 헤라클레이토스의 관점 사이에 현격한 입장 차이를 극복하기 위해서 노력했다. 그들은(그리스의 철학자들) 파르메니데스의 변하지 않는 존재 사상과 헤라클레이토스의 영속한 변화 사상을 조화시키기 위해서, 존재는 어떤 불변의 물질에서 명백하게 존재하며, 이러한 불변의 물질이 혼합되고 분리되는 것이 세상에 변화를 초래한다고 여겼다. 이로 인해 눈에 보이지 않는 최소의 물질 단위인 원자의 개념이 나왔으며, 원자의 개념은 데모크리토스의 철학에서 가장 명확하게 표현되었다. 그리스의 원자론자들은 물질을 몇 가지 기본적인 구성요소로 이루어진 것으로 표현하면서, 정신과 물질을 명확히 구분했다. 이것들은 빈 공간에서 이동하는 순전히 수동적이고 본질적으로 죽은 입자이다. 그것들의 이동의 원인은 설명되지 않았지만, 물질과는 근본적으로 다른, 영적인 기원을 가진다고 여겨지는 외적 요인과 종종 관련 되었다. 뒤이은 몇 세기 동안, 이런 이미지는 정신과 물질, 육체와 혼 사이의 이원론이라는 서양 사상의 필수적인 요소가 되었다.

해설 1. 기원을 다루는 글은 일반적으로 미괄식 구성을 취하는 경우가 많다. 마지막 문장에서 이원론의 탄생을 언급했고, 그 이전에는 이원론이 탄생하기까지의 과정을 이야기했으므로 이 글은 주로 "The origin of Western dualism "을 다루고 있다.
2. 두 번째 문장 '파르메니데스의 변하지 않는 존재 사상과 헤라클레이토스의 영속한 변화 사상을 조화시키기 위해서, 존재는 어떤 불변의 물질에서 명백하게 존재하며, 이러한 불변의 물질이 혼합되고 분리되는 것이 세상에 변화를 초래한다.'에서 그들의 사상을 조화시키려고 노력한 것은 '그리스 철학자들'이었으므로 보기의 '파르메니데스와 헤라클레이토스'가 틀렸다.

어휘 overcome **v** 극복하다 contrast **n** 현격한 (입장) 차이; 대조; 대비 reconcile A with B A와 B를 조정하다[조화시키다], 화해시키다 unchangeable Being 변하지 않는 존재 eternal Becoming 영원한 변화 manifest **a** 명백한, 분명한 invariable **a** 변화하지 않는, 불변의 substance **n** 물질(= material); 물체; 실질; 내용; 본질, 본체 give rise to 발생시키다, 야기하다(= cause) lead to ~로 이르다 concept **n** 개념, 생각 atom **n** 원자 atomist **n** 원자론자 draw a clear line 명확히 구분하다 spirit **n** 정신; 혼 matter **n** 물질 picture **v** 그리다, 묘사하다 building block **n** 구성요소, 토대 intrinsically **ad** 본질적으로, 내재적으로, 고유하게 particle **n** 미립자, 입자 void **n** 빈 공간, 진공; 공허 subsequent **a** 뒤의, 차후의; 다음의, 계속해서 일어나는 dualism **n** 이원론 uncanny **a** 괴기한, 신비스러운, 초자연적인, 이상한, 묘한 embed **v** (단단히) 박다; 끼워 넣다, 묻다; (마음·기억 등에) 깊이 새겨 두다

Passage 10

정답 1. ③ 2. ①

해설 보어와 아인슈타인이 궁극적으로 그들의 대화를 함께 계속 하지 못한 것은 오늘날 물리학 분야에서 존재하는 분열의 정도를 나타낸다. 그들의 가까운 우정과 그들의 만남에 들여온 열정에도 불구하고, 그 두 사람들은 결국 서로에게 더 이상 할 말이 없을 지경까지 이르렀다. 이런 의사소통에서의 단절은 비공식적인 물리학 용어가 사용되는 방식이 다르고 양립할 수 없었던 결과다. 각 주창자는 특별한 방식으로 특정한 용어를 사용했고, 서로 다른 측면의 해석을 강조했다. 이런 전반의 문제에 대해 더 깊이 분석해 보면, 정말 쟁점이 된 것은 관련된 차원에 대한 서로 다른 생각이었음을 알게 된다. 보어와 아인슈타인 둘 다 물리학과 자연의 차수가 무엇이어야 하는지에 대해서 미묘하게 다른 생각을 고수했고, 이것이 그들의 대화에서 필연적인 단절로 이르렀고, 그것은 오늘날 상대성이론과 양자이론 사이에 놓여있는 거리에서 나타나는 단절이다. 특히, 보어는 소립자의 운동의 차원이 모호성을 허용한다고 믿은 반면에, 아인슈타인은 그러한 가능성이 너무나 터무니 없어서 고려할 수 없다고 느꼈다. 그러므로 현 물리학의 두 거인들 사이에서의 이러한 의사소통의 실패의 원천은 차원에 대한 그들의 양립할 수 없는 견해에 있었다.

해설 1. 본문의 중간 "A deeper analysis of this whole question shows that what was really at issue was the different notions of order involved."에서 정답을 유추할 수 있다.

2. 본문의 중간 이후 "Bohr and Einstein both held to subtly different ideas of what the order of physics, and of nature, should be and this led to an essential break in their dialogue, a break which is reflected in the distance that lies between relativity and the quantum theory today."에서 보기 ①을 추론할 수 있다.

어휘 ultimate **a** 궁극적인, 마지막의, 최후의 failure to R ~하지 못한 것[안 한 것] degree **n** 정도; 단계; 등급; 학위 fragmentation **n** 분열; 분단; 붕괴; 절단 encounter **n** 만남, 조우 incompatible **a** 양립할 수 없는, 조화하지 않는, 모순된 protagonist **n** 주창자; 주역, 주인공 lay stress on 강조하다 interpretation **n** 해석 order **n** 차수, 도 hold to 지키다[고수하다, 견지하다] subtly **ad** 미묘하게 break **n** 단절, 중단 relativity theory 상대성이론 quantum theory 양자이론 particle **n** 소립자; 미립자 ambiguity **n** 애매함, 모호함 absurd **a** 터무니없는, 불합리한(= preposterous) contemplate **v** 숙고하다 dead end 막다른 골목, 교착상태(= stalemate)

---

2. 제목   p19

Passage 1

정답 ②

해설 Pittsburgh 의과 대학 밖의 시위자들이 "동물은 소모품이 아닙니다."라고 적힌 피켓을 들고 다녔다. 하지만, (의과 대학) 안에서 회복하고 있는 35세 남성 환자에게는, 이것은 삶과 죽음이라는 선택의 문제였다. 11시간의 수술로, 신원이 밝혀지지 않은 그 환자는 B형 간염으로 못쓰게 된 자신의 간을 대체할 새로운 간 이식을 받았다. 바이러스가 이식된 인간의 간을 파괴할 수도 있었기 때문에 의사들은 개코원숭이로부터 새로운 장기(간)를 이식했다. 이는 인간이 동물의 장기를 이식받은 최초의 수술은 아니었다; 수십 년 동안, 콩팥과 심장이 침팬지, 개코원숭이, 원숭이로부터 인간에게로

이식되어 왔다.

해설 인간의 생명을 위해 동물들의 생명이 희생되는 상황을 나타내는 ② A Life For a Life가 적절한 답이 된다. a life에서 a는 "특정한"이란 의미의 certain에 해당한다. 그러므로 특정 생명을 구하기 위해 또 다른 특정 생명을 희생한다는 의미다.

어휘 protester ⓝ 시위자 expendable ⓐ 소모용의; 소비해도 좋은 unidentified ⓐ 확인되지 않은, 미확인의, 정체불명의 ravage ⓥ 파괴하다, 황폐하게 하다; 약탈하다 hepatitis ⓝ 간염 transplant ⓥ (기관·조직 등을) 이식하다; 옮겨 심다 baboon ⓝ 개코원숭이, 비비 the survival of the fittest 적자생존

Passage 2

정답 ④

해석 당신은 6살 된 아이가 어떤 내용이든 상관없이 모든 것을 들어야 한다고 생각하는가? 여기 바로 그런 상황이 있다: (아이의) 아버지가 1년 동안 징역을 살고 있다. 나의 남편은 아무 것도 훔치지 않았으며, 폭력적인 범죄도 저지르지 않았음을 이해해주기 바란다. 그러나 그는 음주운전으로 유죄 판결이 내려졌으며 — 이번이 세 번째 위반이었다. 만약 우리 아들이 이 모든 사실을 알아야 한다고 생각한다면, 내가 아이를 데려다 감옥에 있는 아버지를 만나게 하는 것에 대해서는 어떻게 생각하는가? 아니면 아버지가 "출장"으로 멀리 가서 오랫동안 떠나있게 될 수도 있다고 아이에게 말하는 것이 더 좋다고 생각하는가? 나는 우리 가족이 견뎌내야 했던 굴욕을 말로 설명할 수 없다. 그 사실은 신문에 보도되었지만, 이곳은 대도시라 모든 사람들이 다 그 사실을 아는 것은 아니다.

해설 본문에서 6살 난 아들에게 감옥에 있는 남편 이야기를 해 주는 것이 옳을지, 아니면 선의의 거짓말을 하는 것이 나을지에 관해 다루는 내용이므로 "Truth or White Lie"가 제목으로 가장 적절하다.

어휘 find guilty of ~에게 유죄 판결을 내리다 offense ⓝ (규칙·법령 따위의) 위반, 반칙; 불법 humiliation ⓝ 굴욕, 창피 white lie 악의 없는 선의의 거짓말

Passage 3

정답 1. ④ 2. ① 3. ④

해석 20세기 중반 이래로, 행동과 도덕의 상관성에서 의미 있는 변화가 발생했다. 그 전에는, 사람들은 선이 눈부신 하얀색, 악이 단조로운 검은색을 띠며 '선'과 '악' 사이에 차이가 존재한다는 것을 의심하지 않았다. 그러나 프로이트와 융 그리고 그들의 제자들은 모든 것을 바꾸었다. 우리는 지금 사람이 하는 어떤 행위도 정말로 그 사람의 잘못이 아니라, 부모의 무능력이나 발달되지 않은 기회와 선에서 비롯된 억압과 금지 때문이라고 알게 되었다. 그러나 나와 같은 몇몇 구식의 사람들은 여전히 불신을 가지고 이러한 정신분석의 설명을 바라본다. 신념에 입각한 개인주의자로서, 나는 개인이 그들 자신의 행위에 책임을 져야 한다고 생각하며, 정신분석가의 가르침으로 주입된 도덕적 책임의 상관성은 과거의 예정설만큼이나 나에게는 억압적이고 실망스러워 보인다.

해설 1. "가르침(teachings)에 의해 "주입되는"이란 내용이므로 ④의 inculcated가 빈칸에 가장 적합하다.
2. 본문은 "행위의 책임이 누구인지"를 다루는 내용이므로 ①이 제목으로 적합하다.
3. 본문의 "people like me, however, who still regard with some distrust these explanations of psycho-analysis ~ individuals as responsible for their own actions"를 통해서 ④가 정답임을 파악할 수 있다.

어휘 unrelieved ⓐ 단조로운, 명암 없는 inhibition ⓝ 금지 doctrine of predestination 예정설 castigate ⓥ 징계하다 obviate ⓥ 제거하다; 미연에 방지하다 disclaim ⓥ 포기하다; 부인하다 inculcate ⓥ 주입하다, 심어주다

Passage 4

정답 1. ③ 2. ① 3. ①

해석 사랑의 지속성에 관해서 항상 오늘날처럼 낙관주의가 있었던 것은 아니다. 민주주의의 창시자이며, 폭군에 의해 내둘리는 것에 고분고분하지 않았던 민족인 그리스인들에게 사랑은 질서를 어지럽히는 경험이었기에 가급적 짧은 경험을 선호했다. 훗날, 기사도적 사랑이 유행하던 시대에, 사랑은 불법적이며 일반적으로 치

명적이었다. 열정은 고난을 의미했으며, 해피엔딩은 문화적 상상력 속에 아직 존재하지 않았다. 행복한 사랑이라는 혁신은 17세기가 되어서야 남녀간의 사랑의 어휘에 포함되었다. 가족이 오이디푸스 콤플렉스의 긴장이 있는 가정이라기보다는 주로 하나의 경제적 생산단위던 18세기 이전에는, 결혼이란 가족 간의 사업상 합의였으며, 당사자는 그 (결혼)문제에 대해 할 말이 없었다. 일부 역사학자들은 낭만적 사랑을 사실은 18세기 후반에서야, 심지어 이때조차도 부부간의 애정이 의심스러운 취향의 문제로 간주되긴 했지만, 소설 읽기를 위한 새로운 방식과 더불어 유행하기 시작한 학습된 행동으로 간주한다. 물론 역사학자들의 의견이 일치하지는 않는다. 몇몇 학자들은 사랑 이야기를 영원히 변치 않는 정수라고 말하는 반면에, 다른 어떤 학자들은 숨 막히게 하는 사회적 관습에 대한 진보적 이야기라고 말한다. 그런데 현대의 사랑은 정말로 우리를 해방시켜 주는가? 아니다. 우리는 사랑이 끝나면 실패자라고 느낀다.

해설 1. 시대에 따라 사회적 의미에서 남녀 간의 사랑이 어떻게 해석되고 있는지를 기술하고 있으므로 '사회학'에 해당하는 글이다.
2. 여섯 번째 문장에서 '결혼이란 가족 간의 사업적인 합의였으며, (결혼) 당사자는 결혼문제에 대해 할 말이 없었다(participants had little to say on the matter)'라고 했으므로 ①은 내용과 일치하지 않는다.
3. 제목을 고르는 문제다. 글의 요지를 파악하고 이를 가장 잘 반영한 보기의 내용을 찾아야 한다. 첫 문장에서 오늘날처럼 사랑의 지속성에 대해 항상 낙관적이었던 것은 아니었다고 했고, 두 번째 문장부터는 시대에 따라 사랑을 오래 지속되는 진실한 것으로 보았던 것이 아니라고 서술하고 있으며, 마지막 문장에서 '현대에도 사랑이 진정 우리를 해방시켜주는가'라는 질문에 실제는 그렇지 않은 "공상"에 불과하다고 말하고 있으므로 본 글의 제목으로는 ①이 가장 적절하다.

어휘 longevity ⓝ 장수, 오래 지속됨 amenable ⓐ ~에 고분고분한, 잘 받아들이는 (to) be pushed around (이리저리) 내둘리다 despot ⓝ 폭군 preferably ⓐⓓ 가급적(이면) illicit ⓐ 불법의, 사회통념에 어긋나는 reign ⓝ 통치 기간, 치세 courtly love 기사도적 사랑 Oedipal ⓐ 오이디푸스 콤플렉스의 take off 유행하다, 인기를 얻다 essence ⓝ 본질, 정수, 진수 narrative ⓝ 이야기 stifle ⓥ (감정을) 억누르다; 숨 막히게 하다 bridegroom ⓝ 신랑 alter ⓥ 바꾸

다 inconsistent ⓐ ~와 모순되는, 일치(부합)하지 않는 (with)

Passage 5

정답 ④

해석 토양과 지하수에 스며든 화학 오염물질은 이런 화학물질의 섭취가 유발할 수 있는 잠재적 질병과 오염된 환경을 처리하는 일의 경제적 영향이라는 두 가지 관점에서, 인간의 건강과 안녕에 엄청난 영향을 미친다는 것을 현재 우리는 알고 있다. 화학 오염물질이 건강에 미치는 영향은 그 영향이 급진적이지 않고 오히려 누적되기 때문에 평가하기에 어려우며, (오염물질에) 노출된 지 몇 년 후에 암을 유발한다거나, 더 직접적으로 선천적 장애를 야기한다. 미국에서만 해도 오염된 곳을 청소하거나 개선하는 비용이 1조 달러 이상을 필요로 할 것이다. 이런 비용을 고려해볼 때, 생물적 환경 정화(bioremediation)라고 알려져 있는, 생물에 의한 환경 정화 대안이 전통적인 물리적·화학적 환경정화 기술보다 엄청난 경제적 이점을 가질 수 있다는 점이 점점 더 인식되고 있다.

해설 문제점으로 지적되는 환경 오염물질과 부정적 여파를 다룬 후 이에 대한 대안으로 생물적 환경 정화(bioremediation)를 제시하는 글이다. 문제점에 대한 대안은 글의 요지이며, 요지가 반영된 제목은 ④이다.

어휘 profound ⓐ 엄청난; 깊은, 심오한 intake ⓝ 섭취 contaminated ⓐ 오염된 contaminant ⓝ 오염물질 assess ⓥ 평가하다 acute ⓐ (통증이) 극심한, (질병이) 악성인 cumulative ⓐ 누적되는 birth defect 선천적 장애, 선천적 기형 remediation ⓝ 개선, 교정; 환경복원, 환경정화 price tag 가격표

Passage 6

정답 ①

해석 가장 최근에 인류에 추가된 종을 만나려면 남아프리카의 라이징 스타(Rising Star) 동굴에 있는 벽의 좁은 틈새로 비집고 들어가야 할 것이다. 2년 전에, 고인류학자 리 버저(Lee Berger)가 이끄는 연구진이 바로 그런 일을 했으며, 10월 10일에 그 결과를 발표했다.

버저가 발견한 것은 (별을 의미하는 현지 단어에서 유래한) 호모 날레디(Homo Naledi)라고 새로 이름 지어진 종 15명을 보여 주는 1,500개 이상의 뼛조각들이었다. 초기 이전 인류는 키가 겨우 5피 트 (1.5미터) 정도였으며 오렌지 크기의 뇌를 갖고 있었다. 손과 발 같은 몇몇 특징들은 인간들과 더 유사했지만, 작은 뇌 같은 다른 특징들로 보아 그들을 유인원처럼 보였다. 그 동굴은 아마도 묘실(墓室: 시체가 안치되어 있는 무덤 속의 방)이었을 것이며, 그것은 죽은 이들에 대한 인간의 존경심을 보여주는 것이다. 문제는 실험을 통해 호모 날레디(H. Naledi)의 나이를 확정하지 못한 것인데, 2백5십만 년 내지 3백만 년 정도로 추정할 뿐이다. 더 좋은 답변이 곧 나올 것이다. 그때까지는, 호모 날레디를 (인류의) 친척으로 생각하자. 그들이 추수감사절에 초대할 정도로 가까운 (친척) 인지는 아직 알려지지 않았다.

해설 아프리카에서 새로운 초기인류 호모 날레디의 뼛조각들이 발견되었다는 점과 언제 살던 인류인지, 그리고 그들이 현 인류와 얼마나 가까운지는 아직 연구 중이라고 했다. 이런 내용을 전체적으로 포괄할 수 있는 ①이 제목으로 적합하다. 부분적 내용을 제목으로 설정하지 않도록 주의한다.

어휘 shimmy ⓥ 엉덩이와 어깨를 흔들며 춤추다 family ⓝ (동식물 분류상의) 과 paleoanthropologist ⓝ 고인류학자 prehuman ⓝ (현 인류 이전의) 선행인류 chamber ⓝ 실, 작은 방 rub ⓝ 문제, 어려움 protohuman ⓝ 원인(현 인류 이전의 고 인류)

Passage 7

정답 1. ② 2. ④

해석 감지 유형의 가장 훌륭한 과학적 사례가 아이작 뉴턴(Isaac Newton) 경이었다. 그는 3백 년 간 과학계에 우선 사실을 먼저 살펴보고, 그런 다음 신중한 추론을 하도록 설득했다. 실제 세계는 우리가 원하는 대로 존재하는 것이 아니며, 또한 우리의 바람에 아무런 영향을 받지 않았다. 우리는 신이 준 현실을 우리의 눈으로 겸손하게 반영해야 하며 우리의 믿음이나 자만심이 방해를 하게 해서는 안 된다. 우리가 모든 사실을 확신한 후에만 우리는 추론을 시작해야 한다. 그러나 과학은 계속 발전하며, 이론 물리학은 또 하나의 도전이고, 혼란스러운 예외적인 일들을 풀기 위해 직관을 필요로 한다. 알베르트 아인슈타인(Albert Einstein)은 직관

력으로 유명했으며, 흥미로운 직감이 떠오르면 면도를 하다가 베이기도 했다. 그러나 이것이 그가 이용 가능한 사실들을 무시했다는 것을 의미하는 것은 아니다. 직감을 얻은 후에, 그는 그것에 대해 실험을 진행했다 — 이것은 하나의 유형이 또 다른 유형이 추측한 것을 증명하는데 어떻게 도움을 주는가에 대한 사례이다.

해설 1. 본문 전반에서는 사실을 중시하는 '감지(sensing) 유형'의 사례로 뉴턴을 언급하고 있으며, 후반부는 이론물리학에서 변칙적인 것들을 해결하기 위해 '직관(intuition)'의 필요성을 강조하며, 아인슈타인의 경우를 예로 들고 있다. 따라서 제목으로 적합한 것은 ②의 '감지 대 직관'이다.
2. 뉴턴에 대해서는 '우선 사실을 보고 그런 다음 신중한 추론을 했다(He convinced three centuries of science to look first at the facts and only then to draw cautious inferences.)'고 설명했다. 이에 해당하는 옳은 진술은 ④이다.

어휘 sensing ⓝ 감지 humbly ⓐⓓ 겸손하게 reflect ⓥ (상을) 비추다 pupil ⓝ 동공, 눈동자 conceit ⓝ 자만심 stand in the way 방해하다 intuition ⓝ 직관(력), 직감 disentangle ⓥ (얽힌 것을) 풀다 anomaly ⓝ 변칙, 예외적인 것 proceed ⓥ 진행하다; 시작하다 conjecture ⓝ 추측 tedious ⓐ 지루한, 따분한

Passage 8

정답 ③

해석 러시아의 석유와 천연가스 사업의 역동적 속성은 세계화의 힘과 그 지역의 변화하는 경제의 예증이다. 소련의 해체 이전에는, 약 절반가량의 러시아의 석유와 천연가스 수출액이 우크라이나와 벨로루시 같은 소비에트 공화국으로 들어갔다. 이 두 국가는 여전히 러시아의 공급에 의존하고 있지만, 러시아 석유제품의 주된 목적지는 압도적으로 서유럽으로 바뀌었다. 러시아는 현재 서유럽에 천연가스의 25% 이상과 원유의 16% 이상을 공급하고 있으며, 그러한 연합은 훨씬 더 강해질 것으로 보인다. 2000년에 작성된 러시아와 유럽연합과의 협정서는 이러한 동·서 연합의 급속한 확대를 목표로 한다.

해설 소련 해체 이전과 이후를 대조하면서 러시아의 석유 경제가 세계화의 힘으로 인해 그 영향력이 확대

되고 있음을 설명하는 글이다.

어휘 dynamic **a** 역동적인; 힘 있는; 활기 있는 nature **n** 본질, 특질; 특징 exemplify **v** 예증[예시]하다; ~의 모범이 되다, ~의 좋은 예가 되다 prior to ~에 앞서서, ~이전에 breakup **n** 붕괴, 와해, 해체; 파탄, 불화, 결별 exports **n** 수출액, 수출(물)량 republic **n** 공화국 destination **n** 목적지, 도착지, 행선지 petroleum product 석유제품 overwhelmingly **ad** 압도적으로 shift **v** 바뀌다, 이동하다 crude oil 원유 linkage **n** 연합, 결합, 연관 aim at 겨냥하다, 목표하다 expansion **n** 확대; 확장; 팽창 edge **n** 우세, 강점(= advantage); 가장자리, 모서리

Passage 9

정답 1. ④ 2. ① 3. ④

해석 아스피린은 통증과 열을 위한 일반적인 치료제일 뿐만 아니라, 심각한 질병을 예방하기 위해 사용될 수도 있다. 심장마비와 뇌졸중을 극복한 수백만 명의 사람들은 또 발병하는 것을 막기 위해 매일 적은 양의 알약을 먹고 있으며, 건강한 사람들이 심혈관의 건강을 지키기 위해 매일 아스피린을 복용하는 경우도 점점 더 많아지고 있다. 심혈관에 문제가 있는 사람들이 심장마비와 뇌졸중을 예방하는 데 있어 아스피린이 매우 효과적이라는 것은 오랫동안 알려져 있다. 그 약(아스피린)은 혈액을 묽게 함으로써 작은 혈전(혈액 응고)을 예방하는 것을 돕는 데 효력이 있다. 더 최근에는, 매일 적은 양의 아스피린을 복용하면 유방암과 전립선암뿐만 아니라 위암과 대장암도 예방할 수 있으며, 신경쇠약 또한 둔화시킬 수 있다는 증거가 있다. 그러나 아스피린이 혈액을 묽게 하기 때문에, 규칙적으로 그것을 복용하는 사람들은 본인들의 뇌가 더 많은 피를 흘려 실상 뇌졸중의 위험이 더 높아질 수도 있다. 또한, 아스피린의 장기적인 복용은 시력감퇴와 관련이 있으며 내출혈의 위험성을 증가시킨다. 일반의 마즈(Marles) 박사는 이 약으로부터 혜택을 얻을 수 있는 사람들은 심장마비나 뇌졸중과 같은 어느 종류건 심장관련 질병을 겪었던 사람들에 해당한다고 말하고 있다. 그 밖의 모든 사람들의 경우, 심혈관 질병과 출혈의 위험성을 신중하게 가늠하는 것은 의사에게 달려있다.

해설 1. 지문에서 첫 번째, 두 번째 문단에서는 '아스피린 복용의 장점'을 서술하고 있고, 세 번째 문단

에서는 '그 부작용'에 대해 서술하고 있다. 제목으로 가장 적절한 것은 ④의 '아스피린은 좋은 것인가 나쁜 것인가'이다.
2. 아스피린 복용의 부작용 중 심장발작에 대한 언급은 없다.
3. 아스피린의 부작용 언급과 함께 본문 말미에 그 위험성을 신중하게 가늠하는 것은 의사의 몫이라고 했으므로 ④는 잘못된 진술이다.

어휘 standard **a** 표준의, 일반적인, 보통의 heart attack 심장마비, 심근경색 stroke **n** 뇌졸중 pop **v** (약을) 먹다 dose **n** (약의) 복용량, 투여량 tablet **n** 정제, 알약 cardiovascular **a** 심혈관의 blood clot 혈전, 혈액의 응고 gastro-intestinal cancer 위암과 대장암 breast cancer 유방암 prostate cancer 전립선암 macular degeneration (노화에 따른) 시력 감퇴 internal bleeding 내출혈 general practitioner (전문의가 아닌) 일반의, 가정의 weigh up 가늠하다

Passage 10

정답 1. ④ 2. ④ 3. ①

해석 비평가들은 상업주의가 미국 대중매체의 많은 부분에서 검열을 조장한다고 말한다. 광고주들은 대중매체에 자금을 투자하는 그들의 중요성 때문에, 사실상 미국 대중매체의 콘텐츠에 대해 정부기관보다 훨씬 더 많은 영향력을 미치고 있다. 비평가들에 의하면, 광고주들이 그 영향력에서 얻는 것은 그들이 시청자로서 목표물로 삼고 있는 소비자들에게 우호적인 환경을 제공하는 프로그램들이다. 규칙은 명확하다. 예를 들면, TV 프로그램 제작 간부들은 몇몇 주요 광고주들이 폭력성이 너무 많거나 동성애자들을 포함한 콘텐츠에는 자금을 투자하지 않으리라는 것을 알고 있다. 신문 편집자들 또한 지역의 부동산 중개인들 (그 신문의 부동산 지면의 후원자들)을 조사하는 것은 경제적으로 유익한 활동이 아니라는 것을 알고 있다. 잡지사는 만약 그들이 흡연의 위험에 대해 너무 많은 기사를 내면 수익성이 좋은 담배회사라는 고객을 잃게 되는 것을 알고 있다. 직설적으로 말해서, 대중매체 경쟁자들이 전반적으로 판매 기업들에게 그리고 특히 개별 광고주들에게 우호적인 환경을 만들어내지 못한다면 많은 것이 위태롭게 된다. 상업주의를 비판하는 사람들은 또한 대중매체가 광

고와 판매에 집착하는 것이 종종 대중매체가 어린이들을 부당하게 이용하게끔 한다고 믿는다. 비록 어린이들을 위해 광고를 내지 않는 대중매체의 사례들도 발견할 수는 있지만, 일반적으로는 2세에서 12세까지의 어린이들이 종종 작은 소비자처럼 다루어진다. 광고하는 사람들은 아이들이 부모의 소비에 영향을 끼치며, 아이들이 나이를 먹을수록 선물과 용돈에서 자신만의 구매력을 지니게 된다는 것을 너무도 잘 알고 있다.

(해설) 1. 대중매체의 상업주의를 비판하는 글이다. 대중매체의 경제적 기반이 광고주들의 자금력이기 때문에 프로그램을 짤 때 이들의 영향력에서 벗어날 수 없다. 전반적으로 광고주로 인한 상업주의가 대중매체에 끼치는 영향을 설명하고 있으므로 ④가 정답이다.
2. 대중매체의 입장에서 "경제적으로 건전한 활동"은 "수입이 되는 활동"에 해당하므로 "어린이 프로그램에 광고를 내는 것"이 대중매체 경영진에게는 경제적으로 유익한 활동이 될 것이다.
3. 보기 중에서 ①은 두 번째 문단의 "Magazines know ~ the hazards of cigarette smoking."에서 확인할 수 있는 내용이다.

(어휘) commercialism **(n)** 상업주의 foster **(v)** 조성하다, 조장하다 censorship **(n)** 검열 fund **(v)** 자금(기금)을 대다 executive **(n)** 경진, 경 간부 real-estate 부동산 lucrative **(a)** 수익성이 좋은 account **(n)** 단골, 고객 hazard **(n)** 위험 (요소) bluntly **(ad)** 직설적으로, 퉁명스럽게 at stake 성패가 달려 있는; 위태로운 preoccupation **(n)** 집착, 사로잡힘 exploit **(v)** (부당하게) 이용하다, 착취하다 pintsize **(n)** 비교적 작은, 소형의 allowance **(n)** 용돈 sponsor **(n)** 광고주 subscribe to ~을 구독하다

---

3. 요지   p28

Passage 1

(정답) ②

(해석) 보통 의사들은 건강한 혈압을 가졌는지 한쪽 팔에서 검사하지만, 최근 우리 조사팀의 연구에 따르면, 양팔에서 혈압수치를 확인하는 것이 심장질환의 발병률이 높은 환자를 더 잘 확인하는데 도움이 될 수 있다

고 한다. 지난 13년간 대략 3천 4백 명의 환자들에 관한 데이터를 분석한 결과, 참가자 중 약 10%가 한쪽 팔에서 더 높은 심 수축 수치(최고 혈압)를 보인 것을 알아냈다. 양팔 사이에 10포인트 혹은 그 이상의 차이가 있는 환자들은 심장마비, 뇌졸중, 또는 다른 심장질환에 걸릴 가능성이 38% 더 높았다. 이러한 불균형은 대동맥 내의 찌꺼기를(대동맥 내에 찌꺼기가 있다는 사실을) 나타낼 수도 있다.

(해설) 한쪽 팔보다 양팔에서 혈압을 측정하는 것이 더 좋다는 내용이다.

(어휘) systolic **(a)** 심장 수축의 discrepancy **(n)** 어긋남, 모순, 불일치 coronary **(a)** 심장의; 관상(동맥)의 plaque **(n)** 플라크; 치석 uneven **(a)** 고르지 않은; 평탄하지 않은, 한결같지 않은 metabolism **(n)** 신진대사, 물질대사

Passage 2

(정답) ④

(해설) 우리 중에 다수는 유명해지지 않거나 심지어 기억되지 않을 가능성이 높다. 그러나, 한 국가 또는 문학을 이끌어 새로운 업적을 이루는 소수의 뛰어난 사람만큼이나 세상이 뒤로 퇴보하지 않도록 유지하는 인내의 노력과 새로운 것을 정복하진 못한다 하더라도 오래된 가치를 지키고 보전하며, 이들의 선조로부터 물려받은 것을 손상되지 않고, (그 가치가) 줄어들지 않게 그들의 자손에게 전해주는 눈에 띄지 않는 업적을 가진 많은 무명의 사람들도 중요하다. 거의 우리 모두에게 있어, 우리가 횃불을 후손들에게 넘겨주고 그 횃불을 내려놓지 않는다면 그것으로 충분한 것이다; 가능하다면, 우리를 아는 일부 사람들의 호의를 얻었다가 차례로 그들이 사라졌을 때 잊히더라도 만족스러울 것이다.

(해설) 본문은 위대한 사람들의 역사적인 업적 못지않게 다수의 평범한 사람들의 중요한 역할을 강조하는 글이다.

(어휘) inconspicuous **(a)** 두드러지지 않는; 눈을 끌지 않는 unimpaired **(a)** 손상되지 않은 undiminished **(a)** 줄지 않은, 쇠퇴(저하)되지 않은 hand on the torch (지식·전통의) 횃불을 후세에 전하다 affection **(n)** 호의, 애정 foresee **(v)** 예견하다

Passage 3

정답 ⑤

해석 우리는 대개 사전을 찾아보면서 단어의 의미를 익히지는 않는다. 우리는 맥락 속 단어들을 듣거나 보면서 어휘를 형성한다. 우리는 책을 읽을 때마다 사전을 사용하든 사용하지 않든 우리가 가진 어휘에 그 단어들을 추가한다. 만약 친숙한 맥락이 많다면 — 즉, 한 번에 새로운 단어가 너무 많이 나오지 않는다면 — 우리는 사전의 도움 없이도 모든 것들을 완벽하게 이해할 수도 있다. 이와 유사하게, 우리는 주로 단어가 어떻게 쓰이는 지를 파악함으로써 철자법을 익힌다. 우리는 다른 사람들이 단어를 발음하는 것을 들음으로써 단어를 발음하는 것을 익힌다. 우리는 우리가 좋아하고 존경하고 흉내 내고 싶은 사람들의 어법을 경청함으로써 훌륭한 어법을 익힌다.

해설 본문은 새로운 어휘를 학습하는데 사전이 도움이 되지만, 언어학습에 있어 맥락의 도움이 더 유용하다는 내용이 핵심이다.

어휘 usage ⓝ 어법, (언어의) 관용법 emulate ⓥ 흉내 내다, 모방하다; ~와 경쟁하다 indispensable ⓐ 없어서는 안 될, 필수적인 contextual ⓐ 문맥상의

Passage 4

정답 1. ④ 2. ② 3. ①

해석 러시아에서는 기독교, 유대교, 이슬람교, 애니미즘을 포함한 모든 종교가 공존한다. 가장 일반적인 종교는 기독교이며, 대부분의 기독교인들은 러시아 정교회의 교인들이다. 러시아 정교회는 1천 년 이상 현존해 왔으며, 심지어 소련 시대의 공식적인 무신론과 어쩌면 그 당시에 훨씬 더 유명했을 불가지론도 극복했다. 공산주의 시절에, 정교회를 믿었던 많은 러시아인들은 직업과 교육의 기회를 희생했다. 러시아 정교회의 완강함은 종교가 없는 러시아인들조차도 왜 자신을 러시아 정교회 신자라고 부르는 경향이 있는지를 설명해줄 수도 있다. 바로 그 똑같은 완강함이 오늘날 모스크바의 알렉세이(Aleksey) 2세가 이끌고 있는 러시아 정교회를 이끈다. 알렉세이 미하일로비치 리디거(Aleksey Mikhailovich Ridiger)라는 이름의 장래의 총대주교는 매우 독실한 집안에서 태어났다. 어렸을 때, 그의 부모님은 그들이 매년 다녀온 성지순례에 종종 알렉세이(Aleksey)를 데려갔으며, 확실히 그때 훗날 선택하게 될 종교적인 삶에 대해 심사숙고하기 시작했을 것이다. 총대주교로서 알렉세이(Aleksey)는 교회를 다스리는 데 있어서는 칭송되지만, 신격화되지는 않는다. 그는 교회 역사와 평화에 관한 글들을 교회 언론과 대중언론 양쪽에 발표했고, 러시아와 해외에서 러시아 정교회의 이미지를 넓혀왔다.

해설 1. 보기 중에서 "오랜 역사를 가진 러시아 정교회"라는 점이 글의 요지와 가장 근접한 답안이다.
2. "As patriarch, <u>Aleksey is exalted in the Church governance</u>, but he is not deified."를 통해서 '교회의 높은 지위에 있는 사람'이라는 것을 파악할 수 있다.
3. 빈칸 뒤에 이어지는 "As a boy, <u>Aleksey was often taken by his parents on their annual pilgrimages</u>, when he most certainly began contemplation of the religious ways of life he was to choose."의 내용을 통해서 이 가문은 '독실한, 신앙심이 깊은' 집안이라는 것을 알 수 있다.

어휘 coexist ⓥ 공존하다 Judaism ⓝ 유대교 animism ⓝ 애니미즘 (우주 만물에 혼이 있다는 믿음) Orthodox Church 정교회 (그리스와 동유럽으로 교세를 확장한 교회들의 총칭이며 동방정교회라고도 한다.) atheism ⓝ 무신론 agnosticism ⓝ 불가지론 (초경험적인 것의 존재나 본질은 인식 불가능한 것이라고 하는 철학적 입장) prominent ⓐ 유명한; 중요한; 두드러진 tenacity ⓝ 끈기, 고집 staying power 끈기, 유지력, 지구력 patriarch ⓝ (정교회의) 총대주교; 가장, 족장 pilgrimage ⓝ 성지순례, 성지참배 contemplation ⓝ 심사숙고 exalt ⓥ 승격시키다 governance ⓝ 통치, 관리 deify ⓥ 신격화하다 ecclesiastical ⓐ 기독교의, 교회의 secular ⓐ 세속적인, 세속의 broaden ⓥ 넓히다, 확장시키다 pious ⓐ 독실한, 신앙심이 깊은, 경건한 opulent ⓐ 호화로운, 부유한 slant ⓐ 비스듬한, 기울어진 appalling ⓐ 소름 끼치는, 무시무시한

Passage 5

정답 1. ④ 2. ②

해석 우리 대다수는 긍정적인 태도가 건강을 향상시키고 질병의 회복을 촉진한다는 것을 알고 있지만, 이것

이 또한 반대의 효과가 있을까? '구체화된 인지'는 심리학자들이 우리가 움직이는 방식이 우리가 사고하고 느끼는 방식에 어떻게 영향을 주는지를 설명하기 위해 사용하는 용어이다. 이 매력적인 분야에서 초기에 이뤄진 한 연구는 치아 사이에 수평으로 연필을 물고 있는 것이 미소를 짓기 위해 사용되는 근육과 동일한 근육을 활성화하여 뇌에 즐거운 신호를 보내는 반면에, 잔주름을 줄이기 위해 보톡스 주사를 맞은 사람들은 그 후에 덜 행복하다는 것을 보여주었다. 만약 당신이 마사지를 받는 동안 울어본 적이 있다면, 근육이 그저 세포조직과 섬유조직이 융합된 것이 아님을 알 것이다. 그것들은 우리의 감정적인 생활의 섬세한 흔적들을 담고 있으며 마음이 무언가를 실행하는 영향 없이도 감정을 발생시키는 능력을 가지고 있다. 우리의 몸은 감정의 창시자(원천)이자 감정적 경험의 강력한 공동 창조자일 수도 있다. 그리고 그것을 증명해주는 연구가 있다.

해설 1. 지문 내 다양한 근거가 존재하지만, 다음 문장의 밑줄 친 단어를 통해서도 답을 이끌어 낼 수 있다. "They contain delicate traces of our emotional lives and have the capacity to engender feelings without the executive influence of the mind." engender는 "발생시키다"는 뜻의 동사이므로 같은 맥락에서 originator가 정답이다.
2. 몸의 변화를 통해 정신과 감정에 영향을 주는 것과 관련 없는 예는 ②이다.

어휘 the other way around 반대로, 거꾸로 embody ☑ 구현하다, 구체화하다 cognition ☐ 인지, 인식 laughter line ☐ 잔주름 amalgamation ☐ 융합; 합병 delicate ☐ 연약한; 섬세한 engender ☑ (어떤 감정·상황을) 발생시키다, 불러일으키다 reservoir ☐ 저수지, 저장소 originator ☐ 창시자, 원조

Passage 6

정답 ④

해석 그리스 신화는 전반적으로 신과 여신들의 이야기로 구성되어져 있다. 하지만 그리스 종교에 대한 설명으로 읽혀져서는 안 된다. 최근의 사상에 따르면, 실제 신화는 종교와 무관하다. 신화는 자연 현상에 관한 설명이며, 자연 속 어떤 것 또는 모든 것들이 존재하게 되는 방식에 관한 — 사람, 동물, 나무, 또는 꽃, 별, 지진 등 존재하는 모든 것 그리고 일어나는 모든 것들에 대

한 — 설명이다. 예를 들어 천둥과 번개는 제우스가 노여움을 퍼부을 때 일어난다. 신화는 초기 과학이며, 사람들이 주변에서 관찰한 것을 설명하려고 한 첫 시도의 결과물이다.

해설 글의 도입부에서 제시된 "~ but it must not be read as an account of the Greek religion"과 마지막 부분인 "Myths are early science, the result of people's first trying to explain what they saw around them." 두 내용을 통해 요지를 작성해 보면 ④가 글의 요지에 해당함을 파악할 수 있다.

어휘 thunderbolt ☐ 천둥번개, 벼락, 노호 hurl ☑ 집어 던지다, 세게 던지다, (욕설 등을) 퍼붓다; (비명 등을) 지르다

Passage 7

정답 1. ③ 2. ③

해석 물론, 가부장제가 존재해 온 만큼이나 오랫동안, 어떤 형태로든 (여성의 신체적인 외모와 관련된) 미에 관한 허구가 존재해 왔지만, 현대적인 유형의 미적 허구는 비교적 최근에 만들어진 것이다. 그 허구는 여성에 대한 물질적인 제약이 위험할 정도로 느슨해 질 때, 번성한다. 산업혁명 이전의 평범한 여성들은, "미"에 대해 대중들에게 널리 퍼진 신체적인 이상과의 지속적인 비교를 통해 (미적)허구를 경험하는 현대 여성들과 동일한 의견을 지닐 수는 없었을 것이다. 대량생산 기술의 발전 이전에, 보통 여성들은 교회 밖에서 그러한 이미지들에 거의 노출되지 않았다. 가족이 생산 단위가 되고 여성의 일이 남성의 일을 보완해 주었으므로, 귀족이나 매춘부가 아니었던 여성의 가치는 작업 능력, 경제적인 치밀함, 체력, 그리고 다산의 능력에 달려 있었다. 분명, 신체적인 매력도 나름의 역할을 했다.

해설 1. 시간의 대조를 통해서 산업 혁명 이전과 이후의 "미적 개념의 변화"를 다루는 글이다.
2. such images는 앞 문장의 physical ideal을 받는 것으로 여성의 신체(외모)에 대한 이상적인 이미지를 의미하므로, ③ body images가 정답이다.

어휘 patriarchy ☐ 가부장제; 가장 정치 flourish ☑ 번성하다(= thrive), 번창하다 comparison ☐ 비교, 대조 complement ☑ 보완하다, 보충하다

Passage 8

정답 ②

해석 자연도태가 보통 생존을 보장하는 행동을 선호한다고 추정되지만, 예술이 직접적으로 생존을 촉진시킨다고 제시한 예술 이론가는 지금껏 거의 없었다. 예술은 너무 많은 시간과 에너지를 희생하지만, 그것의 효과는 거의 없다. 이 문제는 진화론적 차원에서 예술을 이론화하는데 있어서 아주 초기 단계에 인지되었다. 그의 1897년의 저서 예술의 기원(The Beginning of Art)에서, 에른스트 그로세(Ernst Grosse)는 예술의 낭비성에 대해 논평하면서, 자연도태는 오래전에 그렇게 아무런 목적 없이 노력을 낭비하는 사람들을 거부하고, 실용적인 재능을 가진 사람들을 선호했었을 것이며; 예술은 아마도 현재까지 실제로 발달한 것만큼 그렇게 훌륭하고 풍성하게 발달되지 못했을 것이라고 주장했다. 다윈(Darwin)에게 높은 비용, 겉으로는 쓸모없어 보이는 것, 그리고 명백한 아름다움은 대개 어떤 행동이 숨겨진 구애 기능을 갖고 있다는 것을 보여주는 것이었다. 그러나 대부분의 예술 이론가들에게는, 예술의 높은 비용과 겉보기에 쓸모없다는 점이 대개 다윈의 접근법이 부적절하다는 것을 의미했다 — 즉 예술은 독특하게도 자연도태의 비용절감의 절약으로부터 면제되어 있다는 것이다.

해설 본문의 마지막 문장에 요지가 드러난다. "But to most art theorists, art's high cost and apparent uselessness has usually implied that <u>a Darwinian approach is inappropriate</u> — <u>that art is uniquely exempt from natural selection's cost-cutting frugality</u>." 자연도태설에 입각한 다윈의 접근방법은 예술에 적용하기에는 적절하지 않다는 내용이다.

어휘 natural selection 자연도태 wastefulness n 낭비임, 헛됨, 사치스러움 courtship n 구애, 구혼; 교제, 연애 exempt from ~이 면제된, 면제받은 frugality n 절약, 검소 plausible a 그럴듯한

Passage 9

정답 ②

해석 백인들은 경제적 기반을 바탕으로 나누어진다. 백인 지주들은 그 밖의 모든 사람들, 대체적으로 노동자 계급인 Cajun 백인들을 멸시한다. 이 가난한 백인들은 인종적 서열을 유지하기 위해 폭력을 사용함으로써 백인 지주에 복종한다. 하지만, 그런 노력에도 불구하고 백인지주들은 여전히 그들을 혐오하고 경멸한다. 흑인들 내 Creole 문화는 더 짙은 피부색의 모든 흑인들과의 접촉을 피한다. Creole 사람들은 Lousiana의 토착 프랑스 식민주의자 출신의 밝은 피부색의 흑인들이다. Creole 소녀인 Mary Agnes LeFarbre가 평범한 흑인들이 있는 Samson 플랜테이션(집단농장)에 일을 하러 가자, 그녀의 가족들은 그녀와 의절했다. 지역의 백인들은 Creole 사람들을 평범한 흑인이라 생각하지만, Creole인 자신들은 일반적인 흑인들과 섞이는 것을 거부하며 우월한 척 행동한다. 흑인 사회 안에서의 인종차별의 개념은 사회 분열의 수단으로 피부색을 이용하는 우스꽝스러운 면을 보여주고 있다.

해설 백인 사회 내부의 계급적 분화와 함께 흑인 사회 내부의 계급적 분화를 다루는 글이다. "<u>Class differences</u> exist <u>even inside the same race.</u>"의 선택지가 글의 요지를 가장 잘 드러내는 문장이다.

어휘 Cajun n Acadia 출신의 프랑스인의 자손인 루이지애나 주의 주민 landowning a 토지 소유의, 지주의 Creole n 크리올 사람(미국 Louisiana주에 이주한 프랑스 사람의 자손) shun v 피하다, 비키다 disown v 제 것[책임]이 아니라고 말하다, ~에 관계가 없다고 말하다; 자식과 의절하다

Passage 10

정답 1. ② 2. ② 3. ③

해석 헌신과 광신 사이의 근본적인 차이는 불확신이다. 광신자는 확신하고 있다. 광신자는 답을 가지고 있다. 광신자는 정말로 무슨 일이 일어나고 있는지를 알고 있다. 광신자는 계획을 가지고 있다. 당신이 이것을 이해한다면, 광신은 문명화된 사회의 극단적인 가장자리에만 국한되는 것이 아니라는 것을 깨달을 것이다. 광신은 주류 사회 안에서 제대로 살아있다. 광신은 권위를 가진 온갖 종류의 지위에서 발생한다. 사실, 나는 광신이 권위 있는 모든 지위의 가장 우선적이면서 근본적인 남용이라고 주장한다. 나의 관점에서 보면, 모든 진정한 헌신은 의심의 영역에 존재한다. 그것보다 덜한 것은 어느 것이든 절대적이라고 생각하는 어떤 믿음에 근거한 계산일뿐이다: 즉 "만약 그것이 존재의 방식이라면, 이것이 바로 우리가 해야 할 일이다." 불확신 즉 의심이 없

다면, 관용을 베풀 근거도 없다. 만약 우리가 모두 일반적으로 우리 자신의 견해라고 간주하는 하나의 올바른 견해가 존재한다면, 다른 관점이 타당할지도 모른다는 가능성을 위한 여지는 없다. 물론, 그것 때문에 우리는 겸손하지 않다. 답을 얻었는데 어찌 겸손할 수 있겠는가?

1. 빈칸 (A)의 앞뒤의 내용("A fanatic is <u>certain</u>. A fanatic has the (A) _____. A fanatic <u>knows what really is happening</u>. A fanatic <u>has the plan</u>.")을 통해 빈칸에는 '의문'이 아니라 '답'을 가지고 있다고 하는 것이 적합하다. 빈칸 (B)는 콤마 뒤의 관계대명사절에서 단서를 얻을 수 있다. 수식어구의 내용은 피수식어의 내용에 영향을 받기에 "which <u>we all</u> generally see as our own"의 같은 맥락의 표현은 "우리 모두가 우리의 것으로 본다"는 내용이 반영된 '하나의 올바른 견해'가 빈칸에 적합하다.

2. 다음의 문장에서 보기 ②가 지문의 내용과 일치한다. "From my standpoint, <u>all true commitment lives in the domain of doubt</u>. <u>Without uncertainty or doubt, there is no foundation for tolerance</u>(=commitment)."

3. 첫 번째 문장에서 글의 주제를 파악할 수 있다. "헌신과 광신의 차이점"을 다루는 것이며, 광신과 달리 헌신은 바로 "의심"에 기반을 두고 있다고 말하고 있으므로, "Doubt distinguishes commitment from fanaticism."가 요지로 가장 적절하다.

어휘 distinction **n** 차이; 구분 commitment **n** 헌신, 전념 fanaticism **n** 광신 fanatic **n** 광신도, 광적인 사람 fringe **n** 가장자리 standpoint **n** 견지, 관점 domain **n** 영역, 범위 valid **a** 유효한, 타당한 humility **n** 겸손 meticulous **a** 꼼꼼한, 세심한 cardinal **a** 기본적인 prerequisite **n** 전제조건

4. 목적, 어조, 태도   p37

Passage 1

정답 1. ③ 2. ① 3. ③

해석 오늘날의 스마트폰은 융통성이 없으며, 소모적이라 말할 수 있다. 사전조립이 되어 있어, 스마트폰을 개인 맞춤용으로 바꿀 수 있는 현실적인 방법이 없다. 그리고 카메라가 고장 나거나 배터리가 다 되면, 당신은 쓸모없는 벽돌을 가지고 있는 것이 된다. 현재 ABN은 개별적인 부품으로 고객의 주문에 완전히 맞춘 알파폰 (Alpha Phone)의 개념을 재고하고 있다. 새로운 기능이 필요한가? 추가하기만 하면 된다. 고장이 났는가? 교체하면 된다. 이 폰은 Basit이라 불리는 기본 프레임으로 시작한다. 그다음 마이크로프로세서, 카메라, 배터리, 그리고 당신에게 가장 적합한 별도의 하드웨어를 고른다. 그것들은, 자석이 있다는 점을 제외하고는, 레고처럼 쉽게 조립이 된다. 이 폰이 소유자에게 부여하는 융통성은 전례가 없는 것이다. 당신은 $50로 시작해서 당신이 지불 할 여유가 있는 만큼 하드웨어를 추가하면 된다. 일상적인 용도로는 기능을 늘릴 수 있으며 — 여행을 할 때는 크기를 줄일 수도 있다. 특정부품을 교체할 수 있기에 수리비가 저렴해지며, 전반적인 폰의 수명이 길어지게 된다. 하지만 이 폰이 제대로 작동하게 될까? 글쎄, 자석이 (부품들을) 붙들어주지 않으면, 폰은 분해될 것이다. 그리고 조립이 서툴게 되어 당신의 폰에 오류를 일으킬 수도 있다. 전반적으로 가격이 더 비싸지게 될 것이다; 대형 스마트폰 회사들은 부품을 대량으로 구매하여 당신보다 더 저렴하게 전체 장치를 조립 할 수 있다. 알파폰은 주문형 PC처럼 될 수도 있을 것이다 — 높은 가격과 기술적인 골칫거리에 신경 쓰지 않는 대중들을 위한 틈새시장으로. 하지만 아마도 타의 추종을 불허하는 수준의 개성은 그만큼의 가치가 있을 것이다.

해설 **1.** 알파폰의 단점을 언급하고 있는 다음의 문장에서 힌트를 얻을 수 있다. "And <u>awkward combinations could make your phone buggy</u>. Overall, it'll be more expensive" 가격이 비싸다는 점과 함께 잘 못 조합을 하게 되면, 장비버그가 많이 발생한다는 단점을 언급하고 있으므로 "technical headaches"가 빈칸에 가장 적절하다.

2. 알파폰의 장점으로 언급된 "And <u>swapping out specific parts makes repairs cheaper</u> and overall phone life longer."의 문장에서 ①은 본문과 일치한다.

3. "Alpha Phone might turn out to be like custom PCs — a niche reserved for a crowd that doesn't mind higher prices and technical headaches." 부분에서 높은 가격에 신경 쓰지 않는 사람들을 위한 니치마켓이라 했으므로 "높은 수입성"은

알파폰에 대한 작가의 견해로 보기 어렵다.

어휘 rigid **a** 융통성 없는, 완고한; 고정된; 정확한 preassembly **n** 사전조립, 일차 조립 personalize **v** 개인화하다; 개인전용으로 하다 customizable **a** 주문에 따라 만들 수 있는 swap **v** 교환하다, 바꾸다 microprocessor **n** 마이크로프로세서(마이크로 컴퓨터의 중앙 처리 장치) unprecedented **a** 전례 없는, 비할 바 없는; 새로운 bulk up (수량·금액 따위가) 붙다; (규모·중요성 따위가) 커지다 buggy **a** 버그가 많은 in bulk 대량으로 niche **n** 틈새시장; (사람·물건에) 적합한 장소, 적소 reserved **a** 보류한, 예비의, 따로 치워둔 maniac **n** 마니아, (편집광적인) 애호가; 미치광이.

Passage 2

정답 ②

해석 가상화폐 또는 캐시(인터넷용 돈)로 알려진 전자화폐는 사람들이 인터넷상에서 가치를 전달할 수 있게 하지만, 법정통화는 아니다. 전자화폐는 제3의 중개자가 필요하지 않으므로, 상인들과 소비자들은 전통적인 지불 방식과 연관된 수수료를 피할 수 있다. 가상화폐의 지지자들은 또한 전자화폐는 개인 정보가 거래와 연계되지 않기 때문에, 신원이 도용될 가능성이 적다고 말한다. 전자화폐와 관련된 많은 기사 제목들은 전자화폐 시스템의 문제점들에 초점을 두었다. 1월에, 연방 검사들은 주요 비트코인 거래회사인 BitInstant의 최고경영자를 온라인 마약 시장을 통해 전자화폐를 세탁한 혐의로 고소했다. 비록 전자화폐가 널리 확산 되어 있지는 않지만, 증가하고 있는 인기와 — 잠재적인 오용 가능성이 — 미국정부로 하여금 그 미지의 영역에 끼어들도록 자극해왔다.

해설 전자화폐에 대한 장점과 함께 돈 세탁의 단점도 함께 언급한다는 점에서 작가는 전자화폐에 대해서 '신중한' 입장이라고 할 수 있다.

어휘 currency **n** 화폐, 통화 virtual **a** 가상의 legal tender 법정 통화 intermediary **n** 중재자, 중개인 advocate **n** 지지자, 옹호자 transaction **n** 거래, 매매, 처리 prone **a** ~하기 쉬운, 당하기 쉬운 identity theft 신원 도용 generate **v** 발생시키다, 초래하다 federal **a** 연방(정부)의 prosecutor **n** 검사, 검찰관 charge A with B A를 B의 혐의로 고발하다 bitcoin **n** 비트코인, 온라인 가상화폐 launder **v** (부정한 돈을) 세탁하다, (정당한 것처럼) 위장하다 far from 결코 ~ 아닌 prompt **v** 자극하다, 촉구하다 weigh in (on) 끼어들다, 관여하다 uncharted **a** 미지의, 잘 알지 못하는 adamant **a** 완강한, 요지부동의 circumspect **a** 신중한 imprudent **a** 경솔한 insouciant **a** 무관심한, 천하태평인 passionate **a** 열정적인, 열렬한

Passage 3

정답 1. ④ 2. ①

해석 형식적인 경제 모델과 현실의 정책 사이의 적절성이 일부 논쟁의 주제가 되어 왔다. 경제학자 R. D. 노턴(R. D. Norton)과 S. Y. 리(S. Y. Rhee)는 그런 모델을 14년간의 한국 경제에 소급하여 적용하는데 어느 정도의 성공을 거두었다; 즉, 생산량, 가격 그리고 다른 변수들에 대한 그 모델의 수치들이 실제 통계수치와 거의 일치했다. 하지만, 정책 측면에서 그 모델의 가치는 별로 명확하지 않은 것으로 판명되었다. 노턴(Norton)과 리(Rhee)는 모의실험을 실행하여, 장기적인 요소들은 상수로 두고, 단기적인 정책 변화의 영향을 정확히 보여주려고 했다. 그들의 모델은 수입 석유의 가격 상승은 물가상승을 증가시킬 것이며; 수출을 5% 줄이는 것은 국내총생산(GDP)을 감소시키고 물가상승을 증가시킬 것이며; 화폐 공급의 증가를 둔화시키는 것은 약간 더 높은 물가상승을 초래할 것이라고 보여 주었다. 이러한 연구결과들은 다소 놀라웠다. 많은 경제학자들은 수출을 줄이는 것이 물가상승을 증가시키는 것이 아니라 감소시킬 것이라고 주장한다. 그리고 대부분의 경제학자들은 유가 상승을 인플레이션으로 간주하지만, 둔화된 통화팽창에 대해서도 똑같이 생각하는 경제학자들은 거의 없다. 노턴-리(Norton–Rhee)의 모델은 아마도 실질적 정책 관련성을 훼손시킨 채 통계적 적합도를 강조하는 형식주의적 접근방법의 함정을 보여주는 것으로 간주될 수도 있다.

해설 1. 본문은 however가 들어있는 세 번째 문장인 "The model's value in policy terms, however, proved less clear-cut."과 마지막 문장의 "The Norton–Rhee model can perhaps be viewed as indicating the pitfalls of a formalist approach that stresses statistical "goodness of fit" at the expense of genuine policy relevance."를 통해 이러한 형식주의적 모델의 한계를 지적하고 있다는 점이 핵심이다. 글의 목적으로 가장 적절한 것은 "to describe the limitations of a formal economic model"이다.

2. 첫 번째 빈칸의 경우 경제 모델이 타당성을 위해 14년간의 한국 경제에 적용해보았다는 것은 '과거 소급하여' 적용하는 것이므로 retrospectively가 적합하다. 또한, (B)의 앞 뒤 문장들을 보면, 이들의 연구결과가 많은 경제학자들의 주장과는 다르다는 것을 알 수 있으므로 (B)의 빈칸에 적절한 표현은 startling이다.

어휘 relevance **n** (당면 문제와의) 적절성, 관련성 output **n** 생산량, 산출량 variable **n** 변수 clear-cut **a** 명백한, 명쾌한 simulation **n** 모의실험, 시뮬레이션 constant **n** 상수 **a** 불변의, 일정한 pinpoint **v** 정확히 보여주다, 정확히 찾아내다 Gross Domestic Product 국내총생산 (GDP) inflationary **a** 인플레이션(물가상승)의 monetary growth : 통화팽창 pitfall **n** (눈에 안 띄는) 함정, 위험 formalist approach : 형식주의적 접근방법 goodness of fit : 적합도 retrospectively **ad** 소급하여, 과거로 거슬러 올라가 startle **v** 깜짝 놀라게 하다, 깜짝 놀라다 reflectively **ad** 반성하여; 반사적으로 prospectively **ad** 장래에 관하여 intensively **ad** 집중적으로, 집약적으로

Passage 4

정답 ①

해석 의심할 여지없이, Benjamin Franklin의 자서전은 오류투성이다. 이 자서전은 특히 끝부분으로 갈수록 매우 난잡하다. 이 자서전은 연속적으로 이어지게 늘어서 쓴 것이 아니라, 몇 년씩 간격을 두고 써진 개별적인 조각들을 서로 덧붙여 놓은 것들이다. 종종 작가는 이전 부분에서 집필한 것을 기억하지 못하기도 한다. 종종 작품은 거만하고 생색을 내는 어조를 취하기도 하지만 겸손의 미덕을 찬양하기도 한다. 그리고 아마도 가장 터무니없는 것은, 역사적으로 가장 중요한 Benjamin Franklin의 생애 일부가 작품에서 완전히 빠져 있다는 것이다. 전쟁이 발발하기 15년 전인 1760년의 사건들에 대한 실질적인 언급이 없다. 그해에 이 자서전은 끝나버린다.

해설 이 지문은 Benjamin Franklin의 자서전에 대한 서평으로 근거를 바탕으로 첫 문장에서 언급한 "오류투성이"라는 점을 일관되게 유지하면서 비판적인 태도를 보이고 있다.

어휘 autography **n** 자서전 be riddled with ~의 투성이이다 muddle **v** 혼합하다; 혼란시키다, 뒤섞어 놓다 egregious **a** 엄청난, 터무니없는, 언어도단의 patronizing **a** 은인인 체하는, 생색을 내는

1. 내용 일치 · 내용 불일치   p43

Passage 1

정답 ③

해석 매우 복잡한 조각들과 세계적인 상징물에 대한 거대한 모사물들로 유명한 하얼빈 국제 빙설제(Harbin International Snow and Ice Festival)가 현재 진행 중이다. 조직위에 따르면, 몇몇 테마존 (zones)으로 구성된 행사 지역은 75만 평방미터에 달한다고 한다. 작품들은 주로 중국의 동화와 만리장성, 이집트의 피라미드와 같은 유명한 지형지물들에서 영감을 얻은 것이다. 조각들 내부가 조명으로 밝혀져서 전체 지역이 동화 나라의 느낌이 나는 야간에 작품을 구경하는 것이 가장 좋다. 하얼빈(Harbin)은 1월의 낮 기온이 섭씨 영하 12–23도에 이를 정도로 매우 추운 도시이다. 그럼에도 불구하고, 많은 관광객들이 하얼빈(Harbin)에서 이 장엄한 축제를 즐긴다.

해설 본문 말미의 "Harbin is a bitingly cold city ~. Nevertheless, a lot of tourists enjoy this magnificent festival in Harbin."의 내용에서 ③의 표현은 본문과 일치하지 않는다.

어휘 intricate ⓐ 복잡한; 난해한 replica ⓝ 원작의 모사; 복사품, 복제품 landmark ⓝ 주요 지형지물, 역사적인 건물(장소); 획기적인 사건 bitingly ⓐⓓ 쏘는 것 같이; 날카롭게; 신랄하게 magnificent ⓐ 장엄한, 장대한; 훌륭한, 격조 높은 reminiscent ⓐ 상기시키는, 회상하게 하는 exquisite ⓐ 더없이 훌륭한, 아주 아름다운; 정교한; 우아한

Passage 2

정답 1. ①   2. ④   3. ③

해석 우리는 가끔 일반적인 지적 능력은 평균보다 훨씬 낮지만 특정 분야에서의 재능은 매우 뛰어난 사람들을 관찰하게 된다. 그들은 흔히 "서번트(savant)"라고 불린다. 서번트의 흥미로운 예로 '언어 서번트'가 있다. 크리스토퍼(Christopher)는 일반 지능이 낮아서 일상적인 일을 하는데 많은 어려움을 겪었다. 그는 심지어 셔츠의 단추를 잠그거나 청소기로 카펫을 청소할 때에도 도움이 필요했다. 하지만 그가 정말 잘하는 한 가지가 있었다; 그는 10개 이상의 언어를 말하고 쓸 줄 알았다. 그는 언어 선생님이나 어떤 전문가들에게서 이 언어들을 배운 적이 없었다. 오히려 그는 혼자 문법책을 읽는 것과 같이, 자신의 방식으로 이 언어들을 습득했다. 낮은 지능과 뛰어난 언어적 능력 사이의 부조화를 어떻게 조화시킬 수 있을까? 하나의 가능성은 언어적 능력이 일반 지능과 무관하다고 추정하는 것인 것 같다. 다른 말로 하면, 언어적 능력은 일반적인 지적 능력을 반영하지도, 전제로 하지도 않는다. 사실, 일부 언어학자와 심리학자들이 이미 그러한 추정을 하고 있었다. 그러나, 지금까지는 언어 서번트가 엄청난 재능을 지니게 하는 것이 무엇인지에 관해서는 알려진 바가 거의 없다. 진실을 알아내기 위해서 서번트의 능력에 대해 많은 조사가 필요할 것이다.

해설 1. 언어적 능력과 일반 지능이 서로 무관하다는 사실에 대한 학자들의 추정이 제시되어 왔음에도 이에 대해 알려진 바가 거의 없다는 내용이 이어지므로 역접의 접속부사인 However가 적절하다.
2. 서번트의 언어적 능력과 낮은 지능 사이의 관계를 다루는 글이다. ④가 적절하다.
3. "Rather, he acquired them in his own way, like reading grammar books by himself."에서 ③의 내용을 파악할 수 있다.

어휘 extraordinary ⓐ 비상한, 대단한, 보통이 아닌 savant ⓝ 학자, 석학; 서번트(전반적으로는 정상인보다 지적 능력이 떨어지나 특정 분야에 대해서만은 비범한 능력을 보이는 사람) routine ⓐ 일상의, 판에 박힌 superb ⓐ 뛰어난, 훌륭한, 멋진 linguist ⓝ 언어학자 faculty ⓝ (기관·정신의) 능력, 재능 nonverbal ⓐ 비언어적인; 말이 서투른

Passage 3

정답 ③

해석 직장 생활을 하는 엄마들을 위한 격려의 한 마디는 다음과 같다: 아이가 없는 동료들보다 당신이 실제로 더 생산적입니다. 30년간의 직장 생활 동안, 엄마들은 경쟁의 거의 모든 단계에서 자녀가 없는 여성들보다 더 우수한 성과를 냈다. 사실, 적어도 두 명의 자녀를 둔 엄마들이 가장 생산적이었다. 연구자들(그런데 모두 남성

이었음)이 어떻게 그런 결과를 제시했는지 여기서 밝히겠다: 그들은 자녀를 갖는 것이 고도로 숙련된 여성들에게 미치는 영향을 이해하고 싶었지만, 그들의 연구는 보통 수량화하기가 힘들다. 외과 의사나 프로젝트 매니저의 생산성을 어떻게 산정할까? 그들은 10,000명이 넘는 학계 경제학자들이 발표한 연구량을 업무성과의 대용물로서 분석하기로 결정했다. 학계라는 상아탑 안에서의 업무는 당연히 더 수준 높은 교육을 필요로 하며, 그들의 일은 쉽게 검색되고, 기록되며, 순위가 매겨진다.

해설 실험의 구체적 대상에 대한 언급이 있는 마지막 문장인 "A job in the ivory tower of academia requires higher education by definition, and their work is easily searched, recorded and ranked."을 통해서 고등교육을 필요로 하는 대학교육 기관의 일자리에 종사하는 사람이므로 '업무가 학계와 관련이 없는 여성들은 포함하지 않았다'고 한 ③은 지문의 내용과 일치한다.

어휘 peer ⁿ 동료, 또래 outperform ᵛ ∼보다 더 나은 성과를 내다, 능가하다 at ∼ stage of the game ∼의 단계에서 come up with 제시하다, 제안하다; 생산하다 by the way 그런데 quantify ᵛ 수량화하다 proxy ⁿ 대용물; 대리인; 대리권 ivory tower 상아탑 (현실을 떠난 장소나 상태; 특히 대학) academia ⁿ 학계 by definition 당연히; 정의상, 의미상 irrelevant ᵃ 관련이 없는 be comprised of ∼로 구성되다

Passage 4

정답 ①

해석 23년 동안, 메릴랜드(Maryland)주의 가족들과 수천 명의 방문객들이 체서피크만(Chesapeake Bay)다리에 모여 해마다 열리는 봄맞이 의식에 참가하고 있다. 단 하루만 — 올해는 5월 4일에 — 다리의 동쪽으로 향하는 경간(지주 사이의 거리)이 보행자들에게만 개방되며, 모든 연령대의 보행자들에게 4.3마일의 멋진 길을 거닐 수 있게 해 준다. 좋은 경치를 구경하며 산책하는 데는 약 1시간 30분이 걸리지만, 대부분의 가족들은 지나가는 배들을 구경하기 위해 시간을 내어 다리 위에서 소풍을 즐긴다. 보행자들은 오전 9시에서 오후 2시 사이에 산책을 시작할 수 있다. 유모차는 허용하지만, 애완동물이나 인라인 스케이트는 집에 두고 오세요. 산책은 무료지만, 교통 당국은 가족들을 출발지점으로 다시 데려다줄 셔틀버스의 비용을 충당하기 위해 1인당 1달러의 기부를 요청하고 있다.

해설 다섯 번째 문장 "Baby strollers are welcome, but please leave your pets and in-line skates at home."에서 ①은 지문의 내용과 일치하지 않는다.

어휘 rite ⁿ 의식, 의례 eastbound ᵃ 동쪽으로 이동하는, 동쪽으로 향하는 span ⁿ (다리) 경간(지주 사이의 거리) stroll ⁿ 거닐다, 산책하다 magnificent ᵃ 훌륭한, 웅장한 scenic ᵃ 경치 좋은 take time out for ∼하기 위해 시간을 내다 baby stroller ⁿ 유모차

Passage 5

정답 ①

해석 나는 처음에는 이것이 참가자들 각자에 대한 개별적 분석이 되기를 의도했지만, 그 대화 자체가 이것을 불가능하게 했다. 뉴욕 시민이 아닌 참가자들은 그 대화를 성격상 "뉴욕"답다고 인식했던 것으로 판명되었으며, 그들은 자신에게 맞지 않는 곳에 와있다고 느꼈다. 참가한 뉴욕 시민들은 이야기할 때 말하는 사람들의 순서 사이에 더 짧은 멈춤을 기대하는 경향이 있기 때문에, 뉴욕 시민이 아닌 사람들은 더 빠르게 말하는 사람이 이야기를 시작하기 전에 무언가를 말하느라 더 어려움을 겪었다. 더욱이, 뉴욕 시민들은 대화가 이 화제에서 저 화제로 어떻게 진행되는지에 대해 서로 다른 생각을 가지고 있었기 때문에, 뉴욕 시민이 아닌 사람들은 종종 무엇이 적절한 말인지 혹은 다른 사람들의 말에서 무엇이 적절한지에 대해 혼란스러워했다. 그러므로 이 책은 결국, 내가 "높은 몰두" 스타일이라고 부르는 한 가지 스타일에 대한 연구로 끝나게 되었는데, 그것은 뉴욕 출신의 화자들을, 내가 "높은 배려"라고 부르는 뉴욕 출신이 아닌 사람들의 스타일과 대조적인 특성으로 나타내는 경향이 있었다. (비록 참가자들의 스타일의 여러 측면들이 그들을 이렇게 분류하는 것을 정당화해주지만, 각 화자의 스타일은 독특하다는 점: 이 연구에 참여한 뉴욕 출신 화자들과 스타일이 매우 다른 뉴욕 사람들도 많이 있었고, 뉴욕 출신이 아니지만 스타일이 뉴욕 사람들과 비슷한 사람들도 많이 있었다는 점은 다시 한 번 기억하세요)

해설 "Because the New Yorkers present tended to expect shorter pauses between speakers' turns at talk ~" 부분에서 뉴욕 사람은 대화를 빠르게 진행하는 경향이 있음을 파악할 수 있다. 따라서 ①이 지문의 내용과 일치한다.

어휘 out of one's element 자신에게 맞지 않는; 뜻대로 할 수 없는 pause ⓝ 멈춤, 휴지 bear ~ in mind ~을 명심하다, 유념하다 interrupt ⓥ (말·행동을) 중간에 끊다, 방해하다

Passage 6

정답 1. ② 2. ④

해석 당신은 Angel Guardian Services에 연결되셨습니다. 저희 사무실은 현재 문을 닫았습니다. 정규 근무시간은 월~금요일에는 오전 8시부터 오후 6시까지이며, 주말에는 오후 8시에서 오전 2시까지 야간 근무를 합니다. 만약 응급상황에 처한 24시간 연중무휴 서비스 회원이시라면, 555-3455 응급전화를 이용하십시오. 555-3455는 즉시 도움을 받아야 하는 경우에 해당되며, 근무 중인(제복을 입은) 직원이 즉각 파견될 것입니다. 상품과 서비스에 관한 세부사항이 적힌 소책자를 주문하시려면, 1번 버튼을 눌러주십시오. 무료 상담을 예약하시려면 2번 버튼을 눌러주십시오. 청구서 문의는 3번 버튼을 눌러주십시오. 순찰 차량의 경로와 현재 위치를 확인하시려면 4번 버튼을 눌러 주십시오. 주거 및 상업용 인공지능 알람과 적외선 센서에 대한 이번 달 50% 할인 행사를 포함하여, 파격적인 제안에 관해 들으시려면, 5번 버튼을 눌러 주세요. 다시 들으시려면 6번 버튼을 눌러 주세요.

해설 1. 회사명이 Angel Guardian Services라는 점과 "To check the route and current location of one of our security patrols, please press 4. To hear about our fantastic offers, including this month's 50 percent discount on all AI alarms and infra-red sensors for residential and commercial use, please press 5. To hear these options again, please press 6."에 해당하는 본문을 통해서 보안 전문 업체 (security company)임을 파악할 수 있다.

2. "To hear about our fantastic offers, including this month's 50 percent discount on all AI alarms and infrared sensors for residential and commer-cial use, please press 5. To hear these options again, please press 6." 부분을 통해서 이번 달에는 인공지능 알람과 적외선 센서를 50% 할인해 주고 있다는 내용이 언급되고 있으므로 무료로 적외선 센서를 얻을 수 있다는 ④는 본문과 일치하지 않는다.

어휘 currently 〔ad〕 현재; 일반적으로, 널리 assis-tance ⓝ 원조, 도움 dispatch ⓥ 파견하다, 보내다 brochure ⓝ 소책자, 팸플릿 consultation ⓝ 상담 infrared 〔a〕 적외선의 discount ⓝ 할인 residen-tial 〔a〕 주거의

Passage 7

정답 ③

해석 포유류나 조류와는 달리, 뱀은 음식을 소화함으로써 몸의 열을 발생시키지 못한다. 그들은 체온을 유지하기 위해 태양과 같은 외부 열원에 의존해야 한다. 온도조절은 뱀이 음식을 소화하거나 암컷의 경우에는 번식할 때 특히 중요하다. 많은 뱀들은 소화 과정을 가속화하기 위해 많은 음식을 먹은 후 햇볕을 쬐는 시간을 늘린다. 열을 보존하기 위해 뱀은 단단하게 몸을 감싸고, 그래서 그들의 피부의 일부만이 차가운 공기에 노출된다.

해설 본문의 첫 번째 문장인 "Unlike mammals and birds, snakes cannot generate body heat through the digestion of food."에서 뱀은 음식을 통해서 몸의 체온을 낼 수 없다고 했다. 따라서 ③번이 지문의 내용과 일치하지 않는다.

어휘 digestion ⓝ 소화, 소화력 bask ⓥ (햇볕·불을) 쬐다 coil up 감다

Passage 8

정답 1. ④ 2. ②

해석 고대 로마에는 귀족과 평민이라는 각기 다른 두 부류의 시민들이 있었다. 그들의 가치는 서로 상반되어, 종종 상호 간의 충돌을 일으키기도 했다. 귀족들은 특권 계층을 구성하는 반면, 권리를 거의 지니지 못한 보통의 로마시민들은 평민으로 분류되었다. 이러한 구분은 B.C. 6세기 초 로마 공화정 초기에 확립 되어졌다.

귀족들은 시민 사무실과 종교 사무실을 가지고 있었으며, 대부분 부유한 지주로서 사치스러운 생활을 했다. 이와 반대로, 평민들은 비록 로마시민의 다수를 구성하고 있었지만 많은 역할에서 배제되었다. 어떤 정치적 권리도 가지지 못하면서도 그들은 귀족 정부에 세금을 내야만 했다. 그들은 호민관을 제외하고는, 공적인 사무실을 열 수도 없었으며, 귀족과 결혼하는 것도 금지되어 있었다. 이러한 상황의 결과로 두 계층 사이에는 (계층 간의) 이동성이 거의 없었다. 하지만, B.C. 3세기경, 평민들이 더 많은 권리와 영향력을 얻게 되고, 귀족들이 힘을 잃게 되면서, 두 계층이 서로 섞이기 시작했다.

해설 1. (A)의 경우, 로마 귀족과 평민의 대조적 내용을 연결하는 단어를 고르면 된다. (B)의 경우 두 계층 사이의 결혼을 금지했다는 내용으로 보아, 두 계층 간의 이동은 거의 드물었을 것을 파악할 수 있다.
2. "They were required to pay taxes to the patrician government, despite having no political rights"에서 정치적 영향력을 없지만, 귀족으로 구성된 정부에 세금을 내야 했다는 내용이 언급되어 있으므로 ②는 본문과 일치하지 않는다.

어휘 patrician **n** (고 로마의) 귀족 plebeian **n** (고 로마의) 평민, 서민 tribune **n** (고 로마의) 호민관 《평민에서 선출》 mobility **n** 가동성, 이동성, 변동성 intermarriage **n** 다른 종족·계급·종교인 사이의 결혼

Passage 9

정답 1. ② 2. ①

해석 1901년 빅토리아 여왕이 세상을 떠났을 때, 이전 세기의 많은 업적들에 대한 반발이 발생했다; 이것은 빅토리아 시대가 독특한 시대라는 인식을 강화시켰다. 20세기 초 작가들은 자신들을 빅토리아 시대 작가들과 분리하기 위해 고심했다. 그때 대부분의 문학 평론가들은 빅토리아 시대 전임자들을 다소 터무니없는 존재로 대하며, 그들의 삶의 방식이 거의 공통점이 없는 거만하고 무관심한 까다로운 사람으로 취급하는 것이 유행이었다. 조지안 왕조 시대의 작가들은 리튼 스트래치가 *Eminent Victorians*에서 했던 것처럼, 지나치게 부푼 빅토리아 시대의 풍선에 구멍을 내는 것에 큰 기쁨을 누렸다. 그들의 재치 있는 서술방식은 빅토리아 시대의 삶과 문학의 뚜렷한 특징을 확인해줄 뿐만 아니라, 그 시대의 지독한 사치에 대한 저자들의 혐오감을 드러낸다. 빅토리아 시대에 대한 조지안 왕조 시대 작가들의 반발은 이제 단지 역사적인 취향의 문제일 뿐이지만, '빅토리아 시대'라는 용어가 오로지 고상하거나 구식인, 경멸적인 의미로 사용되었을 때 그 여파는 여전히 때때로 발생한다. 현대 역사가들과 비평가들은 빅토리아 시대를 우리가 모더니즘과 동일시하는 이슈들과 문제들을 해결하기 위해 고군분투하는 다면적인 사회의 한 예라고 생각한다. 그래서 그 시대를 '빅토리아 시대'라고 부르는 것은 이 시대의 복합적인 측면을 축소시켜준다. 거의 70년이 되는 기간 동안, 우리는 일반화가 동일하게 적용될 것이라고 거의 기대할 수 없다.

해설 1. "Contemporary historians and critics now find the Victorian period an example of a richly multi-faceted society struggling with the issues and problems we identify with modernism. So, to give the period the single designation Victorian _____. So를 중심으로 앞의 내용에 이어지는 순접부연이니 밑줄 친 표현과 관련된 내용이 빈칸에 들어가야 한다. 문맥 상 "복합적인 측면을 축소시켜준다"라고 한 ②번이 정답이다.
2. ①은 본문 말미에 나오는 요지와 반대되는 내용이다. 빅토리아 시대는 다양한 측면을 가진 사회이므로 단적으로 "Victorians were the people who deserve a harsh criticism."라고 표현하는 것은 본문의 요지에 벗어나는 내용이다.

어휘 reaction **n** 반발 achievement **n** 업적 distinct **a** 구별되는, 독특한 fashion **n** 유행 predecessor **n** 전임자 absurd **a** 터무니없는 stuffily **ad** 거만하게 complacent **a** 무관심한 prig **n** 깐깐한 사람 delight **n** 기쁨 puncture **v** 구멍을 내다 overinflated **a** 과하게 부풀어 오른 distaste **n** 혐오, 반감 smothering **a** 숨 막히는 profusion **n** 낭비, 사치 taste **n** 취향 crop up **v** 발생하다, 생겨나다 pejorative **a** 경멸적인 prudish **a** 고상한척 하는 old-fashioned **a** 구식의, 구닥다리의 multi-faceted **a** 다방면의 generalization **n** 일반화 uniformly **ad** 획일적으로 applicable **a** 적용되는 elicit **v** 이끌어내다 sympathetic **a** 공감하는 wipe out **v** 제거하다 consciousness **n** 의식, 인식

정답 1. ① 2. ③

해석 아이슬란드는 그 이름과 북극권에 인접한 위치가 암시하는 것보다 훨씬 더 온화한 기후를 누리고 있다. 멕시코 만류(the Gulf Stream)의 한 지류가 남해안과 서해안을 따라 흐르며, 기후를 크게 온화하게 한다. 하지만, 이것은 온화한 대서양의 공기를 더 차가운 북극의 공기와 접촉하게 하여 잦은 날씨의 변화와 폭풍우를 특징으로 하는 기후를 유발한다. 더욱이, 이것은 그 섬의 북쪽보다 남쪽과 서쪽 지방에 더 많은 비를 오게 한다. 여름 관광 성수기는 5월 말부터 9월 초까지이다. 이 시기 동안, 태양은 24시간 내내 지평선 위에 있으며, 산 위에서의 빛과 그림자의 상호작용 및 용암 평원과 빙하가 계속 변화하는 풍경을 만들어낸다. 겨울은 긴 밤과 심한 겨울 폭풍이 계속된다. 하지만, 얼어붙은 넓은 지역의 고요함과 맑은 밤하늘의 오로라 보리앨리스, 즉 소위 북극광의 현란한 움직임이 점점 더 많은 관광객들을 끌어들인다.

해설 1. 'A branch of the Gulf Stream flows along the southern and the western coasts greatly moderating the climate.'에서 언급됐듯이, '멕시코 만류(the Gulf Stream)'의 한 지류이므로 ①이 정답이다.
2. 아이슬란드는 시기에 따라 다양한 날씨를 가진 곳이므로 "날씨가 매우 변화무쌍하다"는 것을 알 수 있다.

어휘 adjacent **a** ~에 인접한, 근접한 (to) moderate **v** 완화하다 be marked by ~을 특징으로 하다 interplay **n** 상호작용 yield **v** 산출(생산)하다 abode **n** 거주지, 집 serenity **n** 고요함, 화창함 expanse **n** 넓게 트인 공간, 지역 aurora borealis 북극광, 북

2. 특정 정보 파악   p52

Passage 1

정답 1. ③ 2. ②

해석 1967년으로 거슬러 올라가 보면, 스코틀랜드의 발명가 존 쉐퍼드-배런(John Shepherd-Barron)은 현금을 구하는 것이 초콜릿 바를 구하는 것만큼이나 쉬워야 한다고 생각했다. 그는 영국 런던에 있는 Barclays 은행에 있던 최초의 현금인출기, 즉 ATM을 개발한 것으로 인정받는다. 그러나 (현금인출기) 본인임을 보증하는 문제에 어려움이 있었다. 문제를 예방하기 위해, 쉐퍼드-배런(Shepherd-Barron)은 오늘날 우리가 가지고 있는 현금카드의 선행물로서 역할을 한 특별한 종이 수표를 개발했다. 각 수표는 현금인출기에서 예금주만 알고 있는 개인 식별 번호(비밀번호)를 요구하게 했다. 쉐퍼드-배런 (Shepherd-Barron)은 현금인출기가 여섯 자리의 비밀번호를 요구하게 하려고 했지만, 그의 아내가 반대했다. 그녀는 여섯 자리는 너무 길어서 기억하기 어렵다고 생각했고, 그리하여 네 자리의 번호가 표준이 되었다.

해설 1. 최초의 ATM의 인기에 대한 언급은 없다.
2. "Shepherd-Barron thought getting cash should be as easy as getting a chocolate bar"의 본문 첫 번째 문장에서 파악 할 수 있듯이, 현금을 구하는 것이 초콜릿 구하는 것만큼이나 쉬워져야 한다는 말이지 "돈 벌기가 초콜릿 먹기만큼 쉬워 져야 한다"는 다른 의미의 문장이므로 ②은 본문과 일치하지 않는다.

어휘 cheque **n** 수표 (= check) precursor **n** 선행물; 선구자; 선배, 전임자 debit card 현금카드, 직불카드 account holder 예금주 overrule **v** ~에 반대하다, 기각하다, (판결을) 뒤엎다

Passage 2

정답 1. ③ 2. ③

해석 우리는 나의 아버지 레스터 펠턴 주니어(Lester Felten Jr.)가 여섯 살 때 할아버지 레스터(Lester)와 할머니 로리(Lorrie)와 함께 했던 여행의 발자취를 따라가고 있다. 그분들은 뉴저지주에서 갖고 있던 거의 모든 것을 팔아치웠고 서부로의 여행을 위해 중고차에 얼마 안 되지만 실을 수 있는 것은 모두 실었다. 나의 조부모님은 전국적인 대규모 이주 중 하나의 막차를 탄 것으로 드러났다. 우리 대부분은 서부로 간 정착민들을 생각하면, 땅을 찾아가는 농부나 목장주를 상상한다; 우리는 엘도라도를 찾아 냄비로 사금을 채취하고 있는 포티나이너를 상상한다. 그러나 1800년대 후반과 1900년대 초반에 서부로 간 놀랍도록 많은 사람

들은 큰 재산을 노린 것이 아니었다. 그들은 건강을 추구하고 있었다. 그 당시에, 의학은 폐결핵에 대해 실질적인 치료법을 갖고 있지 않았는데, 그것은 전염성의 박테리아 질환이며 이미 많은 다른 사람들이 그랬듯이 할머니도 죽어가고 있었다. 의사들이 제공할 수 있는 최선은 쇠약해진 폐를 회복시켜준다고 하던 로키산맥의 상쾌하게 맑은 공기 또는 사막의 건조한 열기에 관한 이야기였다. 1913년의 한 조사는 엘 패소(El Paso), 덴버(Denver), 콜로라도 스프링스(Colorado Springs), 앨버커키(Albuquerque), 투손(Tucson), 그리고 패서디나(Pasadena)의 주민들 중 절반 이상은, 그들이 혹은 가족 중 누군가가 폐결핵에 걸렸기 때문에 서부로 이주했다는 것을 발견했다.

해설 1. 화자의 조부모가 서부로 이주한 목적은 본문의 다음 문장에 잘 설명이 되어 있다. "They were <u>seeking health</u>. At the time, medicine had <u>no real treatment for tuberculosis, the infectious bacterial disease that was killing my grandmother as it had many others.</u>"에서 알 수 있듯이, 화자의 할머니도 폐결핵으로 인해 죽어가고 있었다고 했으므로 이주의 목적은 ③이다.
2. 빈칸 바로 뒤의 문장인 "When most of us think of settlers heading west, we picture <u>farmers or ranchers looking for land</u>; we imagine <u>gold-panning forty-niners searching for El Dorado.</u>" 부분에서 땅이나 금을 찾아 서부로 몰려간 사람들을 언급하고 있으므로 '대규모 이주'를 뜻하는 ③의 migration이 적합하다.

어휘 retrace ▼ 발자취를 따라가다 secondhand ⓐ 간접의; 중고의 tail end 맨 끝, 맨 뒤 rancher ⓝ 목장주, 농장주 pan ▼ 냄비로 사금을 채취하다 forty-niner ⓝ 포티나이너(1949년 골드러시 때 캘리포니아로 몰려간 사람, 새로 발견된 금광에 몰려간 사람) El Dorado ⓝ 엘도라도 (스페인 사람들이 남미 아마존 연안에 있다고 상상했던 황금의 나라) tuberculosis ⓝ 폐결핵, 결핵 bracing ⓐ 시원하면서 상쾌한 enfeeble ▼ 약화시키다, 쇠약하게 하다 exile ⓝ 망명; 추방; 유배 excursion

Passage 3
정답 1. ④ 2. ①

해석 최근 획기적인 한 조사에서, 특정 음식과 생활방식의 변화가 지방을 저장하도록 하는 유전자의 활성화를 어떻게 방해할 수 있는지 보여줬다. 체중 증가를 초래하는 유전자를 억제하는 몇 가지 주요한 행동이 있다. 먼저, 오전 8시에서 정오 사이에 햇볕을 직접 쬐는 것은 활동 수준이나 칼로리 섭취, 연령과 상관없이 체중 증가의 위험을 줄여준다. 이상하게 보일지도 모르지만, 이것은 사실이다! 아침 햇살은 당신의 신진대사를 발생시키며, 지방 유전자를 약화시킨다. 다음으로, 항생제 사용을 줄여라. 장내 박테리아는 섬유질을 분해하고, 체중 증가와 당뇨병의 유전적 성향을 약화시키는 것을 도와주는 낙산염과 같은 단사슬 지방산 (short chain fatty acids: SCFAs)을 만들어서 지방 유전자를 지속적으로 억제하는 데에 중요한 역할을 한다. 콧물이 날 때마다 항생제를 복용하게 되면 장내 박테리아에 이상이 생겨 지방 유전자를 억제하는 단사슬 지방산 (SCFAs)를 만드는 박테리아의 능력을 약화시키게 된다.

해설 1. 지문에서 체중을 줄이는 방법으로 오전에 햇볕을 쬐고, 항생제 복용을 줄이라는 내용이 언급되고 있으므로, 보기 중 "Going for a morning walk"은 오전 시간에 햇볕을 쬘 수 있으므로 추천할 수 있는 방법 중 하나다.
2. "<u>When we take antibiotics</u> for every sniffle that comes along, we create disorder in our gut bacteria and undermine their ability to create the SCFAs that keep our fat genes in check."의 밑줄 친 부분을 통해 "항생제의 사용을 줄이라"는 내용이 빈칸에 가장 적절하다.

어휘 ground-breaking ⓐ 신기원을 이룬, 획기적인 deactivate ▼ 비활성화시키다; (촉매 등을) 불활성화하다 tamp ▼ 억누르다; 틀어막다; 다져 굳히다 synchronize ▼ 동시에 발생하다, 일치하다 undercut ▼ (충격·효력 등을) 약화하다, 꺾다 gut ⓝ 장; 소화관 keep ~ in check ~을 억제(저지)하다 chomp ▼ (어적어적) 씹다, 물다 butyrate ⓝ 낙산염, 부티르산염 tame ▼ 약하게 하다, 무기력하게 하다, 길들이다

Passage 4
정답 1. ④ 2. ① 3. ②

해석 외양간 올빼미는 올빼미 목 안에서 그들만의 과(科)를 형성할 수 있을 정도로 다른 올빼미들과 해부

학적으로 충분히 다르다. 대부분 올빼미들의 약간 둥근 얼굴 대신 외양간 올빼미는 하트 모양의 얼굴을 가지고 있으며, (대개의 올빼미들에게) 흔히 있는 촘촘한 귀 모양의 깃털이 없다. 일반적 외양간 올빼미는 길이가 12~18인치이며 얼굴은 하얗고, 등은 황갈색과 담황색에, 가슴은 하얗고, 눈은 비교적 작다. 다리는 매우 길고, 발끝까지 깃털로 덮여 있으며, 모든 올빼미들과 마찬가지로 아주 튼튼하고, 날카롭고 강한 굽은 발톱을 갖추고 있다. 외양간 올빼미는 남극을 제외한 모든 대륙에서 텅 빈 나무, 동굴, 건물에 둥지를 짓고 사람들과 가까이 사는 것에 아주 잘 적응해서 어떤 지역에서는 사람이 만든 인공적인 둥지를 더 좋아했기에 자연의 둥지를 버린 것처럼 보인다. 외양간 올빼미는 탁 트인 곳에서 사냥하며 야행성 조류 중에 가장 넓은 서식지를 가지고 있다. 외양간 올빼미는 먹이를 찾기 위해 시력을 이용하지만, 청각 능력이 매우 발달하여 완전히 어두운 곳에서도 작은 포유동물을 사냥할 수 있다.

해설 1. "The common barn owl is from 12 to 18 inches long and has a white face, cinnamon buff back, <u>white breast</u>, and relatively small eyes."에서 "black breast"가 아니라 아님을 알 수 있다.
2. forsake는 '버리다, 포기하다'라는 뜻이다. 이와 유사한 의미는 abandon(버리다, 버리고 떠나다, 그만 두다)이다.
3. "They use their eyesight to locate prey, but <u>their auditory capability is so highly developed</u> that they can hunt small mammals in total darkness."의 밑줄에서 근거를 찾을 수 있다.

어휘 barn owl 외양간 올빼미 (주로 헛간에 둥지를 트는 올빼미의 일종) anatomically **ad** 해부학적으로 merit **v** ~을 받을 만하다, ~할 자격이 있다 family **n** (동식물 분류상의) 과 order **n** (동식물 분류상의) 목 strigiformes **n** 올빼미목 tufted **a** (털·머리카락 등이) 촘촘한 cinnamon **n** 계피; 황갈색 buff **n** 담황색의 (소)가죽; 담황색 claw **n** (동물·새의) 발톱 adapt to ~에 적응하다 forsake **v** 버리다, 그만두다 nocturnal **a** 야행성의 locate **v** ~의 위치를 찾아내다

Passage 5

정답 ①

해석 한 남자가 고속도로를 따라 운전하다가 운송트럭 한 대가 망가진 채 도로변에 서 있는 것을 보았는데, 그 주변에서 25마리의 펭귄들이 뒤뚱거리며 걷고 있었다. 그가 길 한쪽에 차를 대자 그 트럭 운전자가 그에게 "빨리요! 내가 도움을 기다리는 동안 이 새들을 동물원으로 데려가 주세요!"라고 말했다. 그 남자는 동의하고는 펭귄들을 데리고 떠난다. 차량을 수리한 후에, 그 트럭 운전자는 펭귄들이 안전하게 도착했는지 확인하기 위해 동물원으로 향한다. 펭귄들은 흔적도 없다. 트럭 운전자는 겁에 질려 사라진 펭귄들을 찾아 마을을 샅샅이 뒤지기 시작한다. 한 시간 후에 그가 그 지역의 극장을 지나가다가 자신을 도와주었던 그 남자가 아직도 25마리의 펭귄을 뒤에 데리고 극장을 나오는 것을 본다. 트럭 운전자는 "무슨 일이 있었던 거요! 내가 당신한테 동물원에 데려다 주라고 했잖아요!"라고 소리쳤다. 그 남자는 답한다. "데려갔어요. 하지만 남은 돈이 조금 있어서, 펭귄들도 영화를 좀 보여줘야겠다고 생각했어요."

해설 "But I had a little money left over, so I thought I'd take them to a movie too."의 마지막 문장에서 "동물원에 데려다 달라"는 말을 남자는 아이들을 동물원에 데려가서 놀아줬으면 한다는 맥락과 같은 의미로 받아들였다. 그러므로 펭귄들에게 영화를 보여주러 데려갔음을 추론할 수 있다.

어휘 wreck **v** 망가뜨리다, 파괴하다 waddle **v** 뒤뚱뒤뚱 걷다 pull over (길 한쪽으로) 차를 대다 panic **v** 겁에 질려 어찌할 줄 모르다 scour **v** 샅샅이 뒤지다 in tow (사람 등을) 뒤에 데리고

Passage 6

정답 1. ② 2. ④ 3. ③

해석 우리는 차에서 무엇을 바라는가? 이러한 질문을 하면, 나는 많은 대답을 들었다. 그 대답들에는 무엇보다도 우수한 안전등급, 뛰어난 연비, 핸들링, 그리고 코너링 능력 등이 포함되어 있다. 나는 이것들 중 어느 것도 믿지 않는다. 왜냐하면 문화코드의 첫 번째 원칙은 사람들이 진정 의미하는 것이 무엇인지를 이해하는 유일한 효과적인 방법은 그들이 말하는 것을 무시하는 것이기 때문이다. 이 말은 사람들이 일부러 거짓말을 한다거나 자기 생각을 잘못 표현한다는 것을 의미하는 것은 아니다. 그것이 의미하는 것은 사람들은 그들이 관심 있

어 하는 것과 선호하는 것에 대해 직접적인 질문을 받으면, 질문자가 듣고 싶어할 것이라고 믿는 대답을 하는 경향이 있다는 것이다. 다시 말하지만, 이것은 사람들이 사실을 속이려고 의도하기 때문이 아니다. 그것은 사람들이 이러한 질문에 대해 뇌에서 감정이나 본능보다는 지능을 관장하는 부분인 대뇌피질을 사용해 반응하기 때문이다. 그들이 질문에 대해 곰곰이 생각하고, 질문을 정리하며, 답변을 할 때 그것(대답)은 심사숙고의 산물인 것이다. 그들은 자신이 진실을 말하고 있다고 믿는다. 거짓말 탐지기도 이것을 확인해줄 것이다. 그러나 대부분의 경우에, 그들은 자신이 의도하는 바를 말하고 있는 것이 아니다.

해설 1. 네 번째 문장인 "the first principle of the culture code is that the only effective way to understand what people truly mean is to ignore what they say."에서 문화코드의 첫 번째 원칙에 해당하는 것은 ②이다.

2. "It is because people respond to these questions with their cortexes, the parts of their brains that control intelligence rather than emotion or instinct."의 근거를 바탕으로 보기 ④가 정답임을 파악할 수 있다.

3. "They believe they are telling the truth. A lie detector would confirm this. In most cases, however, they aren't saying what they mean."에서 ③은 추론 가능한 내용이다.

어휘 among others 그중에서도, 특히, 무엇보다도 misrepresent ▼ (정보를) 잘못 전하다, 표현하다 mislead ▼ 속이다, 오해시키다, 오도하다, 잘못 인도하다 cortex ▫ (대뇌) 피질 ponder ▼ 곰곰이 생각하다, 숙고하다 deliberation ▫ 심사숙고; 신중함 exploitation ▫ 개발; 착취; 이용 on purpose 의도적으로, 고의로 diachronic ▫ 통시적인 pervert ▼ 왜곡하다, 비뚤어지게 하다

Passage 7

정답 1. ⑤ 2. ⑤ 3. ①

해석 샤머니즘이 번성하는 사회는 규모가 작고, 비교적 자급자족하는 사회 체제이며, 그들은 자신이 그들의 자연 세계에 직접적으로 대항하고 있다고 여긴다. 모든 인간들과 마찬가지로, 그런 집단의 구성원들은 불확실

성의 세계에서 살았다. 우주의 엄청난 힘과의 접촉을 직접 유지할 수 있는 사람, 즉 평상시에 측정되는 질서와 가뭄, 지진 또는 홍수의 재앙들을 모두 이해할 수 있는 사람의 존재는 헤아릴 수 없을 정도로 가치 있었다.
더 복잡한 사회 체계는 초자연적인 것들에 노골적으로 의지하지 않고, 정보를 전달하는 "제도화된" 전문가를 두는 경향이 있다. 그런 사회는 공공연한 수준에서는 무당이 아니라, 성직자와 예언자를 두고 있다. 그러나 무당과 예언자를 나누는 선은 얇다. 예언자는 대개 사회 내에서 무당에게 주어지는 합법성을 누리지 못한다. 그의 목소리는 합법적인 치료자나 철학자의 목소리가 아니라, 황무지에서 울부짖는 목소리이다. 그런 차이에도 불구하고, 예언자는 일종의 무당으로 간주될 수 있으며, 따라서 샤머니즘에 관한 연구는 종교적 전통 속에 있는 일부 모호한 점들을 밝혀준다.

해설 1. 첫 문단에서는 샤머니즘이 번성한 사회와 샤먼(무당)의 역할과 중요성을 서술했다. 두 번째 문단에서는 앞 문단과 다른 이야기인 예언자에 대해서, 그리고 예언자와 무당의 차이점에 대해 언급하고 있으므로, '무당'과 '예언자' 둘 모두를 포함하고 있는 ⑤가 제목으로 적합하다.

2. 샤머니즘이 번성한 원시사회에서는 '우주와 교감'을 하고 '평상시의 질서뿐만 아니라 가뭄 등의 재앙에 대해서도 이해'하고 있는 사람, 즉 샤먼(무당)의 존재가 굉장히 중요했을 것이므로 (A)에서 value를 수식하는 말로는 보기 중에서 incalculable이 적합하다. (B)의 앞서 두 대상의 차이점을 언급하는 듯하나, "Despite the differences, the prophet can be seen as a kind of shaman"의 부분을 통해서 tenuous가 적절함을 알 수 있다.

3. "The prophet usually does not enjoy the legitimacy within his society that is granted the shaman. His is a voice crying in the wilderness, not that of the legitimate curer and philosopher." 부분을 통해서 샤머니즘 사회에서 무당은 굉장히 중요한 인물이지만, 더 복잡한 사회에서 예언자는 합법성을 누리지 못하고 '황무지에서 울부짖는 목소리'를 낼뿐이라고 했으므로 보기 내용 중에서 ①이 가장 적합하다.

어휘 flourish ▼ 번성하다 self-sufficient 자급자족하는 cosmic ▫ 엄청난; 무한한; 우주의 make sense of ~을 이해하다 catastrophe ▫ 재앙, 참사 without recourse to …에 의지하지 않고 institutionalized ⓐ 제도화된, 일상화된 shaman ⓝ 무당, 주술사 overt ⓐ 공공연한, 명시적인 illuminate ⓥ 밝히다, 비추다 obscurity ⓝ 모호한 것, 모호함 estimable ⓐ 존경할 만한; 평가할 수 있는 blurred ⓐ 흐릿한, 희미한 insurmountable ⓐ 극복할 수 없는 fuzzy ⓐ 흐릿한, 애매한 inculpable ⓐ 나무랄 데 없는; 결백한 finely drawn ⓐ 상세하게 그려진 particular ⓐ 특정한; 특별한 stratified ⓐ 계층화된 incalculable ⓐ 헤아릴 수 없는, 막대한 tenuous ⓐ 얇은, 가는; 미약한 demigod ⓝ 반신반인, 신격화된 인간 mortal ⓝ (보통의) 인간 ⓐ 죽을 운명의 mandate ⓝ 권한, 통치권 deity ⓝ 신

단이라고 보는 것이 옳다.

2. equitable은 '공정한, 정당한'이라는 의미로 부의 재분배를 설명하는 맥락이므로 unbiased가 가장 유사한 의미를 담고 있다.

어휘 potlatch ⓝ 포틀래치(미국 북서안 인디언들이 부·권력의 과시로 행하는 겨울 축제의 선물 분배 행사) indigenous ⓐ 토착의, 지역 고유의 province ⓝ 지역, 지방 in lieu of ∼의 대신에(= instead of) equitable ⓐ 공정한, 정당한 proprietorship ⓝ 소유권 ambling ⓐ 느린 걸음의 unbiased ⓐ 편견 없는 astute ⓐ 기민한, 빈틈없는 erudite ⓐ 박식한, 학식이 있는 segregate ⓥ 분리하다, 차별하다

Passage 8

정답 1. ③ 2. ②

해석 포틀래치(potlatch)는 미국과 캐나다 브리티시 컬럼비아 주의 태평양 북서부 지역 토착 사회에서 행해졌던 공식적인 재산 분배 행사다. 이 관습은 통상적으로 공동 주택 또는 넓은 야외 지역에서 행해졌는데, 아이의 출생, 젊은 부부의 결혼, 또는 성공적인 사냥철과 같은 사교적인 행사에 대한 표지로서 수행되었다. 이 관습은 소유권 이전을 기념하는 데 사용되거나, 군사동맹 또는 가족 간의 유대에 대한 공개적인 표시뿐만 아니라 서면 기록을 대신하여 지불을 기록하는 역할을 수행했다. 하지만 포틀래치의 주요 목적은 원래 공동으로 사용하는 환경에서 물질적인 재화에 대한 단독 소유자로서 물건의 주인이 느끼게 되는 정신적인 부담감을 제거하게 함으로써, 공정하고 윤리적인 방식으로, 부족 간의 부를 재분배하는 수단을 제공하는 것이었다.

해설 1. "The primary purpose of the potlatch, however, was to provide a means to re-distribute wealth among the tribe <u>in an equitable and ethical manner, allowing the host to rid himself of the spiritual burden that he felt as the sole owner of material items in an essentially communal environment.</u>"의 본문의 내용에서 밑줄 친 부분을 보면, 특정 물건에 대한 소유자에게 "공정하고, 윤리적 방식으로" 근본적으로 공동으로 사용하는 환경에서 재화에 대한 유일한 소유자라는 부담감을 덜어주는 수단이었다고 했으므로 ③에서 언급하고 있는 "의무적"이라기보다는 윤리적 차원에서 행하는 자발적 수

Passage 9

정답 1. ① 2. ②

해석 오늘날 진보주의자와 보수주의자 사이의 차이는 정부의 목적에 대한 그들의 태도에서 비롯된다. 보수주의자는 정부의 본래의 목적: 즉, 사회질서를 유지하는 것을 지지한다. 그들은 시민들이 질서를 유지하도록 강요할 수 있는 국가의 강압적인 힘을 기꺼이 사용한다. 그러나 그들은 범죄를 규정하고 예방하고 처벌하는 것으로 멈추려 하지 않는다. 그들은 사회관계의 전통적인 유형 — 예를 들면 여성의 가정적인 역할과 학교 및 가족생활에서의 종교의 중요성 등을 보존하고 싶어 하는 경향이 있다. 진보주의자는 보수주의자보다 질서유지를 위해 정부의 힘을 사용할 가능성이 적다. 진보주의자도 정부의 강제력을 사용하는 것을 피하지는 않지만, 그들은 다른 목적: 즉, 평등을 고취하기 위해 그 힘을 사용한다. 그들은 동성애자들에게 고용과 주거 그리고 교육에서 있어서 평등한 대우를 보장하는 법을 지지하고; 민간 기업들이 여성과 소수자들을 고용하고 승진시키도록 강요하는 법을 지지하며; 대중교통이 장애인들에게 평등한 이용권을 제공하도록 요구하는 법을 지지한다. 보수주의자들도 평등에 반대하지는 않지만, 평등을 강요하기 위해 정부의 힘을 사용할 정도로 이를 가치 있게 여겨지는 않는다. 자유주의자에게는 평등을 고취하기 위해 정부의 힘을 사용하는 것이 타당하고도 필요하다.

해설 1. 본문은 진보주의자와 보수주의자의 차이를 설명하고 있는 글이며, 보수주의자들이 가치 있게 여기는 '질서'와 진보주의자들이 가치 있게 여기는 '평등'

의 관점에서 어떤 차이가 있는지 기술하는 글이다.
2. "Conservatives support <u>the original purpose of government: to maintain social order.</u>"에서 ②를 확인할 수 있다.

어휘 liberal **n** 진보주의자 conservative **n** 보수주의자 stem from ~로부터 기인하다 coercive **a** 강압적인, 강제적인 orderly **a** 질서정연한 domestic **a** 국내의; 가정의 shy away from ~을 피하다 enforce **v** 집행하다, 강요하다

Passage 10

정답 1. ④ 2. ① 3. ④

해석 심지어 똑똑한 개도 자신의 발 개수만큼의 숫자 (4이상의 숫자)를 세지는 못할 것이다. 치즈 덩어리 세기 도전에서, 개들은 수리 개념을 가지고 있음을 증명하려고 노력했다. 개들에게는 당혹스럽게도, 일부 늑대들은 정확히 동일한 테스트를 해서 통과했다. 이것은 개들이 사육의 편한 생활로 옮겨가면서 그들이 잃어버리게 된 것에 관한 암시일 수 있다.

프리데리케 레인지(Friederike Range)와 그녀의 동료들은 늑대와 개를 직접 사육한 다음, 인지 연구 프로젝트에 참여하도록 훈련 시켰다. 개과 동물들의 숫자를 세는 능력에 대한 그들의 관심은 전적으로 사소한 것이 아니다. 사실상 약간의 수치 개념은 동물들이 최적의 먹이와 사냥 장소를 선택하는 데 도움이 될 수 있다. 수치 개념은 또한 싸우기 전에 다른 동물이 자신보다 더 큰지 크지 않은지를 인지하는 데에도 도움이 된다. 만약 개들이 숫자에 대한 이해력을 가지고 있다면, 그들은 두 종류의 음식을 판별하여 — 즉, 세 개와 네 개의 개껌 (Milk Bone) 중에서 판별하여 — 더 많은 음식을 선택할 수 있을 것이다. 초기 연구에 따르면, 개들은 이 실험을 통과했지만, 두 가지 음식 더미를 모두 볼 수 있을 때에만 그러했다. 이것은 개가 실제 음식의 양이 아니라, 어떤 음식 더미가 더 많은 공간을 차지하는지를 판별하는 것이라 볼 수 있다. 이를 해결하는 한 가지 방법은 개가 지켜보는 동안 음식을 불투명한 그릇 속에 하나씩 집어넣는 것이다. 개가 숫자를 이해한다면, 어떤 그릇 속에 더 많은 음식이 들어갔는지 알게 될 것이다. 그러나 개가 숫자를 셀 수 없다면, 불투명한 그릇으로 인해 개는 쩔쩔매게 될 것이다. 2013년 연구에서는 개가 이러한 유형의 테스트를 통과하지 못한 것으로 밝혀졌다.

해설 **1.** 글의 도입부의 "This may be a hint about what dogs lost <u>when they moved to a cushy life of domestication.</u>" 문장을 통해서 답의 근거를 찾을 수 있다.
2. "In nature, a little bit of number sense might <u>help animals choose the best food source or hunting spot.</u>"를 통해서 밑줄 친 수치개념의 유용성을 파악할 수 있다.
3. 두 실험의 대조되는 특징을 파악하여 접근해야 한다. 첫 번째 실험에서는 그릇 속 음식의 부피를 보고 많은 음식이 든 그릇을 선택했지만, 두 번째 테스트는 통과하지 못했는데 이는 불투명한 그릇으로 인해 얼마나 많은 음식이 들어있는지 몰랐기 때문이다.

어휘 cushy **a** 편한, 편하게 돈 버는 domestication **n** 길들이기; 사육, 가축화 cognition **n** 인식, 인지 canine **a** 개의, 개와 같은; 개과의 opaque **a** 불투명한 stump **v** (질문 등으로) 쩔쩔매게 하다, 난처하게 하다 occupy **v** (시간·장소 등을) 차지하다

1. 내용 추론   p63

Passage 1

정답 1. ① 2. ①

해석 어느 누구도 미디어 자체가 공격성을 부추긴다고 생각하지는 않는다. 그러나 미시건 대학의 레오나르도 에론(Leonardo Eron)과 로웰 후스만(Rowell Huesmann)은 3학년인 아이들이 성인이 될 때까지 진행한 22년간의 연구에서 향후 보여질 공격성의 유일한 주요 예측변수가 ― 가난, 성적, 한부모 가정 또는 실제 폭력에의 노출보다 ― 어린 시절 TV에서 살인하는 장면을 지나치게 많이 본 것이라는 사실을 밝혀냈다. "물론 모든 아이들이 영향을 받는 것은 아닙니다. 폐암에 걸리는 모든 사람이 담배를 피웠던 것은 아니죠. 그리고 담배를 피우는 모든 사람이 폐암에 걸리는 것도 아닙니다. 하지만 담배 산업에 관여하지 않고 있는 어느 누구도 흡연이 폐암을 야기한다는 사실을 부정하지는 않을 것입니다."라고 에론(Eron)은 말한다. 다수의 가장 효과적인 연구가 아이들을 대상으로 수행되었는데, 왜냐하면 아이들은 가장 영향을 받기 쉬운 대상으로 여겨지기 때문이다. 센터월(Centerwall)이 인용하고 있듯, "청소년이나 성인 시절, (TV의 폭력성에 대한) 이후 노출의 차이점은 추가적인 영향을 일으키지 않는다." 60년대 초반, 스탠포드 대학의 앨버트 밴두러(Albert Bandura)는 아이들이 부모뿐만 아니라 TV에서도 행동을 학습한다는 것을 밝힌 최초의 인물이었다. 심리학자들은 TV의 폭력성이 아이들에게 어떤 영향을 끼치는지를 설명하기 위해 네 가지 학습이론을 사용해 왔다: 아이들은 특히 그 행동에 대해 보상이 주어질 때 자신들이 TV에서 본 것을 모방하는 것을 익힌다; 아이들은 TV의 폭력성에 대한 빈번한 노출로부터 폭력이 정상적인 것이라고 익히게 된다; 아이들은 실제 사람들의 고통에 대해 둔감해진다; 그리고 아이들은 TV 속 이미지에 자극을 받아 폭력적인 반응을 일으키게 된다.

해설 1. 글의 요지인 "TV를 비롯한 미디어의 폭력성이 향후 아이들의 폭력적인 행동에 중대한 영향을 끼치게 된다"는 내용을 가장 잘 반영하는 보기는 "Media can cause copycat crimes."이다. copycat crimes는 "모방 범죄"를 뜻한다.

2. "Much of the most effective research has been done on children because they are considered most _____. As Centerwall puts it, "Later variations in exposure, in adolescence and adulthood, do not exert any additional effect." 중 밑줄 친 부분을 보면 "청소년기와 성인기의 노출의 정도는 추가적인 영향을 주지 못한다"는 내용에서 어린 아이 시기에 가장 "많은 영향을 받는 대상이다"와 같은 맥락의 표현이 들어가야 한다.

어휘 exposure n 노출 a diet of 많은 양 carnage n 살육, 대량 학살 adolescence n 청소년기, 사춘기 desensitize v 둔감하게 만들다; 민감성을 없애다 copycat n 모방 susceptible a 영향을 받기 쉬운; 민감한 immature a 미숙한; 다 자라지 못한 rebellious a 반역하는, 반항적인 influential a 영향을 미치는 aggressive a 침략적인, 공격적인

Passage 2

정답 1. ③ 2. ② 3. ① 4. ②

해석 병든 나무가 고통의 신호를 보내는 소리는 아마 당신이 결코 듣지 못하는 소리일 것이다. 그러나 과학자들로 구성된 한 팀이 그 외침소리를 들었고, 그들은 일부 곤충들 또한 그 나무들의 소리를 들으며 죽어가는 동물에게 끌리는 독수리처럼 그 나무들에게 이끌린다고 생각한다. 연구자들은 미국 농림부 산하의 산림청과 함께 바싹 말라버린 나무껍질에 센서를 부착해 고통소리를 분명하게 들었다. 그 과학자들 중 한 명에 따르면, 가뭄으로 고통 받는 대부분의 나무들은 50~500 킬로헤르츠의 주파수 범위에서 고통소리를 전한다. (기계의) 도움을 받지 않은 사람의 귀는 겨우 20킬로헤르츠의 소리를 감지할 수 있다. 붉은 떡갈나무, 단풍나무, 흰 소나무, 자작나무는 모두 나무 표면에서의 진동 형태로 약간 다른 소리들을 낸다. 과학자들은 나무에 세로로 있는 관내부의 물관이 그 속에 물이 너무 적게 흐르는 것으로 인해 깨질 때 그러한 진동이 만들어진다고 생각한다. 이렇게 파열된 물관이 독특한 진동 패턴을 낸다. 일부 곤충은 초음파 주파수로 소통하기 때문에, 그 나무들의 진동을 감지하고 쇠약한 나무들을 공격한다. 연구자들은 이제 그 소리가 곤충들을 유인하기 위한 것인지 확인하기 위해 물이 없는 화분에 심은 나무로 실험을 하고 있다. "물이 부족한 나무들은 다른 나무들과

는 다른 냄새가 나기도 하고, 온도 변화를 겪어서, 곤충들이 소리 이외의 다른 것에 반응할 수도 있습니다." 라고 한 과학자는 말했다.

(해설) 1. "parched trees", "most drought-stricken", "a result of too little water flowing through them"과 "water-stressed trees"에서 '물 부족'으로 인한 고통임을 파악할 수 있다.
2. "The unaided human ear can detect no more than 20 kilohertz."의 내용을 통해 "사람은 기계의 도움을 받지 않고는 나무의 소리를 들을 수 없다"는 점을 파악할 수 있다.
3. torment는 '고통, 고뇌'의 뜻이므로 유사한 의미로 agony(고통, 괴로움)가 정답이다.
4. 색의 변화와 관련된 내용은 언급이 없다.

(어휘) distress **n** 고통, 괴로움 be drawn to ~에게 이끌리다 vulture **n** 독수리 fasten **v** 매다, 묶다, 고정시키다 bark **n** 나무껍질 parched **a** 바싹 말라버린, 몹시 건조한 stricken **a** 고통 받는, 시달리는 unaided **a** (다른 사람이나 기계의) 도움을 받지 않은 oak **n** 떡갈나무 maple **n** 단풍나무 pine **n** 소나무 birch **n** 자작나무 column **n** 기둥, 기둥 모양의 것 tube **n** 관 length **n** 세로 fracture **v** 파열되다, 골절되다, 부러지다 distinctive **a** 독특한, 구별되는 ultrasonic **a** 초음파의 frequency **n** 주파수 potted **a** 화분에 심은 water-stressed 물이 부족한 thermal **a** 온도의, 열의 circumstance **n** 환경 requisite **n** 필요조건, 필수품 beckon **n** 손짓, 끄덕임

Passage 3

(정답) ④

(해석) 면역체계는 암세포와 싸우는 것에 관한 인체의 1차 방어선이다. 면역체계는 가장 작은 위협들이 위험한 것이 되기 전에 정체를 확인하고 공격할 수 있고, 종양 세포와 인체의 정상 세포를 구분할 수 있으며, 우리의 필수적인 체계를 보호한다. 그러나 면역체계가 항상 성공하는 것은 아니다. 종양 세포는 면역 반응을 피해가며 억제할 수 있는 메커니즘을 갖추고 있고, 종양 세포로 하여금 정상 세포로 가장하여 마구잡이로 성장할 수 있게 한다. 연구자들은 면역체계와 종양이 어떻게 공존하고 있는지를 이해하기 위해 종양의 미세 환경을

들여다보고 있으며, 이것은 암 치료의 미래에 영향을 미치는 데 궁극적으로 도움을 줄 수도 있다.

(해설) 면역체계가 정상적인 상태에서도 종양 세포가 함께 나타난다("how the immune system and tumors coexist")는 내용이므로 "면역체계가 약한 사람과 암 발병률에 관한 관계"는 파악할 수 없다. 따라서 정답은 ④번이다.

(어휘) immune system 면역체계 when it comes to ~에 관해 말하자면 cancerous **a** 암의 tumor **n** 종양 evade **v** 피하다, 모면하다 suppress **v** 진압하다, 억제하다 masquerade **v** 가장하다 without restraint 마음대로, 실컷 microenvironment **n** 미세 환경 coexist **v** 공존하다 inform **v** 알리다; 영향을 미치다

Passage 4

(정답) ①

(해석) 영어 문장은 영어로의 전이 가능성에 따라 함께 엮인 일련의 단어들과는 완전히 다른 것이다. Chomsky의 문장 Colorless green ideas sleep furiously를 기억해 보라. 영어 텍스트에서, green이라는 단어가 colorless라는 단어 다음에 이어질 확률은 분명 제로이다. ideas라는 단어가 green이라는 단어 다음에 이어질 확률도 마찬가지며, sleep이라는 단어가 ideas라는 단어 다음에, furiously라는 단어가 sleep이라는 단어 다음에 이어질 확률도 제로이다. 그럼에도 불구하고 이 단어의 연속은 영어로 잘 구성된 문장이다. 역으로, 가능성의 표를 사용하여 단어 연쇄를 실제로 조립하게 되면, 그 결과로 나타나게 되는 단어 연쇄는 잘 조직화된 문장과 아주 거리가 멀다.

(해설) "Colorless green ideas sleep furiously" 문장은 문법적 응집성의 차원에서는 전혀 문제가 없지만, 의미상으로 어색한 문장이다. 즉, 개연성(probability)의 차원에서 불가능한 improbable이지만, 문법적으로 가능하므로 ①의 "improbable word sequences can be grammatical"이 빈칸에 적절하다.

(어휘) transition **n** 변이, 변천, 추이 well-formed **a** 모양이 좋은; 적격의 probability **n** 개연성, 가능성, 확률 assemble **v** 모으다, 집합시키다 contrive **v** 연구하다; 고안하다

Passage 5

정답 ②

해석 새로운 한 연구에 따르면, 시험관 수정이 3세까지의 발달지체의 원인이 되지는 않는다. 예를 들면, 아이를 낳기 위해 시험관 수정을 이용하는 많은 부부들이 나이가 더 많기 때문에, 다른 요소들이 태아의 발달에 영향을 미칠 수 있다. 연구에 따르면 발달지체가 시험관 수정을 통해 임신된 아이들 사이에서 더 만연한 것은 아니다. 이 새로운 연구는 또한 시험관 수정을 통해 임신된 아이들이 학습 장애, 언어 장애 또는 자폐증과 같은 전적인 발달장애의 위험성이 더 크지 않다고 말한다. 그 연구자들은 발달지체를 갖고 있는 시험관 수정 아이들과 시술 없이 태어난 아이들 사이에서 의미 있는 차이를 발견하지 못했다. 시험관 수정으로 태어난 아이들의 13퍼센트가 발달지체를 갖고 있었으며, 반면 시술 없이 임신된 아이들의 18퍼센트가 발달지체를 갖고 있었다.

해설 ②의 경우, 부모의 심리적 불안감과 시험관 수정 업계 상황의 관계성에 대한 언급은 본문에 없다.

어휘 in vitro fertilization (IVF) 체외수정, 시험관 수정 fetal ⓐ 태아의 conceive ⓥ 임신하다 full-blown ⓐ 완전히 진행된 autism ⓝ 자폐증 neonatal ⓐ 신생아의 perturbation ⓝ (심리적) 동요, 불안 precarious ⓐ 불안정한, 위태로운 germane ⓐ ~와 접한 관련이 있는 (to)

Passage 6

정답 1. ① 2. ① 3. ⑤

해석 중국이 산업화되고 중국인들이 부유해지면서 중국이 거대한 경제 엔진이 된 것을 생각해보라. 사람들이 더 많아진다는 것은 더 커진 시장과 더 많은 노동자들 그리고 상품의 대량생산에 있어서 규모의 효율성을 의미한다. 게다가, 늘어난 인구는 새로운 물질을 찾아내고 여러 가지 일을 하는 새로운 방법들을 발견함으로써 새로운 자원을 창조해내는 독창성과 지능을 신장시킨다. 인간 역사에 관한 이러한 장밋빛 견해의 옹호자인, 경제학자 줄리안 시몬(Julian Simon 1932–1998)은 사람이 "궁극적 자원"이라고 믿었으며 오염, 범죄, 실업, 인구과밀, 생물 종의 멸종 및 어떠한 다른 자원의 한계도 인구 증가와 함께 악화될 것이라는 증거는 없다고 믿었다. 1980년의 유명한 내기에서, 시몬은 『인구 폭탄』(The Population Bomb)의 저자 폴 에를리히에게 10년 내에 더 비싸질 상품 다섯 개를 골라보라고 요구했다. 에를리히는 금속들을 골랐는데 그것들은 실제로는 값이 더 싸졌고, 에를리히는 내기에서 졌다. 많은 개발도상국들의 지도자들은 이런 관점을 공유하고 있으며, 인구증가에 강박증을 갖는 대신에 부자 나라 사람들에 의한 전 세계 자원의 과도한 소비에 초점을 맞춰야 한다고 주장한다.

해설 1. 본문의 요지는 경제학자 줄리안 시몬을 통해 주장하듯 "인구증가가 경제에 부담을 주는 것이 아니라 오히려 여러 가지 이점을 가져올 수 있다"는 내용이다. ②, ③, ④, ⑤에 대해서는 언급된 것이 없다.

2. 빈칸 (A)의 앞 문장과 뒷 문장 모두 인구증가가 가져올 이점을 언급하는 내용이다. 따라서 빈칸 (A)에 들어갈 연결어로는 앞의 내용에 이어지는 '순접추가'의 의미를 가진 Moreover가 적합하다.

3. 인구증가가 경제에 꼭 부담이 되는 것이 아니라 경제적 이점들도 가져올 수 있다는 내용의 글이며, 빈칸 (B) 앞에서 개발도상국 지도자들도 이런 관점을 공유한다고 했으므로, 인구증가라는 문제에 '집착'할 필요가 없다고 표현하는 것이 적합하다. 따라서 빈칸 (B)에는 obsessed가 적합하고, 빈칸 (C)는 '부자 나라 사람들에 의한 세계 자원 소비'를 수식하는 형용사로는 '과도한, 지나친'이라는 의미를 가진 inordinate가 문맥 상 적절하다.

어휘 gigantic ⓐ 거대한 industrialize ⓥ 산업(공업)화되다 affluent ⓐ 부유한 boost ⓥ 북돋우다, 신장시키다 ingenuity ⓝ 독창성, 기발함 ultimate ⓐ 궁극적인, 최종적인; 최고의 moreover ⓐⓓ 더욱이, 게다가 on the other hand 한편, 반면에 therefore ⓐⓓ 그러므로 meanwhile ⓐⓓ 한편 nevertheless ⓐⓓ 그럼에도 불구하고 temperate ⓐ 온건한 overall ⓐ 전반적인 compulsive ⓐ 강박적인; 상습적인 gross ⓐ 총 ~, 전체의 pessimistic ⓐ 비관적인 unnecessary ⓐ 불필요한 apathetic ⓐ 무관심한, 냉담한 elastic ⓐ 탄력 있는, 신축적인 obsessed ⓐ ~에 사로잡힌, 강박관념에 시달리는 inordinate ⓐ 과도한, 지나친

Passage 7

정답 1. ① 2. ④

해석 한편으론, 요즘이 유기농 달걀과 우유 생산자들에게 가장 좋은 시기이다. 그들은 거의 수요를 따라잡을 수가 없다. 유기농 제품의 가격은 높다. 수입이 많이 들어오고 있다. 사업은 확장되고 있다. (B) 그러나 그 확장은 의심, 욕설을 유발하고, 심지어 유기농 "단체" 내부에서의 비밀조사를 야기하고 있는데, 일부 유기농 옹호자들이 이러한 대규모 농장들 중의 일부가 사실은 유기농이 아니라고 믿기 때문이다. (D) 지난 여름에, 코르누코피아(Cornucopia) 협회라고 불리는 한 단체가, 대기업에 의한 유기농 인수로 간주하는 것에 대항해왔는데, 항공 사진사들에게 의뢰하여 9개 서로 다른 주에서 대규모의 유기농 달걀과 우유 업체의 사진들을 수집했다. (A) 코르누코피아(Cornucopia)는 이번 주에 그 사진들 중 여러 장을 온라인에 공개했다. 소에게 좋은 초원을 제공하고 닭이 실외로 나갈 수 있도록 요구하는 유기농 관련 규칙들을 이 농장들이 위반하고 있다는 것을 그 사진들이 보여준다고 그 단체(코르누코피아)는 말한다. (C) 한편, 달걀 생산자들의 사진은 큰 닭장들이 배열되어 있고, 그 사이에는 작은 풀밭이나 맨땅이 있는 것을 보여준다. 몇몇 사진들에서는, 정상적이라면 닭들이 닭장을 나가 바깥에서 돌아다닐 수 있게 해줄 작은 문들이 닫혀 있는 걸로 보이며, 닭이 밖에서 전혀 보이지 않는다.

해설 1. (B)의 지시어 <u>that expansion</u>이 제시문의 마지막 문장의 "Operations are expanding."을 나타내므로 (B)가 먼저 위치하고, 나머지 세 개는 '사진'에 관한 서술에서 단서를 얻을 수 있다. '사진촬영을 의뢰'한 (D)가 먼저 오고, '사진을 공개'한 (A)가 다음에 위치한다. 그리고 '사진의 내용'을 설명하는 (C)로 이어지는 것이 자연스러운 흐름이다.
2. (A)의 두 번째 문장인 "The organization says the images show that <u>these farms are violating organic rules that require good pasture for cows, and access to the outdoors for chickens.</u>"의 밑줄 친 부분으로 보아, ④는 지문 내용과 반대되는 것이다.

어휘 provoke ⓥ 불러일으키다, 유발하다 name-calling ⓝ 욕하기 clandestine ⓐ 비밀의, 은밀한 advocate ⓝ 옹호자, 지지자 institute ⓝ 협회, 기관 takeover ⓝ (기업) 인수 commission ⓥ 의뢰하다,

주문하다 aerial ⓐ 항공의; 항공기에 의한 pasture ⓝ 초원, 목초지 bare dirt 맨땅

Passage 8

정답 1. ④ 2. ② 3. ①

해석 1962년 10월 21일, 뉴욕(New York)의 (시드니 재니스 갤러리 (Sidney Janis Gallery)에서 미국의 미술사를 바꾸어놓은 전시회가 열렸다. 그 전시회는 1960년대를 좌우한 새로운 화가들을 특별히 다루었다. 뉴욕(New York)의 미술 비평가들은 열광했다. 한 저명한 비평가는 이 전시회가 "지진(과 같은)의 힘으로 뉴욕 (New York)의 미술계를 강타"했다고 말했다. 당연히, 상반되는 의견들이 있었다. 그 새로운 화가들은 '천박한 사람들', 심지어는 '간판장이'라고 불리었다. 정반대의 의견들에도 불구하고, 이 화가들은, 스스로를 마르셀 뒤샹(Marcel Duchamp)의 제자들이라며 자랑스러워하면서, 전통적인 순수미술에 대한 반항을 계속했다. 앤디 워홀(Andy Warhol)이 이 운동의 중심에 있었다. 워홀(Warhol)은 순수미술을 평생 동경했지만, 마지막까지 이러한 상업적인 접근법에 충실했다. 그는 '이미 만들어져 있는' 소재를 그림에 사용했으며, 본을 떠서 실크스크린으로 복제했고, 그것들을 통해 대중의 욕구를 보여주었다. 그의 유명한 '캠벨의 수프 통조림 (Campbell's Soup Cans)'은 앤디 워홀(Andy Warhol)의 미학을 가장 잘 표현하고 있다. 예술과 상업이라는 두 단어가 워홀 (Warhol)의 자아를 평생 분열시켰다. 그는 "상업미술은 미술의 다음 단계입니다. 나는 상업 미술가가 되고 싶었습니다. 사업을 잘 한다는 것은 가장 매력적인 유형의 예술입니다."라고 썼다. 그는 자신을 상업 미술가라고 불렀지만, 결코 순수미술에 대한 목마름을 해소하지는 못했다. '워홀리즘(Warholism)'이라는 용어는 그 화가에 대한 세상 사람들의 사랑을 의미하지만, 비평가들은 그의 작품에서 상업주의라는 꼬리표를 떼기를 거부했다. 뉴욕 (New York)의 한 병원에서 홀로 죽음을 맞이한 지 25년이 지났지만, 워홀(Warhol)은 여전히 우리 시대의 가장 논쟁의 여지가 많은 화가들 중 한 명이다.

해설 1. 본문 말미의 "but Warhol remains one of our most controversial artists" 문장에서 ④의 단서를 찾을 수 있다.
2. 빈칸에 이어지는 다음 문장인 "He wrote, 'Busi-

177

ness art is the step that comes after art. I wanted to be a business artist.'"에서 밑줄 친 부분을 통해서 예술과 상업을 모두 추구했음을 파악할 수 있다.
3. (C)의 "비평가들은 그의 작품에서 상업주의라는 꼬리표를 떼기를 거부했다"는 것은 비평가들이 앤디 워홀의 작품의 예술성을 인정하지 않는다는 의미이고, 1960년대에 비평가들을 열광하게 했던 대표적 화가가 예술성을 인정받지 못한다는 점은 "그의 작품이 과소평가되고 있다"는 뜻이다. 그러므로, ①이 정답이다.

어휘 feature ▣ 특집으로 다루다 go crazy 열광하다 renowned ▣ 저명한 contrasting ▣ 대조적인, 대비를 이루는 vulgarist ▣ 천한 사람, 상스러운 사람 polarized ▣ 양극화된 descendant ▣ 후예, 후손; 제자, 문하생 defy ▣ 저항하다, 반항하다 replicate ▣ 모사하다, 복제하다 project ▣ ~을 전하다; ~을 그려내다; 투사(투영)하다 ego ▣ 자아 quench ▣ (갈증을) 풀다, (불을) 끄다 thirst ▣ 목마름, 갈증; 갈망 signify ▣ 의미하다, 뜻하다, 나타내다 rid A of B A에게서 B를 제거하다 commercialism ▣ 상업주의 a quarter century 25년 controversial ▣ 논쟁의 여지가 있는, 논쟁을 일으키는 pioneering ▣ 선구적인 commitment ▣ 전념, 헌신, 몰두 abhorrence ▣ 혐오 underestimate ▣ 과소평가하다 remove ▣ 제거하다 acknowledge ▣ 인정하다 clear A of B A에게서 B를 없애다

Passage 9

정답 1. ④ 2. ③

해석 습관이라는 족쇄는 너무 무거워서 깨뜨릴 수 없을 때까지는 너무 가벼워서 느끼지 못한다. 내 나이대에는 습관들 중 어느 것도 바꿀 수가 없다. 나는 옴짝달싹할 수가 없다. 그러나 당신은 오늘 실천하기로 결심한 습관들을 지금으로부터 20년 후에는 가지게 될 것이다. 그래서 나는 당신이 다른 사람들에게서 존경할만한 습관이나 행동을 보고 그것들을 당신 자신의 것으로 만들기를, 그리고 다른 사람들에게서 다소 비난받을 만한 것이라고 생각하는 것을 보고 그것들을 하지 않을 것이라고 결심하기를 제안한다. 벤 프랭클린(Ben Franklin)은 몇 백 년 전에 그 일을 했으며, 그것은 오늘날에도 여전히 효과가 있다. 만약 당신이 그렇게 한다면, 당신의 모든 힘을 결과물로 전환시킨다는 것을 발견하게 될 것이다.

해설 1. "At my age I can't change any of my habits. I'm stuck. But you will have the habits 20 years from now that you decide to put into practice today."에서 알 수 있듯이 필자는 습관을 고치기에 쉽지 않은 나이인 동시에 20년 후에 좋은 습관을 가질 것에 대한 조언을 하는 입장으로 보면, 나이가 지긋한 사람일 가능성이 높으므로 "his advanced age(노년)"가 적절하다.
2. 습관이라는 것이 나중에는 고치기 어려우므로 젊었을 때부터 좋은 습관을 가지도록 노력하라는 내용의 지문이다. 따라서 이 글의 핵심어(key word)는 습관(habit)이다.

어휘 be stuck 꼼짝 못하다 reprehensible ▣ (도덕적으로) 부끄러운, 비난받을 만한 horsepower ▣ 마력, 힘, 재능 output ▣ 생산량, 산출량; 수확 blooming ▣ 꽃다운, 한창의 adolescence ▣ 사춘기 advanced age 고령, 노년

Passage 10

정답 ③

해석 스마트폰 앱이 미국 아이오와 주의 많은 사람들에게는 곧 공식적인 운전면허증으로서의 역할을 할 것이다. 그 주의 교통부 국장인 폴 트롬비노(Paul Trombino)가, 이번 주에 부서의 예산 청문회에서, "우리는 이런 면에서 정말로 발전하고 있습니다."라고 발표했다. "상황이 진행되는 것을 보면, 우리가 전국 최초가 될지도 모릅니다." 아이오와 주의 공항에서 뿐만 아니라 차량 검문 때도 경찰은 그 새로운 면허를 받아들일 것이다. 신문보도에 따르면, 그는 "그것은 기본적으로 전화기에 있는 면허증입니다."라고 말했다. 조회를 하기 위해서는 개인 비밀번호가 필요할 것이며, 그것이 안전하게 해줄 것이다. 아이오와 주민들은 여전히 전통적인 면허증을 유지할 수 있는 선택권을 가질 것이다. 새로운 앱 면허증은 운전자들에게 추가 비용 없이 2015년에는 이용 가능할 것이다.

해설 "아이오와 주가 전국 최초로 스마트폰 앱이 운전면허증 역할을 할 수 있도록 한다"는 내용이므로 ③이 내용과 일치하는 진술이다. 추론 유형으로 나온 문제이지만, 결국 요지를 찾는 문제이다.

hearing **n** 청문회, 공청회; 공판 traffic stop 차량 검문 PIN number 개인 비밀번호 verification **n** 확인, 조회; 입증, 증명

macy **n** 외교; 외교술 emerge **v** (물 속·어둠 속 등에서) 나오다, 나타나다(= appear) rogue **n** 악한, 불량배, 깡패

---

2. 밑줄 추론   p72

Passage 1

정답 1. ① 2. ③

해석 만약 강대국들이 당분간 핵 억제력으로 인해 그들 사이에서 대규모 전쟁을 피하게 된다면, 일촉즉발의 상황은 강대국들의 주요 관심사가 아닌 지역에서 발생할 것이다. 그곳은 유엔이 실험하고 개발할 수 있는 지역이다. 그렇지 않다면(유엔이 개발하지 못한다면), 확실한 시작이 일어날 수 없다. 최근 한 작가의 글에 따르면, 현재 유엔 기구는 "인류의 의회나 정부가 아니라 국제 외교 기관이다." 유엔이 현재적 한계를 인정하고, 나아가, 나름의 조항과 조건들을 실행에 옮기기 시작할 때, 유엔은 국제 외교 기관(the one)에서 인류의 정부(the other)로의 성장을 기대할 수 있을 것이다. 만약 그 출발이 지금 일어날 수 있다면, 소규모일지라도, 국제적인 정부는 마침내 모습을 드러내게 될 것이다.

해설 1. otherwise는 '그렇지 않다면'의 의미로 앞 문장의 내용을 반대 가정한다. "It is there that the United Nations can experiment and develop."의 내용을 뒤집는 내용이 들어간다. 우선, "there"은 "강대국들의 이해관계상 중요하지 않은 지역"이고, 이후 전개되는 내용과 보기의 내용으로 보아 "유엔 나름의 조항과 조건의 이해"이 유엔의 역할이므로 "강대국들의 이해관계상 중요하지 않은 지역에서 유엔 나름의 조항과 조건들을 이행하지 않는다면"에 해당하는 ①이 otherwise의 뜻으로 적절하다.
2. the one에서 the other로의 성장이라고 했으므로 the one은 국제외교기관을 의미한다. "If a start could be made now — and even if only in miniature — <u>international government might finally emerge</u>."의 밑줄 친 표현을 통해서 the other는 이와 상반되는 유엔의 바람직한 면모인 국제 정부를 의미한다.

어휘 deterrence **n** 단념시킴, 제지, 억제; (핵무기 등에 의한) 전쟁 억제(력) parliament **n** 의회 diplo-

Passage 2

정답 1. ① 2. ②

해석 카드로 운을 점칠 수 있다거나, 손금을 읽을 수 있다거나, 별을 보고 미래를 예측할 수 있다고 믿는 사람들이 여전히 많다. 노르웨이에도 특별한 이런 방식이 있는데 커피 컵을 보고 운을 점치는 것이다. 커피 컵이 비워지면, 대개 커피 찌꺼기의 흔적이 남게 된다. 처음엔 그저 설명하기 힘든 흔적처럼 보이지만, 우리의 상상력에 무한한 자유를 준다면(상상력을 최대한 발휘한다면), 이 흔적들이 어떤 형태나 무늬를 형성한다고들 한다. 만약 그 찌꺼기가 자동차를 닮았다면, 그 컵으로 마신 사람이 장거리 운전을 할 것이라고 의미할 수도 있다. 따라서 '점쟁이'는 정말 예측할 수 없는 것을 예측하려고 애쓰는 것이다. 이것이 모든 형태의 예언의 특징이다.

해설 1. 컵에 남은 커피 찌꺼기에 어떤 형태나 무늬의 의미를 부여하기 위해선 '우리의 상상력'이 필요하다.
2. grounds는 '커피 등의 찌꺼기'를 뜻하므로 '잔재, 찌꺼기'를 뜻하는 dregs가 동의어이다.

어휘 grounds **n** 찌꺼기 indefinable **a** 설명하기 힘든 free rein 무한한 자유, 완전한 자유 minutely **ad** 자세하게, 상세하게, 정밀하게 conjecture **n** 추측 rudiments **n** 기본, 기초

Passage 3

정답 1. ② 2. ④

해석 지그문트 프로이트(Sigmund Freud)가 이 분야에서 작업을 시작했던 시기에, 정신적, 감정적, 행동상의 질환을 연구하고 치료하는 의학으로서의 현대 심리학의 개념이 막 형성되고 있었다. 20세기가 시작될 무렵 프로이트의 치료법과 이론은 문화 규범이 되었다. 오늘날의 대중문화가 성적 충동에 대한 그의 관심을 놀리기도 하지만, 행동은 무의식적 또는 잠재의식적 동기를 지닌다는 그의 견해는 이제 사실로 받아들여지고 있

다. 프로이트는, 아직도 다수의 현대적 치료법에 핵심이 되는, 단순한 대화에 근거한 치료법을 최초로 시도한 주요 인물이었다. 칼 융 (Carl Jung)은 심리학 분야의 형성에 있어 두 번째로 영향력 있는 인물이었다. 콤플렉스에 관한 그의 이론에 대해, 그는 프로이트와 함께 작업을 했지만, 그의 관점이 (프로이트보다) 훨씬 더 폭넓었다. 그는 문화와 종교적 맥락에서 인간을 거의 인류학에 가까운 관점에서 관찰했다. 수준 높은 분석을 통해, 그는 개인적인 질환을 넘어 개인적인 성격 유형을 살펴보았다. 그(칼 융)가 현대에 끼친 영향은 조지프 캠벨(Joseph Campbell)의 보편 신화의 대중화와 치료 수단인 마이어스와 브릭스(Myers–Briggs)의 성격 유형 지표와 같이 서로 전혀 다른, 다양한 분야에서 찾아볼 수 있다.

해설 1. "his idea that behavior has unconscious or subconscious motivations is now accepted as fact"의 밑줄 친 부분을 통해 프로이드는 인간의 행동이 무의식적 또는 잠재의식적 동기를 지닌다는 생각을 했으므로 ②가 정답이 된다.
2. 서로 상이한 분야에서도 칼 융의 현대적인 영향을 발견할 수 있으며, 그 구체적인 예로 조지프 캠벨의 보편 신화이론과 마이어스–브릭스의 성격 유형 지표가 제시되고 있다. 따라서 서로 다르긴 하지만, 두 사람 모두 칼 융의 영향 아래, 서로 관련이 있다는 ④가 정답이 된다.

어휘 subconscious ⓐ 잠재의식적인 exploration ⓝ 탐구, 조사 anthropological ⓐ 인류학의 disparate ⓐ 전혀 다른, 이질적인 therapeutic ⓐ 치료의, 치료법의

Passage 4

정답 1. ① 2. ①

해석 현대 컴퓨터에 있어 이진법의 존재와 작동은 컴퓨터 이용자의 눈에는 보이지 않는다. 개인용 PC는, 음악을 재생하고, 사진을 편집하고, 문서 작업을 하고 금융 회계 작업을 수행하는 등 다양한 기능으로 사용될 수 있다. 유저는 서로 관련 없는 명령어를 각기 다른 소프트웨어 프로그램에 입력함으로써 각각의 이러한 활동들을 수행한다. 하지만 이러한 각각의 응용프로그램들은 컴퓨터에서 기능을 수행하는 데에 동일한 요소를 사용한다. 이를 위해, 각 프로그램의 기능들은 컴퓨터 프로세서, 메모리 그리고 저장 하드웨어에서 사용되는 이진법으로 변환되어야 한다.

해설 1. 첫 문장 "The presence and operation of the binary code in a modern computer <u>are not apparent to the user.</u>"의 밑줄 친 부분을 통해서 ①을 추론할 수 있다.
2. 밑줄 친 the same components는 binary codes를 지칭한다. "the functions of each program must be converted to the binary code used by the computer's processor, memory, and storage hardware."의 부분을 통해서도 파악할 수 있다.

어휘 binary code 컴퓨터 2진 코드 apparent ⓐ 또렷한, 명백한 unrelated ⓐ 관련 없는 command ⓝ (컴퓨터) 명령어; 지휘, 통솔 convert ⓥ 변환시키다, 전환하다 conversion ⓝ 변환, 전환

Passage 5

정답 1. ② 2. ④

해석 황금잔으로 마시든 돌로 된 머그컵으로 마시든, 인생의 맛은 매우 똑같다. 우리가 어디에 있든 간에, 시간(인생)은 똑같이 기쁨과 슬픔이 뒤섞인 것으로 가득하게 된다. 아픔이 있는 마음에게는 브로드 천으로 만든 조끼든 퍼스티언으로 만든 조끼든 마찬가지이며, 벨벳 쿠션 위에 앉아 웃는 것이 나무 의자 위에 앉아 웃는 것보다 더 즐거운 것은 아니다. 종종 나는 천장이 낮은 그런 방 안에서 한숨을 쉬었지만, 그 방을 떠난 후에도 실망이 적어지지도 더 가벼워지지도 않았다. 인생은 서로 상쇄하는 균형 위에서 작동하며, 어떤 방향에서는 행복을 얻고 다른 방향에서는 행복을 잃는다. 재산이 증가할수록, 욕망 또한 증가하며, 우리는 그 둘 사이의 중간쯤에 있는 것이다.

해설 1. (A)의 '돌로 된 머그컵'과 (C)의 '나무 의자' 그리고 (D)의 '천장 낮은 방들'은 "빈곤함"을 의미하는 말이며, (B)의 '브로드 천으로 만든 조끼'는 "부유함"을 상징한다.
2. yet disappointments have come neither less nor lighter since I quit them. Life works upon a compensating balance, and the happiness we gain in one direction we lose in another. As our means increase, so do our desires; and we ever stand midway between (E) <u>the two.</u>

밑줄 친 "the two"는 앞에서 언급된 "수단과 욕망"을 말한다. "수단이 증가하면, 소망도 증가한다"는 말에서 성공을 위한 수단을 높이면, 그에 따른 기대감도 올라가면서 실패할 경우 실망감도 크다는 내용을 지칭한다. 앞서 언급된 한 쪽에서 행복의 만족이 증가하면 다른 한 쪽에선 줄어든다고 한 것과 같은 맥락에서 수단의 증가로 인한 만족이 오히려 기대감의 증가로 실망에 이를 수 있다는 맥락을 보기의 내용을 통해서 파악할 수 있어야 한다. 보기 ③의 "슬픔"은 성공과 관련된 "수단과 욕망"을 적절히 설명하지 못한다.

어휘 quaff ⓥ 벌컥벌컥 마시다 goblet ⓝ 고블렛 (유리나 금속으로 된 포도주잔) laden with ~로 가득한 waistcoat ⓝ 조끼 broadcloth ⓝ 브로드 천 (면·레이온·명주 또는 그것들의 혼방으로 광택이 나는 폭이 넓은 셔츠나 드레스의 옷감) fustian ⓝ 퍼스티언 (과거에 옷감으로 쓰던 두껍고 질긴 면직물) ache ⓥ 아프다 quit ⓥ (살던 곳을) 떠나다 compensate ⓥ 보상하다; 보완하다, 상쇄하다

Passage 6

정답 1. ③ 2. ① 3. ④

해석 수백 년 동안 로마 가톨릭 교회는 종교재판소를 유지했는데, 종교재판소는 일탈적인 생각을 가진 많은 사람들을 사형시켰으며 책을 금지하고 불태웠다; 일부 책들은 심지어 오늘날에도 로마 가톨릭 교회에 의해 금지되어 있다. 이란에서는 호메이니(A. R. Khomeini)가 1989년에 죽기 직전에 살만 루시디(Salman Rushdie)가 쓴 『사탄의 시』(The Satanic Verses)라는 책을 금지시켰고, 모든 신도들에게 그 저자와 출판업자들을 죽이도록 했다. 기독교 국가의 많은 사람들이 이러한 조치에 매우 충격을 받았는데, 기독교 국가들의 종교적 편협성의 역사를 고려하면, 그들이 충격을 받았다는 것이 (오히려) 다소 놀랍다. 몇 번의 예외가 있고, 호메이니(Khomeini)의 조치가 그 예외들 중 하나이지만, 역사적으로 이슬람교는 로마 가톨릭 기독교보다 다른 종교에 대해 더 관대했다. 수십만 명의 목숨을 앗아간 중세의 십자군 전쟁은 이슬람교가 아니라 기독교의 편협성의 산물이었다. 이슬람교인 터키제국에서는 유대교도들도 용인되었으며, 특별세만 내면 그들의 종교를 실천할 수 있었다. 반면에, 일반적으로 더 관대하

다고 여겨지는, 개신교도들조차도 종교적 편협성의 피해자들을 만들어냈다. 개신교 국가들은 지난 수백 년 간 마녀라고 추정되는 사람들을 화형 시켰다. 21세기 초에도, 근본주의적 기독교 설교자들은 해리포터(Harry Potter) 시리즈를 악마의 작품이라고 맹비난했다.

해설 1. 바로 이어지는 내용을 통해 이슬람교가 기독교 타종교에 관대했음을 파악할 수 있다. "In the Muslim Turkish Empire, People of the Book were tolerated and could exercise their religion, as long as they paid a special tax."
2. "For centuries the Roman Catholic Church maintained an (A) Inquisition, which sent many people with deviant ideas to their deaths and banned or burned books"의 밑줄 친 내용을 보면, 이단적 생각을 가진 사람들을 죽이고, 책을 금지하고 태웠다는 내용을 통해서 단순 "심문, 조사"의 의미가 아님을 파악해야 한다. 대문자로 시작하는 Inquisition은 "종교재판(소)"을 의미한다. 따라서 ①의 tribunal과 같은 의미이다.
3. 이란에서 호메이니가 사탄의 시를 금지한 '이유'를 언급한 곳은 없다. 따라서 ④는 지문의 내용과 일치하지 않는다.

어휘 inquisition ⓝ 조사; 심문; (중세시대 가톨릭의) 종교재판(소) deviant ⓐ (표준에서) 벗어난, 일탈적인 in view of ~을 고려하여 Crusade ⓝ 십자군 전쟁 intolerance ⓝ 편협함 tolerate ⓥ 용인하다; 참다 People of the Book 책(구약성서)의 백성들, 유대교도 또는 기독교도 Protestant ⓝ (개)신교도 preacher ⓝ 전도사, 설교자 denounce ⓥ 맹렬히 비난하다 flourish ⓥ 번창하다 tolerant ⓐ 관대한, 아량 있는 tribunal ⓝ 재판소 heresy ⓝ 이단 fanciful ⓐ 상상의, 공상의 vanity ⓝ 자만심, 허심; 헛됨

Passage 7

정답 ③

해석 내가 쓴 글이 나에게 영감을 줄 수 있도록, 그리고 결국 작은 부분들로 전체를 구성할 수 있도록 선택된 경험들을 적어두었다. 마무리되지 않은 그림에 대한 사색이 그 그림의 조화로운 완성을 의미하는 것은 거의 일반적으로 모든 사람들에게 떠오르는 감정과 생각들을 망각으로부터 건져내어 고정시키는 별개의 일이라는

것이 분명하다. 경건하게 그리고 최대한 많이 당신의 가장 고귀한 생각들과 하나가 되어라. 반가운 마음으로 기록해둔 각각의 생각은 미래를 위한 밑천이며, 그 옆에 더 많은 생각들이 모일 것이다. 우연히 모아진 생각들은 더 많은 생각들이 발전하고 드러나는 틀이 된다.

해설 a nest egg는 "미래를 위한 종자돈 내지는 비상금"을 의미한다. 이어지는 "by the side of which more will be laid"를 보면, "그 옆에 더 많은 것이 놓이게 된다"는 내용이 이어지므로 "하나의 생각이 또 다른 생각으로 나타난다"는 ③이 밑줄 친 단어를 가장 잘 표현한 것임을 파악할 수 있다.

어휘 set down ~을 적어두다; 내려놓다 distinct ⓐ 별개의, 구별되는; 분명한, 확실한 oblivion ⓝ 망각, 잊힘 sentiment ⓝ 감정, 정서 more or less 거의 contemplation ⓝ 사색, 숙고, 명상; 묵상 associate with ~와 어울리다; ~와 교제하다, 연합하다 reverently ⓐⓓ 경건(겸손)하게 lofty ⓐ 고귀한, 아주 높은 heretofore ⓐⓓ 지금까지, 여태까지 journal ⓝ 일기(보통 diary보다 문학적인 것), 일지; 신문; 잡지 entry ⓝ 기재 사항; 수록, 기록 manifest ⓥ 드러내다, 나타내다 solicit ⓥ 간청하다; 권유하다(for); 구걸하다

Passage 8

정답 1. ① 2. ④

해석 결혼은 당신에게 가져다준다 — 거의 모든 것에 관해 비난할 사람을. 결혼하기 전, 당신이 침울해질 때, 당신은 "이거야(이게 인생이야?)"라고 스스로 생각한다. 그리고 여기서 "그것(it)"은 인생을 의미한다. 이것이 삶이 제공해야하는 전부인가? 단지 하루가 다른 하루로 이어지는, 똑같이 지루한 일과? 등등. 하지만 결혼을 하고 난 후, 당신은 "이거야(이게 결혼이야?)"라고 스스로 생각한다. 그리고 "그것"은 결혼을 의미한다. 만약 당신의 삶이 단조롭고, 모든 가능성이 결핍되어 있으며, 활기가 없고, 깊이가 없다고 느낀다면, 어쨌든, 당신은 당신의 삶을 비난하지 않는다; 당신은 결혼을 비난한다. 죽을 때까지 당신의 삶을 채워줄 어떤 것으로, 당신의 결혼은 당신의 삶의 상징과도 같은 것이 되며, 당신의 존재의 경계에 대하여 온 힘을 다해 압축된 일종의 플라스틱 단열재와 같은 것이다. 방 그 자체보다는 벽에 덧댄 내장재를 탓하는 것이 훨씬 더 쉽다. 그리고 당신

이 종종 스스로 상기하는 것처럼, 내장재와 외부 경계 사이에는 작은 공간이 있는데, 따라서 그것은 당신을 속여, 만약 당신의 결혼이 끝나는 곳과 당신의 삶이 지속되는 사이의 그 공간 속으로 당신이 비집고 들어갈 수 있다면, 또는 당신이 어떻게든 그 플라스틱 단열재를 무너뜨리고 결혼의 속박에서 벗어난다면, 삶은 갑자기 다시 활기차고 풍요로워지며, 예기치 못하고 신비스러워질 것이라고 생각하도록 한다.

해설 1. 첫 번째 빈칸 다음에는 결혼하기 전 삶에 관한 의문들이 제시되고 있으며, 두 번째 빈칸 다음에는 결혼 이후의 잘못에 대한 탓을 다루고 있다. 따라서 ① life — marriage가 적절한 답이 된다.
2. 문맥 상 플라스틱 단열재는 나의 삶을 둘러 싸고 있는 결혼생활을 의미한다. 이 플라스틱 단열재의 붕괴는 곧 '결혼생활을 종결짓는 것'을 의미한다.

어휘 dreary ⓐ 지루한, 따분한, 울적한; 황량한 monotonous ⓐ 단조로운 devoid ⓐ ~이 전혀 없는, ~이 결여된 static ⓐ 활기가 없는; 정적인, 고정된 two-dimensional ⓐ 깊이가 없는; 2차원의; 평면적인 insulation ⓝ 단열재, 절연체; 분리, 격리 border ⓝ 테두리, 가장자리; 경계, 국경 lining ⓝ 내장; 안감 vibrant ⓐ 활력이 넘치는, (소리가) 울려 퍼지는; 진동하는 spouse ⓝ 배우자 terminate ⓥ 끝내다

Passage 9

정답 1. ② 2. ④

해석 1966년에 에디 아놀드(Eddie Arnold)는 컨트리음악 명예의 전당에 입성하게 되었다. 수많은 히트곡들로 미국 역사상 가장 인기 있는 컨트리음악 가수들 사이에 자리를 잡은 아놀드(Arnold)는 가난에서 벗어나기 위해 자신의 부드러운 목소리를 이용했다. 그의 아버지가 돌아가셨을 때, 가족의 농장은 채권자들에게 넘어갔고 아놀드(Arnold)의 가족은 소작인이 될 수밖에 없었다. 아놀드(Arnold)가 가장 잘 나가는 가수가 되겠다는 평생의 꿈을 달성했을 때에도, 이 시골 소년은 결코 자신의 뿌리와의 연을 끊지 않았다. 비록 연속적인 히트 곡들로 다소 세련된 팬 층을 얻었지만, 그는 언제나 자신을 "테네시(Tennessee)주의 쟁기 끄는 소년"이라고 불렀다. 그의 마음속에서, 성실한 농장 일꾼으로서의 그의 출신배경은 그를 성공한 가수라는 힘든 역할을 감당할 수 있도록 준비시켰던 것이다. 처음부

터, 그는 컨트리음악계에서 대부분의 동시대 가수들과는 다른 모습을 보여주었다. 청바지와 격자무늬 셔츠를 입거나 반짝이 금속 장식 의상을 입고 등장하는 대부분의 컨트리음악 가수들과 달리, 아놀드(Arnold)는 언제나 멋진 의상을 입었다. 2008년 5월에 그가 사망했을 때, 음악계는 로맨틱 발라드의 엄청난 인기가수를 잃었다.

해설 1. 빈칸 뒤에 이어지는 "Unlike most of them who appeared either in jeans and plaid shirts or glittering sequins and spangles, Arnold always dressed in debonair attire."의 내용으로 보아, 대부분의 컨트리음악 가수들과는 의상부터 달랐다는 내용이므로 보기 ②가 적합하다. ex. He cuts a different figure. 그는 다른 모습이다.
2. "Even while gaining a rather sophisticated fan base with his succession of hits, he always referred to himself as the "Tennessee Plowboy." In his mind, his background as a hard-working farm hand prepared him for the demanding role of a successful singer."의 밑줄 친 내용을 통해서 Arnold가 가수로 성공한 이후에도 근면한 시골 출신의 태도와 마음가짐을 잃지 않았다는 것을 유추할 수 있다.

어휘 induction ⓝ 도입; 취임, 입단 sharecropper ⓝ 소작인 sophisticated ⓐ 세련된, 교양 있는 fan base : 팬 층 plowboy ⓝ 쟁기를 멘 소를 모는 소년, 시골 젊은이, 젊은 농부 farm hand 농장 노동자 demanding ⓐ 까다로운; 힘든 plaid ⓝ 격자무늬 천 sequin = spangle ⓝ 스팽글 (옷에 장식으로 붙이는 반짝거리는 얇은 조각) debonair ⓐ 멋진 attire ⓝ 의복, 복장 crooner ⓝ (조용한 사랑 노래를 부르는 남자) 가수 cut a ~ figure ~한 모습이다

Passage 10

정답 1. ③ 2. ②

해석 낮에 졸음이 온다면 수면이 충분하지 않은 것이라고 전문가들은 말한다. 일상적으로 누운지 5분 이내에 잠이 든다면, 아마도 심각한 수면부족 상태일 것이며, 어쩌면 심지어 수면 장애일 수도 있다. 마이크로 수면, 깨어 있는 사람이 아주 짧은 여러 번의 수면을 겪는 것은 수면부족을 나타내는 또 하나의 증거이다. 여러 사례를 보면, 사람들은 자신이 마이크로 수면을 겪고 있다는 것을 알지 못한다. 서양의 산업화 사회에 널리 퍼져있는 "지치도록 일하는" 관행이 너무도 많은 수면부족을 유발해서, 그 결과 정말로 비정상적인 수면이 이젠 거의 일반적인 것이 되어있다. 수면을 박탈당한 사람들은 운전 시뮬레이션 기계를 이용하거나 손과 눈을 맞추는 일을 수행함에 있어 테스트를 해보면, 술에 취한 사람들만큼 잘 못하거나 또는 더 형편없이 못한다. 수면부족은 또한 술이 몸에 미치는 영향을 확대하는데, 그래서 술을 마신 피곤한 사람은 휴식을 잘 취한 사람보다 훨씬 더 건강을 해친다. 졸음은 두뇌가 잠들기 전의 마지막 단계이기 때문에, 졸음이 오는데 운전하는 것은 재앙을 초래할 수 있으며 실제로 종종 재앙을 초래한다. 카페인과 다른 흥분제들도 심한 수면부족의 영향을 극복할 수 없다. 미국 국립수면재단에 의하면 눈의 초점을 유지하기 어렵거나, 하품을 멈출 수 없거나, 또는 지난 몇 마일을 어떻게 운전했는지 기억할 수 없다면, 당신은 십중팔구 너무 졸려서 안전하게 운전할 수 없는 상태일 것이다.

해설 1. 밑줄 친 표현 "burn the candle at the ends"는 "초를 켜야 될 정도로 새벽에 일찍 일어나고 밤에도 초를 켠 채 늦게까지 일하는 것"에서 유래한 표현으로 "무리하게 일하다, 힘을 다 쓰다, 매우 지치다"라는 뜻이다. 또한 앞뒤 문맥을 통해서 ③을 유추할 수 있다.
2. 잠이 충분하지 않은 상태, 즉 수면부족의 징후와 그 위험성을 알려주려는 의도의 글이다.

어휘 drowsy ⓐ 졸리는, 나른한 routinely ⓐⓓ 일상적으로 sleep deprivation 수면부족, 수면박탈 microsleep ⓐ 마이크로 수면 (깨어있을 때의 순간적인 잠) episode ⓝ 1회분 hand-eye coordination 손과 눈의 동작을 일치시키는 능력 (공을 치거나 받을 때) impair ⓥ (가치, 힘, 건강 등을) 해치다, 손상시키다 악화시키다 stimulant ⓝ (커피 등의) 흥분제, 자극제 ardent ⓐ 열렬한, 열정적인 agitation ⓝ 불안, 동요; 시위, 선동적 유세 unrelenting ⓐ 가차 없는; 무자비한, 끊임없는 conflagration ⓝ 큰 불, 대화재

Passage 1

정답 1. ① 2. ①

해석 문화 패턴이 여러 민족들 사이에서 갈라지기 시작했을 때, 우리들 중 그 누구도 존재하지 않았다: 따라서 이러한 차이들이 생긴 원인을 귀속시키는 것은 역사 시대와 역사 이전 시대의 자료에 근거하여 추측하는 문제이다. 로마 제국과 중국 제국 모두 단 하나의 중앙권력으로부터 지배를 받았으며, 그것은 중앙으로부터 명령을 받을 준비가 되어있는 인구(주민)를 전제로 한다. 반면에, 유럽의 게르만 지역은 다른 어느 누구에게서든 명령을 받아들이려 하지 않는 지역 군주의 지배를 받는 작은 부족 집단들로 나뉘어 있었다. 초기 국가의 경험들이 이런 민족들에게 그들의 정치적, 사회적 체제의 존속을 위해 필요한 공통의 정신적 프로그램을 개발하는 데 도움을 주었다는 것은 합리적인 추정인 것 같다. 물론, 이러한 초기 국가의 경험들이 왜 빗나가게 되었는지에 대한 의문은 여전히 남는다.

해설 1. 마지막 문장에서 언급된 의문점(The question)에 대한 설명이 이어질 것을 추론할 수 있다. 이어질 내용으로 가장 적절한 것은 앞서 언급된 "게르만 군소 부족집단"에 관한 정보를 바탕으로 해당 의문점에 대한 접근을 다루는 ①이다.
2. "Both the Roman and the Chinese Empires were ruled from a single power center, which presupposes a population prepared to take orders from the center. The Germanic part of Europe, on the other hand, was divided into small tribal groups under local lords who were not inclined _____."에서 밑줄 친 on the other hand를 중심으로 상반된 내용이 전개된다. 로마와 중국의 경우 중앙집권적 단일 권력을 가졌던 반면, 게르만족으로 구성된 유럽 지역은 "누구에게도 명령을 받으려 하지 않는 경향"이 있다는 내용으로 전개되어야 하므로, ①이 정답이다.

어휘 diverge ☑ 갈라지다, 나뉘다 attribution ⋒ (원인을) 귀착시킴, 귀속시킴 educated ⓐ 경험(지식)에 근거한 speculation ⋒ 추측, 숙고, 성찰 presuppose ☑ 예상하다; 전제로 하다 be inclined to ~하고 싶다, ~하는 경향이 있다 statehood ⋒ 국가의 지위 deviate ☑ 벗어나다, 빗나가다, 일탈하다 quanti-tative ⓐ 양적인, 계량적인 correlated ⓐ 서로 관련된 as follows 다음과 같이 affluence ⋒ 풍요; 부유함 directive ⋒ 지시, 명령

Passage 2

정답 1. ① 2. ③

해석 브래들리 윌슨(Bradley Wilson)은 모든 유형의 동물들에서 단거리 이동을 연구하는 것은 과학자들에게 동물들의 감정적 상태에 관한 새로운 통찰력을 줄 수 있다고 생각했다. 이것이 어떻게 작동하는지를 보여주기 위해 윌슨과 그의 동료들은 매우 다른 두 동물, 즉 코끼리와 인간에게 소형의 가속도계를 부착했다. 과학자들이 동물들의 장거리 이동을 추적하는 일은 흔한 일이다. 예를 들어, GPS와 행동 추적 장치가 새나 장수거리게의 이동을 추적해왔다. 그러나 윌슨은 동물들이 어디로 이동하는지에 대해서는 관심이 없었다. 대신에 그는 단거리 이동이 동물들의 감정이나 다른 내적 상태를 어떻게 드러내는지 알고 싶었다.

먼저, 조사자들은 코끼리를 관찰하면서, 그들의 목덜미에 장착한 가속도계를 사용하여 움직임을 측정했다. 코끼리가 주변을 돌아다닐 때, 관찰자는 그들이 "긍정적인" 이유로 움직이는지, 아니면 "부정적인" 이유로 움직이는지 주목했다. 긍정적인 움직임은 그들이 바라는 어떤 것 — 아마도 약간의 음식이나 뒹굴기에 좋은 진흙더미와 같은 것 — 을 향해 걷는 것을 의미했다. 반대로, 무리 속 힘센 녀석에 의해 쫓겨 다니는 것은 부정적인 움직임이었다. 조사자들은 이러한 정보를 3D 가속도계의 데이터와 결합하자, 긍정적인 상태와 부정적인 상태 동안 코끼리가 이동하는 방식에 현저한 차이가 있음을 발견하게 되었다.

해설 1. 다음 본문의 마지막에서 답의 직접적 근거를 찾을 수 있다. "he wanted to know how their small-scale movements revealed their emotions or other internal states"
2. 글의 도입부에서 제시된 다음 문장의 밑줄 부분을 통해서 두 번째 조사 대상인 인간의 움직임과 내적 상태에 관련된 실험 내용이 이어질 것이라 짐작할 수 있다. "To show how this might work, Wilson and his colleagues put pocket-sized accelerometers on two very different animals: elephants and humans."

어휘 pocket-sized 소형의, 포켓형의 accelerometer ⓝ (항공기·우주선의) 가속도계 migration ⓝ 이주, 이전 giant crab 장수거미게 pile ⓝ 쌓아올린 것, 더미 wallow ⓥ 뒹굴다 chase ⓥ 쫓다, 추적하다 herd ⓝ 짐승의 떼

Passage 3

정답 1. ③ 2. ①

해석 유머를 자아내기 위해 흔히 사용되는 문체적 장치 중 하나는 pun(동음이의어를 사용한 말장난)이다. 가장 넓은 의미에서 pun은 언어구조의 일부 특성들이 관련 없는 두 가지 의미를 동시에 결합하는 말장난의 한 형태이다. 하나의 pun에서 서로 무관한 의미는 종종 개별적인 단어에 해당되는 반면, 많은 pun이 각기 다른 수준의 언어구조에 드러나, 그 형식상 특징들이 꽤나 다양하다. 확실히 pun은 작가가 쌓아 온 문제들 중 중요한 부분인데, 왜냐하면 그것은 절제된 '이중적 의미'가 실제로 언어의 두 요소 사이의 우연한 관련성 속에 자리 잡을 수 있게 해주기 때문이다. 그러나 그것은 우리 모두가 공유할 수 있는 언어적 자원이며, 일상 언어생활로부터 언어의 문학적 사용을 격리시키지 않는 것이 중요하다. pun의 본질은 언어 구조상 서로 무관한 두 요소의 균형을 통해 나타나는 모호성이다.

해설 1. pun의 정의개념을 밝히는 다음 문장에서 힌트를 얻을 수 있다. "In its broadest sense, a pun is a form of word-play in which some feature of linguistic structure simultaneously combines two unrelated meanings."의 밑줄 친 부분에서 확인할 수 있듯이, 관련성이 없는 두 단어의 뜻을 활용한 경우다.
2. 본문은 pun에 대한 개념정의다. 지문에서 충분히 상술되었으므로 다음 단락에는 나오지 않을 것이다. 일반적으로 정의에 해당하는 글은 구체적 예시를 통해 이해를 돕는 경향이 있기에 ②, ③, ④의 내용을 통한 구체적 부연진술이 이어지는 것이 자연스럽다.

어휘 pun ⓝ (다의어·동음이의어를 이용한) 말장난 arsenal ⓝ 무기고; 비축, 비축물 창고 simultaneous ⓐ 동시의, 동시에 일어나는 sequester ⓥ 격리하다, 은퇴시키다 ambiguity ⓝ 모호함, 불명료함 unrelated ⓐ 관계없는; 친족이 아닌

Passage 4

정답 1. ① 2. ③ 3. ②

해석 나에겐 요즘 '나의 지혜를 얻기 위해' 커피 한 잔하자는 요청이 가장 흔한 일이다. 지난달에만 35건 이상의 이메일 요청이 있었는데, 나의 일상적인 사업 운이나 내가 이미 시간을 바치고 있는 멘토링 프로그램과는 무관한 것들이었다. 나는 가능하면 남들에게 도움이 되는 것을 좋아하지만, '예'라고 말하는 것과 '아니요'라고 말하는 것 사이에는 내재적인 갈등이 있다. '예'라고 말하는 것은 친구와 가족뿐만 아니라 나의 시간과 존재, 도움을 필요로 하는, 발전하고 있는 나의 팀으로부터 시간을 빼앗아간다. 실은, 만약 지난달 그 요청들 모두에 '예'라고 말했다면, (각각 30분은 걸릴 것으로 추정하는데 전체) 17시간 이상이 걸렸을 것이다. 그것은 일하는 날마다 거의 한 시간에 해당한다. 하지만, '아니요'라고 말하는 것은 누군가를 도와주고 관계를 쌓을 수 있는 기회를 놓치는 것이며, 설령 이유가 순수하더라도, 무례하다는 인상을 줄 위험이 있다. 말할 필요도 없이, 하기 더 어려운 일이다. 나는 최대한 그 두 가지의 균형을 맞추기로 선택했지만, '아니요'라고 말할 수 있는 가장 좋은 방법을 찾는 것도 시간이 걸린다. 그러니까, 원하지 않는 문의 이메일이 들어올 때 바쁜 전문가는 무엇을 해야 할까?

해설 1. "pick one's brain"은 "~의 지혜를 얻다, 조언을 구하다"라는 의미이다.
2. ③은 보기 내용은 가정법 과거완료가 활용된 "In fact, if I had said yes to all of the requests last month (assuming each takes 30 minutes), it would have taken me over 17 hours."의 내용과는 반대이다.
3. 본문 마지막에서 언급하는 질문인 "So what's a busy professional to do when an inquiry email you don't want to take comes through?"에 대한 답변으로 이어지는 것이 자연스러우므로 ②가 정답이다.

어휘 commit ⓥ (시간·돈을) 쓰다 come off as ~라는 인상을 주다 not to mention ~은 말할 것도 없고 opt for ⓥ 선택하다 nicely ⓐⓓ 정중하게, 멋지게, 다정하게 turn down ⓥ 거절하다, 거부하다 evenly ⓐⓓ 공평하게; 평등하게, 고르게

Passage 5

정답 ③

해석 매년 약 50,000명의 사람들이 이 도시에서 죽는데, 사람들이 더 건강하고 오래 살면서, 매년 사망률은 새로운 최저치를 기록하는 것처럼 보인다. 다수의 고인들은 그들의 죽음을 곧 알고서 눈물을 흘리면서 장례식에 모이는 친척들과 친구들이 있다. 경건한 부고장이 나온다. 조문 카드가 쌓인다. 유명인사가 죽거나 무고한 사람들이 살해당하는 가슴 찢어지는 일이 있으면, 전 도시가 슬피 울 것이다. 그러나 훨씬 더 적은 수의 사람들은 관심을 받지 못하고 몸부림치면서 홀로 죽는다. 심지어 그렇게 쓸쓸한 형태의 죽음도 엄청난 활기를 불러일으킬 수 있다. 때때로, 도중에 한 삶의 비밀들이 밝혀지기도 한다. 여기에 한 이야기가 있다.

해설 본문 마지막 문장인 "Yet <u>a much tinier number die alone in unwatched struggles.</u> Death even in such forlorn form can cause a surprising amount of activity. Sometimes, along the way, <u>a life's secrets are revealed. Here's a story.</u>"의 내용으로 보아 이어질 문단의 내용은 "혼자 죽은 한 사람의 이야기"이다.

어휘 mortality rate 사망률 graze **v** 자주 바꾸다; 방목하다; 간단히 요기하다; 스치다, 스쳐서 벗겨지다; **n** 찰과상 low **n** 최저치, 최저 기록 the deceased 고인(들), 죽은 사람(들) passing **n** 죽음; 합격; 통과, 경과 assemble **v** 모이다 funeral **n** 장례식 reverent **a** 경건한, 공손한 death notice 부고장 sympathy card 조문 카드 accumulate **v** 쌓이다 the celebrated 유명인사, 명사 heart-rending **a** 가슴이 찢어지는[미어지는] the innocent 무고한 사람들, 죄 없는[순진한] 사람들 weep **v** 울다, 비탄하다 tiny **a** 작은 unwatched **a** 주목받지 못하는, 무시된(= neglected) forlorn **a** 쓸쓸한, 버려진, 의지할 데 없는 along the way 도중에

4. 지시 어구   p88

Passage 1

정답 1. ② 2. ②

해석 하카(Haka)는 마오리(Maori)족의 전통적인 전쟁무용이며, 큰소리로 구호를 외치고, 강한 손동작과 발을 구르고, 손바닥으로 허벅지를 때리는 동작 등이 있다. 공연자들은 창, 방패와 곤봉 등 전통적인 무기를 춤에 포함시키기도 한다. 공연자의 사나움 내지 열정을 보여주기 때문에 얼굴표정은 하카공연의 중요한 측면이다. 여성의 경우, 이런 표정에는 눈을 크게 뜨는 동작과 문신이 새겨진 턱을 내미는 동작이 포함된다. 남성의 경우엔, 눈을 크게 뜨고 혀를 내거나 치아를 드러내는 것을 의미한다. 이런 표정들이 위협적이긴 하지만, 그것이 반드시 공격의 표시인 것은 아니며, 단지 마음 깊이 느끼는 강한 감정을 보여주는 것이기도 하다. 하카는 종종 조상들과 그 부족의 역사에 있었던 사건들을 시적으로 묘사한다. 하카는 마오리족의 여러 의식과 축하행사에서 손님들에게 경의를 표하기 위해 그리고 그 행사의 중요성을 보여주기 위해 여전히 사용되고 있다. 그것은 또한 스포츠 경기장에서 상대를 도발하기 위해 사용되고 있다. 만약 하카 공연을 본 적이 있다면, 보기에 무섭다는 점에 당신도 동의할 것이다.

해설 1. (A), (C), (D)는 하카(Haka)를 가리키지만, (B)는 바로 앞 절의 얼굴표정(Facial expressions)을 가리킨다.
2. 세 번째 문장에서 하카는 공연자의 "ferocity or passion"을 보여준다고 했으며, 여섯 번째 문장에서 마음 깊이 느끼는 "strong and deep-felt emotions"을 보여준다고 했으므로 ②의 억눌린 감정(repressed desires)을 표현한다는 말은 내용과 일치하지 않는다.

어휘 chant **v** 구호를 외치다 stamp **v** (발을) 구르다 slap **v** (손바닥으로) 철썩 때리다 incorporate **v** (일부로) 포함하다, 통합시키다 facet **n** 측면 ferocity **n** 사나움, 잔인함 jut **v** 내다, 돌출시키다 chin **n** 턱 bare **v** (신체일부를) 드러내다 intimidate **v** 겁을 주다, 위협하다 behold **v** (바라)보다 unnerve **v** 불안하게 하다

Passage 2

정답 1. ③ 2. ①

해석 중세시대에 여관은 어느 정도까지는 수도원에 의해 보충이 되었지만, 이 수도원들은 대체로 단 두 계층, 즉 아주 부유한 사람들과 아주 가난한 사람들만 손님으로 받아들였다. 수도승들이 감히 부자들을 거부할

수 없었기 때문에 전자는 수도승들이 받아 들였지만, 달갑지 않은 손님들의 과도한 행위에 대해 많은 부자들은 수도승들의 불평거리였다. 그러나 수도원의 문은 가난한 사람에게 항상 열려 있었으며, 가난한 사람은 결코 빈손으로 돌아가지 않았다. 여관은 이러한 두 극단의 계층 사이에 해당하는 사람들이 이용했는데, 이는 여관이 귀족들에게는 너무 초라했으며 가난한 사람들에게는 너무 비쌌기 때문이다. 여관들은 대단하지 않은 신사 계층, 상인, 행상인, 무역상들이 자주 이용했다. (여관의) 대접은 형편없었는데; 한 방에 수많은 침대가 바닥 위에 펼쳐져 있었으며, 각 손님은 원하는 음식을 사서 먹었다.

해설 1. "~ the very rich and the very poor. The first were received by the monks because they did not dare to refuse them."에서 them은 The first에 해당하고, 이는 the very rich이므로 부자에 해당하는 "귀족"이 답이다.
2. "They were frequented by the smaller gentry, merchants, packmen, and other traders."에서 ① 의 근거를 찾을 수 있다.

어휘 inn **n** 여관 supplement **v** 보충하다, 추가하다 to some extent 어느 정도까지(는) monastic **a** 수도승의, 수도원의 as a rule 대체로, 일반적으로 entertain **v** (손님을) 접대하다, 맞이하다 excess **n** 과잉; 도를 넘는 행위 unwelcome **a** 달갑지 않은, 반갑지 않은 monastery **n** 수도원 turn away **v** (들어오지 못하게) 쫓아내다, 돌려보내다, 거부하다 extreme **n** 극단 miserable **a** 비참한, 보잘 것 없는, 초라한 nobility **n** 귀족 frequent **v** ~에 자주 다니다 gentry **n** 상류층, 신사(양반) packman **n** 행상인 trader **n** 무역상

Passage 3

정답 1. ① 2. ③

해석 지능지수, 즉 IQ는 인간의 지능을 평가하기 위해 고안된 몇 개의 표준화된 테스트들 중 하나에서 얻은 점수이다. "IQ"라는 약자는 심리학자 빌리암 슈테른(William Stern)이 Intelligenz-Quotient(지 능계수)라는 독일 용어에서 만든 것인데, 이 용어는 그가 1912년 자신의 저서에서 주장했던 지능 테스트의 점수 산정 방식을 일컫는 용어이다. 현재 통용되고 있는

IQ 테스트를 매길 때, 기본샘플의 원점수의 중간 원점수는 IQ 100으로 규정되고, 각 표준편차(SD) 점수는 위아래로 15점 많거나 적은 것으로 규정된다. 이러한 정의에 의하면, 인구의 대략 3분의 2는 85 내지 115의 IQ 점수를 받으며, 인구의 약 5퍼센트가 125 이상의 IQ 점수를 받는다. 지능지수(IQ)는 학업 성취도, 특수교육, 그리고 업무성과 등의 예측변수로 사용된다. 또한 그것들은 인구내의 IQ 분포 및 IQ와 다른 변수들 사이의 상관관계를 연구하기 위해 사용된다. 많은 (인구) 집단들을 위한 IQ 테스트의 원점수는 20세기 초 이래로 10년마다 평균 3점씩 높아지는 비율로 상승하고 있는데, 플린 효과라고 불리는 현상이다.

해설 1. 두 번째 문장인 "The abbreviation "IQ" was coined by the psychologist William Stern for the German term Intelligenz-Quotient, his term for a scoring method for intelligence tests he advocated in a 1912 book."의 밑줄 친 부분을 보면 빌리암 슈테른이 독일어 용어인 Intelligenz-Quotient에서 두 문자를 따서 약자를 만들었다고 했으므로, 슈테른은 IQ라는 용어를 만든 것일 뿐이지 IQ 테스트를 직접 고안한 것은 아니므로, ①은 지문의 내용과 일치하지 않는다.
2. 플린 효과에 대한 정의가 코마 바로 앞에 전개되어 있다. "Raw scores on IQ tests for many populations have been rising at an average rate that scales to three IQ points per decade since the early 20th century, ~"로 보아 "시간이 흐름에 따라 아이큐가 증가한다"는 내용이므로 ③이 정답이다.

어휘 intelligence quotient 지능지수 derived from ~로부터 얻은, ~에서 추출한 standardized **a** 표준화된 assess **v** 평가하다 abbreviation **n** 약자, 약어, 생략형 coin **v** (새로운 낱말이나 어구를) 만들다 advocate **v** 주장하다; 옹호하다 develop **v** 상세히 풀이하다, 전개하다 median **a** 중간 값의 raw score 원점수, (통계 처리 전의) 실제 점수 norming sample 기본샘플 standard deviation 표준편차 predictor **n** 예측변수 special needs (장애인들에 대한) 특수교육 variable **n** 변수 scale **v** 점점 높아지다; 비례하다; 오르다 **n** (지능·적성 검사의) 측정 척도, 기준

Passage 4

정답 1. ④ 2. ③ 3. ②

해석 내가 만들 수 있는 최고의 이론에 따르면, 인간은 두 가지 서로 다른 독특한 종으로 구성되는데, 돈을 빌리는 사람과 돈을 빌려주는 사람이 바로 그것이다. 고딕족, 켈트족, 백인, 흑인, 황인종과 같은 이 모든 관련 없는 분류들은 이 두 가지 독창적인 분류로 축소될 수 있다. 지구상의 모든 주민들, "파르티아 사람들, 메디아 사람들, 그리고 엘람 사람들"은 여기에 모여 이 두 가지 주된 분류 중 하나에 포함된다. 전자(the men who borrow)의 무한한 우수성은, 내가 위대한 인종이라고 칭할 때 사용하는 방식으로, 그들의 외모나 풍채, 그리고 타고난 군주다움 등에서 식별이 된다. 후자(the men who lend)는 열등하게 태어났다. "그는 그의 형제들을 떠받들게 될 것이다." 이 버려지고, 나약하고 의심 많은 부류의 사람들의 태도 속에는 어떤 것이 존재한다; 개방적이고 신뢰할 수 있으며 관대한 상대방과 대조되는 어떤 것이.

해설 1. 인류를 두 부류로 나누고, 각 부류의 특징을 전자, 후자로 구분하여 설명하고 있다.
2. impertinent는 '① 건방진, 뻔뻔스러운; 버릇없는 ② 적절하지 않은, 관계없는'이라는 두 가지 뜻으로 쓰이는데, 본문에서는 인류에 대한 이전의 분류가 '관계없는, 부적절한' 의미로 쓰이고 있다.
3. their가 지칭하는 것은 "two distinct races, the men who borrow, and the men who lend"의 전자이므로 the men who borrow이다.

어휘 impertinent 적절하지 않은; 무관계한 hither **ad** 여기에, 이쪽으로 designate **v** ~라고 칭하다, 부르다 port **n** 풍채, 외양; 태도 classification **n** 분류 narration **n** 서술, 이야기하기 insolent **a** 뻐기는, 거만한, 무례한(= impudent) inimical **a** 적의가 있는, 사이가 나쁜

Passage 5

정답 1. ④ 2. ④ 3. ⑤

해석 (A) 영국의 석탄 생산이 증가하면서, 땅 속 깊은 곳에서 더욱 바람직한 종류의 석탄을 추출하는 어려움도 커져갔다. (B) 아탄이라 불리는 좀 더 부드러운 "갈탄"은 비교적 수월하게 채굴될 수 있었지만, 많은 불순물들이 포함되어 있어서, 더 넓고 깊은 지하 층에서 채굴되는, 더 단단하고 밀도가 높은 역청탄이나 무연탄과 같은 "흑탄"만큼 많은 열을 발생시키지 못했다. (C) 광부들을 위한 적절한 통풍 장치의 부족, 그리고 가장 단단한 흑탄으로 구성된 두꺼운 지지층이 너무 유용해서 개발되지 않은 채로 그냥 내버려 둘 수가 없어서 파냈기 때문에, 터널과 갱도가 붕괴될 가능성이 커진 것 등을 포함하여, 지표면 아래 깊은 곳에서 작업을 하게 되면서, 새로운 문제점들이 발생하게 되었다. (D) 이에 덧붙여, 통제되지 않으며 불필요한 폭발 사고들도 있었는데, "검은 황금(석유)"을 찾아 갱도 깊은 곳까지 터널을 파고들어가던 광부들에 의해 뜻하지 않게 지하 저수지가 타격을 입어서 지하수가 범람하는 사례가 끊이질 않았다. (E) 갑작스럽고 파괴적인 지하수 범람에 대한 두려움은 다른 모든 채굴 작업의 위험을 능가하여 16세기와 17세기의 영국 광부들이 직면한 가장 곤혹스러운 것이 되었다.

해설 1. 본문의 후반부에서 언급되고 있는 석탄 채굴 작업의 문제점으로 언급되고 있지 않은 보기는 "a scarcity of potable water"이다.
2. 밑줄 친 they는 앞에서 언급된 "as thick supporting columns comprised of the hardest black coal were chiseled away"에서 "thick supporting columns"를 지칭한다.
3. 석탄 채굴과 관련된 가장 곤혹스러운 부분에 대한 언급이 나오는 내용이므로 박스 내용 앞에는 범람의 위험뿐만 아니라, 채굴과 관련된 다른 모든 위험들이 앞서 언급되어야 한다. 석탄 채굴 작업의 문제점이 언급되는 글의 말미 마지막에 위치하는 것이 적절하다.

어휘 lignite **n** 아탄, 갈탄 impurity **n** 불순물; 불결 bituminous **n** 역청탄 anthracite **n** 무연탄 subterranean **a** 지하의 ventilation **n** 통풍 장치; 환기 untapped **a** 미개발의, 이용되지 않은 potable **a** 마시기에 알맞은 devastating **a** 파괴적인, 황폐시키는 deluge **n** 범람, 대홍수; 호우 quandary **n** 곤혹, 당혹; 궁지, 곤경(= dilemma)

1. 빈칸 문제   p95

Passage 1

정답 1. ①   2. ②

해석 어떤 사람은 난민들에게 있어 시장의 부정적 영향을 인정하면서도 여전히 시장의 제도가 해가 되기보다 득이 된다는 결론을 내릴 수도 있다. 하지만 예가 보여주듯, 시장은 단순한 장치가 아니다. 그것은 특정 규범을 체현한다. 시장은 교환되는 재화의 가치를 정하는 특정 방식을 전제로 하며, 촉진시킨다. 종종 경제학자들은 시장은 규제하는 재화에 영향을 미치지 않는다고 생각한다. 하지만 이는 사실이 아니다. 시장은 사회적인 통념에 흔적을 남긴다. 종종 시장의 동기가 비시장적인 동기를 무너뜨리거나 몰아내기도 한다.

해설 1. 시장을 사회 통념에 영향을 미치는 유기적 존재로 설명하고 있으므로, 시장은 "단순히 기계적인 체제"가 아니라는 표현이 들어가는 것이 옳을 것이다.
2. erode는 원뜻이 "부식시키다"라는 의미로 문맥상 "갉아먹는다(eat away)"라는 의미와 유사하다.

어휘 degrading ⓐ 타락시키는, 품위를 낮추는 refugee ⓝ 난민, 망명자, 도피자 scheme ⓝ 계획, 기획, 설계 norm ⓝ 통념, 기준; 규범 crowd out 쳐내다; (장소가 좁아서) 내쫓다 aptitude ⓝ 경향, 습성

Passage 2

정답 ③

해석 비록 지구와 궤도가 교차하는 대략 15%의 소행성이 동반 소행성을 뒤에 데리고 오는 것으로 여겨질지라도, 이중 운석공은 예외적인 정도로 흔하지 않다. "연대를 충분히 추정할 수 있는 두 개의 명확히 인접한 운석공을 갖는 것이 어렵기 때문입니다."라고 Southwest 연구소의 Bill Bottke가 말한다. 오늘날 로크네와 몰링겐이라는 이 두 개의 4억 5,800만 년 된 운석공이 숲과 농장 한가운데 위치해 있다. 둘 중에서 더 큰 로크네는 직경이 약 7.5km이고 그 돌무더기 소행성이 지구와 충돌하면서 만들어졌다. 직경이 단지 0.7km이고 더 작은 동반 소행성에 의해 만들어진 몰링겐은 (로크네로부터) 약 16km 떨어져 있다.

해설 "That's because "getting <u>two distinct nearby craters</u> that are well dated ~"의 밑줄 친 부분과 "Today, <u>these two 458-million-year-old craters</u> — Lockne and Målingen — are set ~"에서도 "이중 운석공"에 관한 것임을 파악할 수 있다.

어휘 binary ⓐ 둘의, 쌍의, 2중의 crater ⓝ 운석공, 운석 구멍; 분화구 exceptionally ⓐⓓ 예외적으로, 특별히, 유난히 roughly ⓐⓓ 대충, 대략; 거칠게 orbit ⓝ 궤도 companion ⓝ 동반성 in tow 뒤에 데리고, 이끌어서 distinct ⓐ 별개의, 다른; 뚜렷한, 명확한 rubble pile asteroid 돌무더기 소행성

Passage 3

정답 ④

해석 세상은 매일 소중한 종(種)들을 잃어가고 있다; 전 세계 생물 다양성의 20~50%가 다음 세기 말이 되기 전에 사라지게 될 것이며, 아이러니한 것은 인간이 이러한 손실에 압도적인 기여를 하게 될 것이라는 점이다. 다음 수십 년 내에 전 세계 인구는 거의 두 배에 달할 것으로 예상된다. 특히 제3세계의 농업 경제에서, 이러한 "인구통계학적 한파" 동안, 공간과 자원에 대한 경쟁이 증가하게 될 것이며, (이로 인한) 피해자는 야생동물들이 될 것이다.

해설 "losing valuable species" 부분으로 보아 "생물의 다양성"이 사라질 것이라고 파악할 수 있다.

어휘 agrarian ⓐ 농업의; 토지의 demographic ⓐ 인구학의 demographic winter 인구통계학적 겨울, 인구한파(선진국의 인구가 감소하고 노령화되는 상황을 설명하는 용어로, 이 지문에서는 제3세계의 상황과 대조되는 역설적인 표현으로 사용됨) diversity ⓝ 다양성, 변화

Passage 4

정답 1. ③   2. ①   3. ②

해석 갈등 이론가들은 한 사회의 지배적인 스포츠 양식은 궁극적으로 금전과 경제적인 능력을 갖춘 사람들

의 이익을 촉진시킨다고 생각한다. 그들의 주장에 따르면, 모든 형태의 스포츠는 사회의 무산자 계급의 정서와 관심을 현실도피적인 관객 동원 행사(스포츠)에 집중시키며, 이는 경제를 바꿀 필요성으로부터 그들의 주의를 돌린다. 사실 스포츠는, 특히 관객 동원 스포츠는 경쟁, 생산, 소비의 자본주의적 가치를 지지하려는 노력 속에서 금전과 경제력을 갖춘 사람들이 조직하고 지원하는 것이다. 따라서 갈등 이론가들은 스포츠를 사회의 진정제로, 부와 경제를 관장하는 사람들의 특권과 지위를 영속시키는 반면, 권력이 없는 사람들 사이에서 일어나게 될 경제적 착취에 대한 인식을 무력화시키는 활동이나 구경거리로 생각한다. 이는 스포츠의 부정적인 결과를 강조하게 되고, 스포츠와 사회 전반에 근본적인 변화가 필요하다는 결론을 이끌게 된다. 갈등 이론가들에 따르면, 이러한 변화의 목표는 인도적이고 창조적인 사회의 발전을 유발하여, 스포츠가 표현과 창의적인 에너지, 신체적인 건강의 원천이 될 수 있게 하는 것이다.

해설 1. 수식어구의 내용은 피수식어구의 내용을 한정하므로 밑줄 친 관계대명사의 내용에 주목하여 답을 유도한다. "Thus, conflict theorists see sport as _____ in society, as activities and spectacles that deaden awareness of economic exploitation among those without power while perpetuating the privilege and position of those who control wealth and the economy." 경제적 착취에 대한 인식을 무마시키는 단어는 "아편이 든 약, 아편"에 해당하는 an opiate이 정답이다.

2. 1번 문제와 같은 맥락에서 갈등이론에서 경제는 자본가로 인해 무산계급은 "경제적 착취"를 당하는 대상이므로 ①의 내용은 본문과의 거리가 멀다.

3. 갈등이론가들의 주장은 "부와 권력을 가진 사람들이 스포츠 산업을 관할하면서, 경제적인 불이익에 대한 무산계급의 관심을 스포츠 쪽으로 돌려놓으려는 자본주의적 의도가 불순하다"는 점이다. 따라서 이런 비판을 통해 스포츠로 돌려진 대중들의 관심을 다시 현실적인 정치 사회 문제로 되돌리려는 것이 갈등이론가들의 주된 목적에 해당될 것이라 추론할 수 있다.

어휘 dominant **a** 지배적인; 유력한, 우세한 spectator **n** 관객, 구경꾼 exploitation **n** 착취; 불법이용; 이용; 개발 perpetuate **v** 영속시키다 humane **a** 인도적인, 인정 있는, 자비로운 premium **n** 포상금; 상(금); 할증 가격; 프리미엄 prompter **n** 격려자,

고무자 opiate **n** 진정제; 아편제; 마취약 cater **v** 요구에 응하다, 만족을 주다; 음식물을 조달하다 populace **n** 대중, 민중, 서민 underprivileged **a** (사회적·경제적으로) 혜택을 받지 못하는, (남보다) 특권이 적은

Passage 5

정답 1. ④ 2. ⑤

해석 시청각 자료의 이용은 오랫동안 언어학습과정에 통합되어 오고 있다. 사실, (배우고자 하는) 목표 언어의 소리를 듣고 자신의 소리를 녹음하는 기술은 1970년대 이후로 언어 수업에서 흔히 이용 가능했다. 그 때 이후로 언어학습에서 이용 가능해진 수많은 혁신과 기술에도 불구하고, 카세트 녹음기가 언어학습에 가장 크게 영향을 준 단일 기술이다. 1990년대 이후로, 스트리밍된 파일로서든 다운로드 할 수 있는 파일로든, 청각 자료는 온라인상에서 쉽게 입수할 수 있게 되었다. 웹 2.0 도구가 도입됨에 따라, 청각(음성)자료는 다른 콘텐츠와 결합되어 개인이나 기관에 의해 유통될 수 있다. '팟캐스트'는 아주 짧은 시간에 그런 전환을 전문적인 것에서 아주 흔한 것으로 만들었다. 팟캐스팅의 진출 및 영향은 광범위하고 지대한 영향을 미쳐왔고, 틀림없이 월드와이드웹(인터넷)보다 훨씬 더 빨랐다. 이러한 영향력은 팟캐스팅의 이용이 연예오락에서부터 정치와 교육에 이르기까지 다양하며 대중의 흥미를 끌 수 있다는 사실 덕분이라고 여겨질 수 있다.

해설 1. 1970년대와 1990년대를 기점으로 각각 언어학습에 도움을 줄 기술이 언급되고 있다. 1970년 이후에는 오디오 자료를 활용하는 기술이 설명되고 있고, 1990년대에는 '웹 2.0 도구의 도입과 함께 팟캐스팅의 등장과 그 영향을 언급하고 있다. 따라서 언어교육에서 시청각 자료의 보급과 팟캐스팅의 영향력을 모두 언급한 ④가 주제로서 가장 적합하다.

2. 첫 번째 빈칸은 other content를 목적어로 취하므로 웹 2.0 도구의 도입으로 인해, 청각 자료가 다른 콘텐츠와 '결합되어(combined with)' 유통된다고 하는 것이 적절하다. 두 번째 빈칸의 경우 that절은 the fact의 내용을 설명해주는 동격절로 팟캐스팅이 이러한 영향력(This impact)을 갖게 된 이유에 대해 설명하고 있다. 따라서 빈칸을 기준으로 앞뒤 내용이 인과관계를 나타내므로, '~덕분으로 여겨지다'라는 의

미의 be attributed to가 적합하다.

어휘 integrate ⓥ 통합시키다 arrival ⓐ 도래 distribute ⓥ 유통시키다 transition ⓝ 전환; 이행 technical ⓐ 전문적인 commonplace ⓐ 아주 흔한 penetration ⓝ (시장) 진출, 침투 wide ranging 광범위한, 폭넓은 far reaching 지대한 영향을 미치는 arguably ⓐ 거의 틀림없이 emergence ⓝ 등장, 출현 prevalence ⓝ 보급, 유행 substantial ⓐ 상당한 liable ⓐ ~하기 쉬운; 영향을 받기 쉬운 attribute A to B A를 B의 탓으로 여기다

Passage 6

정답 1. ③ 2. ④

해석 꾸물거리는 버릇은 비이성적인 두려움 및 자기 비판과 관련이 있다고 말해왔다. 꾸물거리는 사람들은 종종 일을 완수하는 자신의 능력에 대해 확신하지 못한다. 꾸물거리는 사람들의 그러한 비이성적 두려움의 중심에는 무엇이 충분히 완수된 일인가에 대한 적절치 못한 개념이 있다. 실패가 필연적이다: 이는 기준이 너무 높은 것이다. 이러한 실패에 대한 정서적 결과를 피하기 위해, 꾸물거리는 사람들은 일을 시작하기를 미루다가 일이 만족스럽게 완수될 수 없게 된다. 꾸물거리는 사람들에게 그 결말은 이러한 회피로 인해 초래한 실패에 대해 자신의 회피하는 행동이 편리한 핑계거리를 제공한다는 것이다. 꾸물거리는 사람의 형편없이 행한 일은 무능력보다는 오히려 시간적인 한계나 게으름 탓으로 돌릴 수 있다. 이와 같이, 꾸물거리는 버릇은 자기방어 기능을 하는 것이다.

해설 1. 빈칸 (A)의 앞 문장에서 꾸물거리는 사람들은 무엇이 충분히 완수된 일인지에 대해 잘못된 개념을 갖고 있다고 했고, 콜론 뒤의 부연 설명하는 문장에서는 기준이 너무 높다고 했으므로, 실패는 '필연적이다'라고 하는 것이 문맥에 맞다. 그리고 빈칸 (B)에는 꾸물거리는 사람들이 일을 시작하기를 미루는 이유로 실패에 대해 느끼는 정서를 '회피하려'한다는 것이 적당하며, 빈칸 (C)에는 편리한 핑계거리를 갖게 되는 것은 '결과적으로 얻게 되는 보상(payoff)'이라고 하는 것이 옳다.
2. "Procrastinators are frequently unsure of their ability to complete a task."에서 답의 근거를 찾을 수 있다. 나머지 선택지는 문제에서 요구하는 내용과 빗나가는 내용이다.

어휘 procrastination ⓝ 꾸물거림, 지연, 미루는 버릇 improbable ⓐ 일어날 것 같지 않은, 사실 같지 않은 circumvent ⓥ 피하다, 피해가다 inevitable ⓐ 불가피한, 필연적인 payoff ⓝ 결말, 결과; 급료, 보수; 뇌물

Passage 7

정답 1. ② 2. ①

해석 담배와 자외선이 조기 노화의 원인이듯이, 당분 또한 조기 노화의 원인이다. 콜라겐과 엘라스틴 — 피부를 지탱하는 구성요소 — 이 햇빛이나 다른 활성산소에 노출되어 손상되면, 세포는 스스로 치료하려 한다. 그러나 이 과정은 나이를 먹으면서 느려진다. 그리고 피부 속에 당분이 존재할 때, 이는 활성산소에 의해 손상된 아미노산과 교차결합을 한다. 이러한 교차결합은 회복장치를 작동하지 못하게 하며, 시간이 흐를수록 이른 나이에 늙어 보이는 피부를 갖게 한다. 일단 교차결합이 일어나면 그것들은 분리되지 않으므로, 당분 섭취를 최대한 적게 해야 한다. 탄산음료와 페이스트리를 피하고, 설탕을 계피로 대체하라 — 이것은 정향, 생강, 마늘과 마찬가지로 교차결합의 속도를 늦추는 (효과가 있는) 것처럼 보인다.

해설 1. 당분이 조기 노화의 원인에 이어지는 내용이다. 빈칸 (A) 앞부분에서 피부에 당분이 있으면 아미노산과 교차결합을 하며, 이러한 교차결합이 손상으로부터 복구하는 메커니즘을 고장 낸다고 했으므로 "피부가 일찍 늙어 보이게 된다"는 ②가 빈칸에 적절하다.
2. 빈칸 (B) 앞에서 피부손상 복구를 늦추게 하는 원인이 바로 당분섭취이다. 일단 교차결합이 일어나면, 분리되지 않고 손상회복 장치를 동작 못하게 한다고 했으므로 교차결합이 생기지 않게 하려면 '당분 섭취를 최대한 줄여야' 할 것이다. 따라서 ①이 정답이다.

어휘 break down 고장 나다, (상태가) 아주 나빠지다 free radical 활성산소 ('자유기' 또는 '유리기'라고도 함) jam ⓥ 작동하지 못하게 하다; 밀어 넣다 unhitch ⓥ (매어둔 것을) 풀다, 떼어내다 swap ⓥ 바꾸다 clove ⓝ 정향 prematurely ⓐ 너무 이르게

Passage 8

정답 ③

해석 과학자들은 네안데르탈인의 눈이 인류의 눈보다 평균적으로 15% 더 컸다는 것을 발견했다. 과학자들은 이것을 네안데르탈인이 유럽 태생인 점에서 비롯되었다고 보는데, 유럽에서는 인류가 발달한 아프리카에서보다 더 적은 빛을 받았을 것이다. 따라서, 연구자들은 네안데르탈인의 뇌가 시각적 처리 과정에서 인류의 뇌에 비해 2배의 공간을 사용했을 것으로 추정한다. 향상된 시력은 대가를 치러야 했다. 네안데르탈인은 아마도 사회적 상호관계에 사용할 뇌 용량이 적었을 것이다. 네안데르탈인은 더 작은 소집단에서 살았고 자원을 찾아 더 짧은 거리를 이동했을 것으로 믿어진다.

해설 빈칸 앞 문장에서 '향상된 시력은 대가를 치러야 했다'고 언급하고 있으므로, 빈칸에는 "대가"에 해당하는 부정적 어감의 표현이 들어가야 한다. 빈칸 뒤의 내용인 "Neanderthals are believed to have lived in smaller groups and traveled shorter distances for resources."에서 밑줄 친 내용을 바탕으로 "사회적 상호작용을 잘하지 못했을 것"이라고 언급한 ③이 적합하다.

어휘 attribute A to B A를 B의 탓으로 돌리다, B를 A의 원인으로 생각하다 visual processing 시각적인 정보 처리 in comparison with ~에 비해 resources ◻ 자원, 물자 asymmetric ◻ 비대칭의, 불균형적인 hominid ◻ 인류, 인류의 조상 ornament ◻ 장식(치장)하다 stocky ◻ (체격이) 다부진, 튼튼한

Passage 9

정답 1. ③ 2. ⑤ 3. ①

해석 도리스 레싱(Doris Lessing)에 대한 나의 관심은 그녀의 소설 "다섯째 아이 (The Fifth Child)"에서 유래한다. 그 이야기는 이상주의적인 젊은 부부, 대가족을 꾸리며 행복을 얻으려는 소망으로 결합된 해리엇(Harriet)과 로바트(Lovatt)에 관한 것이다. 그들은 빠르게 네 명의 아이들을 낳고 목가적으로 보이는 삶을 만들어 나간다. 그러다가 친척들의 충고를 듣지 않고, 해리엇(Harriet)은 다시 임신을 한다. 거의 동시에, 그녀는 몸 안에서 자라고 있는 존재에 의해 중독이 되었다고 느끼는데; 그리고 벤(Ben)은 태어난 순간부터 난

폭하고 뉘우칠 줄 모르는 괴물처럼 보이고 행동을 한다. 그는 결국 그녀의 가족을 파괴한다. "다섯째 아이(The Fifth Child)"는 우리의 가장 신성한 문화적 가정: '아이들의 천진난만함'을 뒤집어버리는 괴기스러운 작품이다. 그것은 또한 내가 뼛속깊이 알고 있는 이야기이다. 형제들과 나는 다른 사람이 없을 땐 서로를 맹렬히 공격하는 예의바른 도시 아이들이었다. 우리가 다 자란 후에, 정신분석가인 어머니는 "내면의 괴물"이라는 책을 쓰셨다. 그 책은 어머니로서의 상충하는 감정과, 특히 괴물을 낳는 것에 대한 여성의 두려움에 관한 것이었는데, 싸우기 좋아하는 아들들과의 힘든 고생을 부분적으로는 반영한다. 어머니는 레싱(Lessing)의 소설을 유전적 욕심에 대한 심리학적 우화로 간주하셨다. 그들의 다섯째 아이는 이러한 막을 수 없는 욕심에 따르는 위험을 구체화한 것이다. 두 어린아이의 아버지로서, 나는 이런 해석을 통찰력이 있지만 매우 심란하게 만드는 것이라고 생각한다 — 아내가 작년에 또 아이를 가졌다고 알린 이후에 특히 그렇게 생각한다. 나는 두려움의 경련을 느끼지 않을 수 없었다. 우리가 너무 많은 책임을 떠맡은 것인가? 우리도 이제 벌을 받을까? 나는 우리 셋째 아이가 적어도 지금까지는 완벽할 정도로 귀엽다고 말하게 되어 안심이다. 그러나 " 다섯째 아이"의 힘은 여전히 줄어들지 않았다. 그 소설을 읽을 때마다, 나는 두려움과 절망, 좌절, 병적인 흥분이 동일하게 뒤섞인 것을 느낀다.

해설 1. 빈칸 (A)는 "우리의 가장 신성한 문화적 가정"과 동격으로 쓰인 명사구여야 하며, "다섯째 아이"라는 작품이 이것을 뒤집어버렸다고 했으므로, 작품에 나오는 "난폭하고 뉘우칠 줄 모르는 괴물" 아이와 반대되는 ③의 "아이들의 천진난만함"이 적합하다.

2. 두 번째 문단 여섯 번째 문장에서 "그들의 다섯째 아이는 이러한 막을 수 없는 욕심, 즉 아이를 많이 낳아 대가족을 이루려는 욕심에 따르는 위험을 구체화한 것"이라고 언급한 점과 "이러한 해석이 통찰력이 있다(insightful)"는 부분을 통해서, 레싱의 소설은 "대가족을 이루고 싶은 사람들에게 주는 경고"라고 추론하는 것이 타당하다.

3. (B)의 '유전적 욕심'이란 '자식을 많이 낳아 대가족을 이루고 싶은 욕심'을 의미하므로 ①이 적합하다.

어휘 idyllic ◻ 목가적인, 전원의 remorseless ◻ 뉘우치지 않는; 무자비한, 가차 없는 subvert ◼ 전복시키다 sacred ◻ 성스러운, 신성한 well-behaved

ⓐ 예의바른 savage ⓥ 맹렬히 공격(비난)하다 in private 다른 사람이 없는 데서 maternal ⓐ 어머니의, 모성의 ambivalence ⓝ 상충 되는, 반대 감정의 공존 parable ⓝ 우화 embody ⓥ 구현하다, 구체화하다 unsettling ⓐ 불안하게 하는, 심란하게 하는 spasm ⓝ 경련, 쥐; 발작 tangle ⓝ 얽힌 것, 꼬인 상태 morbid ⓐ 병적인, 무시무시한 exhilaration ⓝ 흥분, 들뜸, 유쾌한 기분 sibling ⓝ 동기, 형제자매 innocence ⓝ 천진난만, 순진 rebelliousness ⓝ 반항적임, 반역적임 uncanny ⓐ 묘한, 이상한 post-partum ⓝ 출산 후의, 분만 후의 take aback 깜짝 놀라게 하다, 어리둥절하게 하다 expansion ⓝ 확대, 확장, 팽창

Passage 10

정답 1. ④ 2. ① 3. ①

해석 남북전쟁 이후 어떠한 위기도 미국인들에게 대공황만큼 심각하게 영향을 끼친 것은 없었다. 1930년대가 시작했을 때, 임금 노동자 네 명 중 한 명은 실업 상태고, 그 수는 남녀를 합해 1,500만 명이 넘었다. 미시시피 주에서 1932년 단 하루 동안에 그 주 전체의 4분의 1이 경매에 부쳐졌다. 뉴욕에서는 집 없는 많은 사람들이 센트럴 파크에 있는 동굴에 들어가 일 년 동안 그곳에 머물렀는데, 그들이 살만한 어떠한 곳도 찾을 수 없었기 때문이었다. 텍사스와 다코타 주에서 생긴 먼지 폭풍은 곧 동쪽에 있는 워싱턴까지 하늘을 뿌옇게 만들려 했다. 옥수수, 면화의 가격이 너무 떨어져서 농작물이 들에 버려졌다. 보스턴에서는 판지를 바닥에 깐 신발을 신은 아이들이 문에 자물쇠가 채워진 조용한 신발 공장을 지나 학교에 걸어갔다.

해설 1. 문맥 상 "경매에 부쳐지다"라는 관용표현인 "go under the auctioneer's hammer"의 의미를 알고 있는지 묻는 문제이다.
2. 가격이 너무 폭락해서 수확하지 않고 방치한다는 의미의 단어가 빈칸에 적합하다. 따라서 빈칸에는 neglected, untended, abandoned가 들어가야 논리가 통한다. ①은 '잘못 두었다'는 의미이므로, 빈칸에 어울리지 않는다.
3. 임금 노동자의 4분의 1이지 미국 인구의 4분의 1이 아니므로 ①은 본문과 일치하지 않는다.

어휘 the Great Depression 대공황 wage-earn- er 임금 노동자 cardboard ⓝ 판지 sole ⓝ (신발의) 바닥, 밑창 padlock ⓝ 맹꽁이자물쇠 go under the auctioneer's hammer 경매에 부쳐지다

---

2. 연결사   p104

Passage 1

정답 1. ④ 2. ①

해석 영국에서는 국가가 한발 더 나아가 어쩔 수 없이 노동운동을 통제하려는 시도를 취할 수밖에 없었다. 장원 안에서 장원의 토지에 대한 이해관계가 있는 노동자들이 노동을 제공하는 동안에는 그 장원만의 문제다; 하지만 농업 그 자체뿐만 아니라, 보조적인 일에서도 전문화가 진행되면서, 노동을 고용하는 것이 점점 관행이 되었으며, 노동자들은 영주의 장원을 떠나게 되었고, 결과적으로 국가는 공공질서에 관한 이해관계와 고용주들의 요구에 개입했다. 흑사병으로 인해 노동력 부족으로 이어지자, 이는 특히 더 그렇게 되었다. 노동을 규제하기 위해 노동 판사가 만들어졌으며, 이후 원래 범죄자들을 체포하는 일에만 관여했던 치안 판사와 합쳐졌다.

해설 1. 주절의 내용을 보면, "그 문제가 장원만의 문제가 되었다"는 내용이다. 이후 전개되는 내용을 보면, "노동자들은 영주의 장원을 떠나게 되었다"는 내용이 나오면서 문제점이 야기된다. 고로, "장원에 속한 노동자들이 장원에 필요한 노동을 제공하는 동안에는" 그 문제가 장원만의 문제가 되므로 밑줄 친 부분에는 "~하는 동안에"에 해당하는 접속사를 넣어야 자연스러운 문맥이 된다는 내용이므로, 주절의 내용을 조건적으로 한정하는 So long as가 적절한 답이 된다.
2. This was especially so에서 This가 지칭하는 것은 바로 앞 문장의 "the State interfered in the interests of public order and the needs of employers"이므로 국가의 개입이 필요했다는 ①의 내용이 답으로 적절하다.

어휘 manor ⓝ 장원, (넓은 영지 안에 들어서 있는) 영주의 저택 specialization ⓝ 전문화 ancillary ⓐ 보조적인, 부수의 dearth ⓝ 부족, 결핍(= lack) subsequently ⓐⓓ 그 후, 계속해서 merge ⓥ 합병하다 justice of the peace 치안 판사

Passage 2

정답 1. ② 2. ① 3. ②

해석 토양에 가장 파괴적인 인간의 활동은 과도한 방목이다. 과도한 방목은 초식 동물이 증가하는 결과로 초목의 손실을 초래한다. 초목이 제거된 땅은 어디라도 사막화에 취약해진다. 사막화의 두 번째 원인은 부적절한 관개다. 전 세계의 많은 지역의 농부들은 자신들의 농작물을 향해 물의 공급 방향을 돌린다. 그러나 한 지역의 이득은 다른 지역의 손실이다. 중국의 신장 자치구에서는, 예를 들면, 댐의 건설과 관개를 위해 물을 끌어들인 것으로 인해 Tarim강이 말라버렸다. 이것으로 인해 Taklimakan 사막과 Kumtag 사막 사이의 경계 역할을 했던 나무와 다른 초목이 하나하나씩 죽어갔다. 이제 그 두 사막은 서로를 향해 뻗어가고 있고, 결국은 합쳐질지도 모른다. 사막의 진행을 막기 위한 방법들 중 일부는 매우 간단하다. 예를 들면, 알제리는 더 많은 땅이 사막으로 바뀌는 것을 막기 위해서 사하라 사막 가장자리를 가로질러서 나무를 심어 녹색의 벽을 만들었다. 땅의 과도 방목을 막기 위해서, 일부 지역은 가축의 조심스러운 관리를 요구하고 있다. 삼림파괴와 싸우기 위해서, 사람들은 목재에 덜 의존하도록 권장 받고 있다. 태양열 조리기구와 풍력 발전용 풍차와 같은 간단한 장치가 도움이 될 수 있다.

해설 1. "Farmers in many parts of the world divert <u>water supplies for their crops</u>. _____, one area's gain is <u>another area's loss</u>."의 밑줄 친 내용을 바탕으로 빈칸에는 역접의 부사가 필요함을 파악할 수 있다.
2. 본문의 두 번째 문단의 과도방목과 삼림파괴는 결국 사막화의 원인이라는 점을 파악할 수 있고, 마지막 부분의 "태양열 조리기구와 풍력 발전용 풍차와 같은 간단한 장치"는 대체 에너지에 해당된다고 볼 수 있다.
3. 현상의 문제점과 대안으로 이어지는 글이다. 사막화의 원인과 이를 막기 위한 방법을 소개하는 글이므로 ②가 대안으로 가장 적절하다.

어휘 destructive ⓐ 파괴적인 overgrazing ⓝ 과도방목 cause ⓥ 야기하다, 초래하다, 발생시키다 ⓝ 원인;대의 명분 vegetation ⓝ 초목, 식물 herbivore ⓝ 초식동물 be cleared of ~가 제거되다 vulnerable ⓐ 취약한, 걸리기[당하기] 쉬운 desertification ⓝ 사막화 improper ⓐ 부적절한 irrigation ⓝ 관개

물을 댐 divert ⓥ (딴 데로) 돌리다. (물길 따위를) 전환하다 crop ⓝ 농작물 autonomous ⓐ 자치의, 자치권이 있는, 자율의 region ⓝ 지역, 지구 withdrawal ⓝ 끌어들임; 회수, 인출; 철수; 취소, 철회 dry up ~을 바싹 말리다 barrier ⓝ 장벽 die off (결국 하나도 안 남게 될 때까지) 하나하나씩[차례로] 죽어가다 spread ⓥ 퍼지다, 펼쳐지다, 뻗다 merge ⓥ 합쳐지다; 합병되다 method ⓝ 방법 advance ⓝ 진행; 진전; 진출; 진보 edge ⓝ 가장자리, 테두리 prevent A from B A가 B하지 못하도록 막다 [예방하다] turn into ~로 바뀌다[변하다] livestock ⓝ (집합적) 가축(류) deforestation ⓝ 삼림파괴 device ⓝ 장치 solar ⓝ 태양(열)의 cooker ⓝ 요리[조리] 기구 wind turbine 풍력 발전용 풍차

Passage 3

정답 1. ① 2. ② 3. ③

해석 언어는 민족의 경계선으로서의 역할을 빈번하게 한다. 한 개인의 모국어는 전 세계의 많은 지역에서 민족의 집단 정체성의 주요한 지표다. 미국의 남서부에서는, 호피족과 나바호족 구성원들은 그들의 언어만으로도 쉽게 구별된다. 그러나 단지 두 집단이 공통의 언어를 공유하고 있다고 해서, 그 집단들이 공통적인 정체성을 공유한다는 것을 의미하지는 않는데, 이것은 두 집단이 다른 언어를 말한다는 사실이 그 두 집단이 두 개의 다른 정체성을 가지지 않는 것과 똑같다. 예를 들면, 옛 유고슬로비아 지역의 세르비아인들과 크로아티아인들은 세르보-크로아티아어를 사용한다. 그러나 그들은 다르며(다른 민족이며), 역사적으로 적대적인 민족 집단이다. 반대로, 한 사람이 아일랜드계이면서 자신의 모국어로 게일어나 영어를 할 수 있다. 독일 정부는 동유럽에서 오는 모든 독일 민족의 난민들에게 자동적인 시민권을 부여한다. 이러한 난민들을 동화시키는 데 있어서 어려움은 많은 난민들이 단지 폴란드나 러시아어를 말한다는 것이다. 그러므로 사람들은 독일 민족이 되기 위해서 독일어를 말할 필요는 없다.

해설 1. "In the south-western United States, Hopi and Navajo members are readily distinguished by their language alone."를 통해서 두 민족은 공통의 언어를 공유하고 있지 않음을 알 수 있다. 그러므로 보기 ①은 본문과 일치한다.

2. "For example, the Serbs and Croats of what was Yugoslavia speak Serbo-Croatian. They are, however, distinct and historically antago-nistic ethnic groups. ___(A)___, a person may be Irish and speak either Gaelic or English as his or her native language."에서 (A) 앞부분의 내용은 같은 언어를 사용하는 민족이라도 서로 적대적 민족의 예가 나타나고, (A) 후반부는 다른 언어를 사용해도 동일한 민족으로 간주될 수 있다는 내용이 나오므로 "대조"의 접속부사가 들어가야 한다.

3. 같은 독일 민족 난민들일지라도 다른 언어를 쓰기 때문에 이들에게 시민권을 부여하기 위해서는 '적응, 혹은 동화'의 어려움이 있을 것이다.

어휘 ethnic ⓐ 민족의 boundary ⓐ 경계(선)의 native language 모국어 indicator ⓝ 지표 A is no more B than C (is A) = A is not B any more than C (is A) A가 B 아닌 것은 C가 A 아닌 것과 같다(= C가 A 아니듯이 A도 B가 아니다) population ⓝ 집단; (한 지역의) 전 주민; 인구 distinct ⓐ 별개의, 다른 antagonistic ⓐ 적대적인 conversely 〔ad〕 반대로 grant ⓥ 주다, 수여하다, 부여하다(= bestow) citizenship 시민권, 공민권, 국적 refugee ⓝ 난민, 피난민; 망명자, 도피자 assimilate ⓥ 동화[순응]시키다

Passage 4

정답 1. ② 2. ④ 3. ② 4. ②

해석 최근까지 ⓐ민주화된 건강 분야의 혁신 개척자들은 생체의학 연구와 규제 기관의 주변부에 있었다. 하지만 겨우 지난 2개월 동안, 두 사람이 규제받지 않는 유전자 치료제를 자신에게 주사하고 있는 비디오를 널리 공유했다. 조시아 자이너(Josiah Zayner)는 자기 몸에 실험한 그 두 명 중 한 명이며, 가정용 유전자 편집 장비를 판매하는 신규업체인 오딘(Odin)의 경영자이다. (A) 우리는 유전자 편집기술로 자기 몸에 실험하는 것을 '허가받지 않은' 혁신의 새로운 형태로 홍보해야 할까? 아니면 자칭 바이오 해커라는 자들이 규제의 틀을 시험해 봄으로써, 생체의학 혁신에 기여하는 시민들의 신흥 생태계에 해를 끼치는 것인가? (B) 유전자 치료법을 자신에게 실험하는 것은 감염과 면역 반응의 가능성에서부터 관련된 위험에 대한 이해의 부족과 환

자들로부터의 비현실적인 기대에 이르기까지 골치 아픈 안전 및 윤리 문제를 제기한다. ⓑ그러나 유전자 편집 장비의 판매를 금지하는 것은 단지 빈약하고 일시적인 해법일 뿐이다. 우리에게 필요한 것은 전통적인 연구 기관들 밖에서도 책임감 있는 혁신의 기풍을 조성하는 것이다. 우리는 새로운 형태의 건강연구를 위하여 합법성뿐만 아니라 안성맞춤형의 규제 관련 지원을 구축해야 할 필요성이 시급하다는 것을 인식해야 한다. (C) 앞으로 가야 할 길은 급진적인 제멋대로의 과학을 촉진하는 것이 아니라 시민, 환자, 윤리학자 및 당국자들로 하여금 재고와 적절한 관리 체계를 설계하게 해줄 참여 채널을 개발하는 것이다. (D)

해설 **1.** 첫 번째 빈칸의 경우, 다음 문장에서 규제 받지 않는 유전자 치료제를 자기 몸에 주사한 두 사람을 예로 들었으므로, 특정 치료방법을 의사만이 아니라 "모든 사람"들이 할 수 있게 된다는 뜻이므로 '민주화된'이란 표현의 democratized가 들어가는 것이 자연스럽다. 두 번째 빈칸의 경우에는, 앞 문장에서 바이오해커들이 해로운 것일 수 있음을 언급한 후에 단지 금지하는 것은 일시적인 해결책이라고 했으므로, '역접'을 나타내는 연결어 Yet이 들어가는 것이 자연스럽다. 따라서 ②번이 정답이다.

2. 앞부분에서는 두 명의 바이오해커에 대해 새로운 형태의 혁신으로 홍보해야 하는가 아니면 그들은 혁신에 기여하는 시민들에게 해를 끼치는 것인가라는 딜레마에 대해 언급하고, 후반부에서는 앞으로 나아갈 방향을 제시하고 있으므로, 필자를 '윤리적 딜레마에 관한 의견을 제시하고 있는 대중적 지식인'이라고 표현한 ④번이 정답이다.

3. 본문에서 "우리는 새로운 형태의 건강 연구를 위하여 합법성뿐만 아니라 안성맞춤형의 규제 관련 지원을 구축해야 할 필요성이 시급하다는 것을 인식해야 한다"고 했으므로, "미국 정부가 최근에 전통적인 연구기관 밖에서의 전문가들에 의한 자기 실험을 승인했다"고 추론할 근거는 없다. 따라서 정답은 ②번이다.

4. (B)의 앞에 두 문장에서 일명 바이오해커 두 명이 유전자 치료법을 자신에게 실험한 것이 이로운 것인가 해로운 것인가라는 질문을 던졌고, 제시문은 이 질문에 대한 필자의 의견이므로 (B)자리에 들어가는 것이 자연스럽다. 따라서 ② 번이 정답이다.

어휘 pioneer ⓝ 개척자, 선구자 margin ⓝ (주류에 포함되지 않는) 주변부 biomedical ⓐ 생물(생체) 의학

의 regulatory **a** 규제(단속) 권한을 가진 establish-
ment **n** 기관, 시설 unregulated **a** 규제받지 않는
start-up **n** 신규업체, 신생기업 kit **n** (도구·장비)
세트 herald **v** 알리다, 발표하다 self-proclaimed
a 자기 혼자 주장하는 emerging **a** 신흥의, 최근 생
겨난 foster **v** 조성하다; 기르다 ethos **n** 기풍, 정
신 urgent **a** 긴급한, 시급한 legitimacy **n** 합법
성 tailored **a** 맞춤 제작된 transnational **a** 초국
가적인, 국가를 초월한 optimal **a** 최적의 biotech-
nology **n** 생명공학 practitioner **n** (의사 ·변호사
등의) 전문가 proactive **a** 상황을 앞서서 주도하는
immunological **a** 면역의, 면역학의

Passage 5

정답 ②

해석 식욕을 억제하는 약은 처방전 없이 혹은 처방전
이 있어야 살 수 있다. 이 약들은 다이어트를 하는 일부
사람들에게는 이롭긴 하지만, 칼로리를 줄인 식단과 결
합되는 경우, 그리고 가급적이면 행동의 변화와 결합되
는 경우에만 그러하다. 따라서, 이 약들은 식사습관을
재습관화 하는 데에는 효과가 거의 없기에 투약이 중단
되면 체중이 다시 불어난다.

해설 약 복용과 함께 식단이나 생활습관을 바꾸지
않으면 효과가 없다는 말과 이러한 부수적인 조치를
취하지 않으면 식단을 재습관화하는데 효과가 없다
는 내용이 이어지므로 접속부사 Thus(따라서)가 빈
칸에 가장 적절한 문맥을 형성한다.

어휘 suppress **v** 억제하다 appetite **a** 식욕
over-the-counter **a** 처방전 없이 살 수 있는 pre-
scription **n** 처방전 retrain **v** 재교육하다, 다시 훈
련하다 medication **n** 약(물); 투약, 약물치료 dis-
continue **v** 중단하다

---

3. 순서 배열   p110

Passage 1

정답 ④

해석 천재성이 평범하지 않다는 것을 굳이 언급할 필

요가 없다. (C) 그러나 이것이 너무 비범하여서 이것(천
재성)을 가진 사람의 뇌가 (일반인과는) 다른 방식의 비
범함을 요구하는 것인가? (B) 한편에서는 예술적 천재
성과 다른 한편으론 정신분열증과 조울증 사이의 관계
가 폭넓게 논의된다. (A) 그러나 서번트 증후군과 자폐
증 사이의 관계도 잘 정립되어 있다. (D) 예를 들어, 이
것은 "Rain Man"과 같은 영화의 주제로 자폐증을 앓
는 형이 숫자를 기억하는 놀라운 능력을 보여준다.

어휘 go without saying ~은 말할 필요도 없다
savant syndrome 서번트 증후군 (전반적으로는 일
반인보다 지능이 떨어지지만 특정 분야에서만큼은 비범
한 능력을 보이는 사람) autism **n** 자폐증 schizo-
phrenia **n** 정신분열증 manic-depression **n** 조
울증, 조울병

Passage 2

정답 ③

해석 영어가 국제어로서 전 세계에 확산되면서 대두되
고 있는 가장 논쟁이 되는 문제들 중의 하나는 영어를
교육과 상업 그리고 정부의 매개물로 선전하는 것이 모
국어를 읽고 쓸 줄 아는 능력을 어느 정도까지 방해했
고, 영어를 배우지 않은 사람들의 사회 및 경제 발전을
어느 정도까지 좌절시켰으며, 보통 사람들의 일상생활
과 미래 생활에 필요한 것들과 일반적으로 어느 정도까
지 관련이 없는가하는 것이다. (C) 유럽 중심의 이데올
로기가 교육 분야에 단단히 박혀있고, 식민지나 기득권
층의 권력과 자원을 정당화하는 효과 및 영어와 다른 언
어들 사이의 문화적 불평등을 재구성하는 효력이 있는
시점에서, 언어 제국주의는 전 세계에서 영어를 가르치
는 것의 잠재적 결과에 대해 주의를 환기하고 있다. (B)
언어 제국주의 논쟁에서 핵심적인 쟁점은 영어의 식민
지적 전파 때문에 모국어의 가치를 낮춰 보는 것이다.
100년이 넘는 동안, 식민지적 맥락에서 영어(그리고 프
랑스어)의 전파가 갖는 제국주의적 여파에 대한 인식은
거의 없거나 전혀 없었다. (D) 최근에, 예를 들면, 지역
언어와 소수 언어를 위한 유럽회의의 1988년 유럽 헌
장에서 보이듯이, 토착 언어의 보존을 위한 희망의 조짐
이 약간 보이는데, 그 헌장은 복수언어의 환경과 소수언
어에 대한 지원을 당연한 것으로 여기고 있다. (A) 마찬
가지로, 국제연합(UN) 내에서도, 언어 권리에 대한 보
편적 선언에서 모든 사람들이 자신의 언어를 발달시키

고 장려할 수 있는 권리와 아이들에게 모국어로 교육받게 할 권리를 보증하고 있다.

해설 제시문에서 언급되고 있는 국제 언어로서의 영어의 여파를 언급하면서 영어의 제국주의적 현상을 언급하고 있다. (C)에서 영어의 언어적 제국주의적 여파에 대한 관심의 필요성을 언급한 후 그 핵심 논의로 소재의 폭이 좁아지는 (B)가 뒤따른다. (B)에서 최근까지 영어의 제국주의적 영향력에 대한 인지가 없었음의 문제점을 언급하면서, 최근에는 영어의 제국주의적 영향에 대한 인식과 대안으로 (D)의 내용이 이어진다. 같은 맥락(Likewise)에서 (A)의 내용이 이어진다.

어휘 propaganda n 선전 impede v 방해하다, 지연시키다 literacy n 읽고 쓸 줄 아는 능력 thwart v 좌절시키다, 훼방 놓다 relevant a 관련 있는, 적절한 imperialism n 제국주의 call attention to ~ 에 주의를 환기시키다 Eurocentric a 유럽 중심의 embed v 단단히 박다, 끼워 넣다 legitimize v 정당화하다, 합법화하다 establishment n 기득권층, 지배층 devalue v 가치를 낮춰 보다; 평가 절하하다 indigenous a 토착의 endorse v 보증하다, 지지하다

Passage 3

정답 ④

해석 (B) 고분자는 긴 체인처럼 생긴 분자들이다. 그 체인 안에서 각각의 연결고리는 (폴리에틸렌의 경우에서처럼) 똑같은 화학적 단위이거나 (두 종류의 연결고리를 가지고 있는 나일론의 경우에서처럼) 그런 단위들의 작은 집합체이다. (A) 그런 체인 모양들은 고체의 일부일 땐 무질서하게 뒤엉키는 경향이 있다. (C) 하지만 힘이 있으려면 질서가 필요하다. (D) 강한 물질을 만들기 위해 각각의 분자는, 최한, 서로 평행하게 늘려서, 길게 늘어난 결정체를 형성해야 하며, 그런 다음 그 결정체들은 섬유를 잡아당길 때와 마찬가지로 섬유 안에서 정렬되어야 한다.

해설 문장의 순서를 배열하는 문제에서는 지시형용사(such)와 접속부사(however)가 중요한 단서를 제공한다. chain에 관한 언급은 (A)와 (B) 두 개가 있는데, Such chains로 시작하는 (A)는 그보다 일반적 설명에 해당하는 (B)보다 뒤에 와야 한다. 그리고 질

서와 무질서를 언급한 (A)와 (C) 중에서, however가 들어있는 (C)를 (A) 뒤에 배치하는 것이 자연스러운 흐름이 된다. 마지막에 (D)가 이어지면서 글 전체의 흐름을 완성한다.

어휘 polymer n 중합체, 고분자 intertwine v 꼬아 짜다; 뒤엉키다 elongate v 길어지다, 길게 늘이다 align v 나란히(가지런히) 만들다

Passage 4

정답 ④

해석 (C) 오래 지속 되는 추위를 견디는 묘한 능력은 부분적으로는 미국 줄무늬 밭다람쥐가 다른 포유동물들과 공유한 분자 안에서 발달시킨 적응 때문이다. (A) 그들의 몸 안에서 발견되는 추위를 감지하는 단백질인 TRPM8의 독특한 특성이 이 설치류를 혹독한 날씨로부터 보호한다. (D) 그들은 너무 추워도 동면을 할 수 없기 때문에 그것은 정말 중요하다. (B) TRPM8에 관한 새로운 이 연구는 과학자들로 하여금 동면의 수수께끼를 더 잘 이해할 수 있게 한다.

해설 주어진 문장의 적절한 순서를 파악하는 문제이다. (A)의 these rodents가 (C)의 thirteen-lined ground squirrels를 가리키는 지시어이므로 (C)가 (A)보다 먼저 와야 하고, (D)의 대명사 It이 TRPM8을 가리키므로 (A)가 (D)보다 먼저 와야 한다. 그리고 TRPM8만 언급한 (B)보다 TRPM8을 a cold-sensing protein in their systems라고 동격으로 처음 설명하는 부분이므로 (A)가 먼저 와야 한다. 따라서 주어진 문장의 올바른 순서는 ④번의 (C) — (A) — (D) — (B)이다.

어휘 property n 특성 cold-sensing a 추위를 감지하는 protein n 단백질 system n (하나의 기관으로 본) 몸 shield v 보호하다 rodent n 설치류 enigma n 수수께끼 hibernation n 동면 uncanny a 이상한, 묘한 withstand v 견디다, 이겨내다 prolonged a 오래 계속되는, 장기적인 in part 부분적으로는 adaptation n 적응, 조정 thirteen-lined ground squirrel n 미국 줄무늬 밭다람쥐 molecule n 분자 hibernate v 동면하다

Passage 5

정답 ③

해석 1979년 켄 로스(Ken Ross)가 여덟 살이었을 때, 그의 가족은 IBM에 근무하는 아버지의 직장 때문에 스코틀랜드에서 프랑스로 이주했다. (B) 그 컴퓨터 회사(IBM)는 파리 어학교(English School of Paris) 수업료를 지불해주었는데, 그 곳의 반 친구들은 대개 영국과 다른 나라들에서 온: 경영자, 군 장교, 외교관 등 국외거주자들의 자녀들이었다. 두 명은 사우디아라비아의 왕자들이었다. 가장 최근에 있었던 동창회의 경우엔, 이제는 나이를 먹은 소년, 소녀(동창생)들이 중국과 남아프리카공화국만큼이나 멀리 떨어진 곳에서 비행기를 타고 날아왔다. (C) 그때 이후로, 그런 "국제학교"에 붐이 일어났는데, 이 국제학교들은 비영어권 국가에서 영어로 가르치며, 대개 영국의 A-level, 미국의 AP와 SAT, 또는 국제 학력 평가 시험(International Baccalaureate) 강의를 제공한다. (A) 영국에 본부를 둔, 국제학교 자문그룹(ISG)에 따르면, 지난 4반세기(25년)동안, 국제학교의 수는 1천 개 미만에서 7천3백 개 이상으로 증가했다. 2013-2014학년도에 국제학교는 전 세계적으로 416억 달러의 수입을 창출했으며, 375만 명의 학생들을 가르쳤다. 22개 나라에서 국제학교를 100개 이상 가지고 있으며, 478개를 가진 아랍 에미리트가 선두이며, 중국이 445개로 그 뒤를 잇는다.

해설 지문에 등장하는 켄 로스와 관련된 개인적인 이야기는 (B)에만 나오므로 제시문 뒤에는 (B)가 먼저 와야 하고, (A)와 (C)는 둘 다 글의 중심소재인 "국제학교의 붐"에 관해 이야기하고 있지만 (C)의 앞부분에서 단서를 찾을 수 있다. "Since then"의 "그 때"는 켄 로스가 국제학교를 다니던 시절을 의미하고, "such international schools"의 지시형용사 such가 가리키는 것 또한 켄 로스가 다녔던 국제학교를 가리키는 것이므로 (B)뒤에는 (C)가 먼저 와야 한다. 그런 다음 (C)의 내용을 구체적인 수치 등으로 부연하는 (A)가 오는 것이 옳다.

어휘 head ⓥ 이끌다, (명단의) 선두에 있다 fee ⓝ 수수료, 요금, 수업료 expat = expatriate ⓝ 국외 거주자 diplomat ⓝ 외교관 and the like 기타 등등 reunion ⓝ 동창회 afield ⓐⓓ 고향(집)에서 멀리 떨어져 Anglophone ⓝ (복수의 공용어가 있는 나라의) 영어 사용자 A-level ⓝ 영국의 대학입학시험 AP 고등학생들이 대학수준의 수업을 미리 듣고 시험을 통과하면 대학 입학 후의 학점을 미리 인정받는 제도 SAT 미국의 대학수학능력시험 International Baccalaureate 국제 학력 평가 시험(인터내셔널 바칼로레아, 1962년 제네바 국제학교와 국제학교 협회가 중심이 되어 만든 대학 입학 국제 자격 제도, 이 시험에 합격하면 가맹국의 어느 대학에나 입학이 가능하거나 수험자격이 주어진다)

4. 문장 삽입과 삭제　　　　　　　p114

Passage 1

정답 ③

해석 모든 인간은 스스로를 이해하는 데 있어서 자아를 보호하기 위한 일련의 방어기제를 형성한다. 갓 태어난 아기에게는 자아 개념이 없다; 서서히 다른 사람들과 구분되는 자아를 확인하는 법을 배운다. (A) 유년기에는 인식, 반응, 가치부여의 정도가 증가하면서 개인을 자신과 동일하다고 간주하는 정서 특질 체계를 형성하기 시작한다. (B) 청소년기에는 사춘기 직전의 아동과 십대의 신체적, 감정적, 인지적 변화가 연약한 자아를 보호하기 위해, 그리고 자존감에 대한 평가를 확립해왔던 가치나 신념의 체계를 무너뜨릴 위험이 있는 사상, 경험, 그리고 감정들을 막기 위해 방어적인 금기사항들을 늘려가게 된다. (C) 이러한 방어 기제의 형성과정은 계속해서 다음 시기로 이어진다. 어떤 이들 — 높은 자존감과 강한 자아관념을 가진 — 은 자신의 존재에 대한 위협을 더 잘 감내할 수 있고, 따라서 그들의 방어기제는 낮아지게 된다. (D) 나약한 자존감을 가지고 있는 사람들은 약하거나 부서지기 쉬운 자아, 또는 상황이나 과업에 있어서의 자신감의 결여로 인식되는 것들을 보호하려고 방어의 벽을 유지한다.

해설 제시문의 내용은 방어기제 형성 이후 다음 단계에 해당하는 내용을 이끄는 진술이다. (A)에서 (B)로 넘어가면서 유년기와 청소년기의 방어기제 형성에 대한 언급 후 이어지는 (C)에 제시문이 들어가면 "다음 단계"에 대한 구체적 진술이 (C) 이후에 전개되도록 하는 것이 자연스럽다.

어휘 affective ⓐ 감정적인 bring on 가져오다; (논

쟁·전쟁을) 일으키다; (재앙을) 초래하다 **ward off** 막다, 피하다 **dismantle** ⓥ 부수다; (기계 등을) 분해하다 **appraisal** ⓝ 평가, 감정, 사정

Passage 2

정답 1. ③ 2. ⑤

해석 우리 모두는 동물들이 노는 것을 본적이 있다. 그러나 그 동물들이 재미있게 노는 것일까? 과거에 대부분의 과학자들은 오직 사람들만이 재미를 느낄 수 있다고 생각했다. 그러나 오늘날 이러한 생각은 바뀌고 있다. 점점 더 많은 과학자들이 동물의 감정과 놀이를 연구하고 있다. 그리고 그들이 발견한 것들이 당신을 놀라게 할지도 모른다. 예를 들어, 과학자들은 일부 동물들이 웃는다는 사실을 입증하기 위해 실험을 했다. 그들은 다른 동물들 중에서도 침팬지, 개, 쥐가 모두 웃는다는 사실을 알아냈다. 그 동물들의 웃음이 인간의 웃음처럼 들리지는 않겠지만, 그들은 웃는다. 침팬지와 개가 웃는다는 생각은 상상하기 어렵지 않을 수도 있다. 우리는 인간과 침팬지 사이에 많은 유사성이 있다는 사실을 잘 알고 있다. 그리고 개를 기르는 사람이면 누구든 개가 노는 것을 좋아한다는 사실을 알고 있다. 하지만 쥐는 어떠한가? 당신은 쥐와 놀아본 적이 있는가? 쥐를 간지럽혀 본 적이 있는가? 오하이오 주의 한 대학의 과학자들은 그렇게 했다(쥐를 간지럽혀 봤다). 무슨 일이 벌어졌을까? 쥐들이 웃었다! 실제로 그들은 찍찍 소리를 냈는데, 그것은 쥐가 내는 소리이다. 그리고 인간처럼 쥐들도 그들이 잘 알고 좋아하는 누군가가 그들을 간지럽힐 때에만 찍찍 소리를 냈다. 그러나 과학자들은 쥐들이 실제로 웃고 있다는 사실을 어떻게 알게 되었을까? 그들은 쥐의 뇌를 연구했다. 인간이 웃을 때, 뇌의 한 부분이 매우 활발하게 작용한다. 쥐가 찍찍거릴 때에도, 뇌의 바로 그 부분이 활발하게 작용했다.

해설 1. 제시된 문장의 내용은 "인간과 침팬지의 유사성을 우리 모두는 알고 있다"는 내용이다. (C) 앞에 언급된 "The idea of laughing chimpanzees and dogs <u>may not be difficult to imagine</u>."의 밑줄 친 내용에 이어지는 답변에 해당하고, 이어서 추가적으로 "And anyone who has a dog knows that dogs like to play." 문장이 이어지는 것이 글의 흐름에 자연스럽다.
2. 실험을 통해 "동물도 웃을 수 있는가"에 대한 답변

을 제시하는 글이다.

어휘 **tickle** ⓥ 간지럽히다, 간질이다 **chirp** ⓥ 찍찍거리다, 짹짹 울다 **reliable** ⓐ 의지가 되는, 믿음직한

Passage 3

정답 1. ① 2. ④ 3. ①

해석 세계 최대의 탄소 배출국으로서, 중국은 오염된 공기를 정화시키는 가장 좋은 방법들 중 하나가 태양 에너지를 이용하는 것이라고 결정했다. 지난 2년간 중국은 태양에너지 설비에 있어서 세계 1위였으며 2015년에도 그럴 것이다. Bloomberg New Energy Finance(BNEF)에 따르면, 중국은 2014년 말까지 태양 발전 능력이 33기가 와트에 이를 추세이며, 이것은 2010년에 비해 42배 증가한 것이고 스페인, 이탈리아, 영국을 합친 것보다도 많은 것이다. 중국 태양열 발전의 대부분은 중국 서부 농촌 지역에 퍼져있는 공익사업 규모의 태양광 발전설비에서 나온다. 이제는 사무실 건물이나 공장 위에 태양 전지판을 설치하고 수 마일에 걸친 값비싼 송전선을 설치하는 일 없이 그것들을 배전망에 연결하여 태양 전지판을 도시 지역에 분포시키려고 생각하고 있다. 2015년에 BNEF는 중국이 무려 15기가 와트에 이르는 태양 에너지 생산 능력을 추가할 것이며, 대략 1천 6백만 가구에 전기를 공급할 정도로 충분하다고 추정하고 있다. 그 증가분의 절반 이상은 상업용 건물 위에 설치된 값싼 전지판에서 생산될 것이다. 2015년의 예상대로라면, 중국은 1년 후에 세계에서 햇살이 가장 많이 내리쬐는 나라들 중의 하나인 호주의 모든 태양광 발전설비보다 2배나 더 많은 태양광 발전설비를 공장과 사무실 건물에 설치하게 될 것이다.

해설 1. "Now the idea is to distribute solar panels in ＿＿＿＿＿ areas, putting them <u>on top of office buildings and factories</u> and connecting them to the grid without building miles of costly transmission lines."의 밑줄 친 내용을 통해서 빈칸에 urban이 들어가는 것이 적절함을 파악할 수 있다.
2. 제시문에서 "that increase"는 (D) 앞 문장 "China will <u>add as much as 15 gigawatts of solar capacity</u>, enough to power roughly 16 million homes."의 밑줄 친 부분을 가리키므로 주어진 문장은 (D) 자리에 들어가는 것이 적합하다.

3. 본문의 주된 내용은 "중국이 태양 에너지 분야에서 앞서가고 있으며, 2015년에는 시설을 더 확대하려한다"는 내용이므로 ① "중국의 태양광 발전 정책"이 주제로 적합하다.

어휘 sprawling **a** (제멋대로) 퍼져나가는, 뻗어나가는 utility **n** (수도·전기·가스 등의) 공익사업 solar farm 솔라 팜 (사막처럼 넓은 지역에서 태양 에너지를 전기 에너지로 전환하는 시설) solar panel 태양 전지판 grid **n** (전기·가스 등의) 배전망 transmission line 송전선 projection **n** 예상, 추정

Passage 4

정답 ②

해석 관광은 노동집약적인 산업이다. 관광이 성공하기 위해서는 많은 노력과 많은 주요 인력들이 필요하다. 호텔, 리조트, 아침식사를 제공하는 숙박 시설(민박), 그리고 머물만한 다른 곳들이 관광에서 노동력을 가장 많이 요구하는 분야들 중 하나를 구성한다. (A) 숙박 분야의 직원들 중 80% 이상이 서비스, 사무실, 그리고 행정적인 지원 인력으로 고용되어 있다. 대부분의 경우에, 이 범주에 있는 사람들은 일을 하면서 필요한 기술을 배우며, 고등과정 후의 교육을 추구하는 사람들은 거의 없다. (B) 이런 범주의 직원들에게는, 성격, 대인 기술, 소통 기술이 보통 정규 교육보다 더 중요하다. 서비스 직원들은 숙박업의 성공에서 아주 중요하고도 큰 부분이다. 시설관리, 정비, 음식 준비 및 서빙과 관련된 직원들이 모두 이런 직종에 포함된다. (C) 직접적으로 객실이나 시설 관리에서 일하는 사람들 외에도, 레크리에이션 및 피트니스 직원들, 운전기사, 캠프 지도자를 포함한 편의시설의 직원들에게도 중요한 역할이 있다. (D)

해설 제시문의 지시형용사 this는 앞에 언급했던 것을 가리키는 것으로 본문에서는 "this category of works"에 해당한다. 제시문의 내용이 "정규 교육"보다 "성격, 대인 기술, 소통 기술"이 더 중요하다는 내용이다. 이는 본문에서 (A)에서 언급되는 "일을 하면서 필요한 기술을 배우며, 중등 과정 후의 교육을 추구하는 사람들은 거의 없다"한 내용과 같은 맥락의 내용이므로 (B) 자리에 들어가는 것이 적합하다.

어휘 labor-intensive **a** 노동집약적인 bed and breakfast 아침식사를 제공하는 숙박 (시설); 민박

comprise **v** 구성하다 lodging **n** 숙소, 숙박 administrative **a** 행정의, 관리의 personnel **n** 인원, 직원들 on the job 근무 중에 post-secondary education 중등 과정 후의 교육 formal education 정규 교육, 학교 교육 accommodation **n** 숙소, 숙박 property **n** 재산, 부동산, 건물 housekeeping **n** 시설관리 maintenance **n** (건물, 차 등의) 보수, 관리, 정비 amenity **n** 편의시설, 오락시설 chauffeur **n** 운전기사 camp counselor **n** (어린이들을 위한) 캠프 지도자

Passage 5

정답 ③

해석 공부 전문가들에 따르면, 시험에 성공하기 위한 비법 중 하나는 규칙적으로 매일 및 매주 공부하는 것이다. 또 하나의 비법은, 공부하는 시간에는, 선생님이 수업시간에 강조해왔던 개념에 중점을 두는 것이다. (A) 뿐만 아니라, 시험 전날 밤은 스트레스가 큰 벼락치기 공부보다는 꼼꼼한 복습을 하는 데 활용하라. (B) 그리고 나서 다음 날 아침에 약간 일찍 일어나서 필기한 것을 한 번 더 복습하라. (C) 공부 기술은 학습을 더 효율적이고, 체계적이며, 성공적으로 만들기 위해 활용되는 수단이자 전략이다. (D) 마지막으로, 일단 시험이 시작되면, 전문가의 충고는 가장 쉬운 문제들부터 먼저 답을 쓰라는 것이다; 그리고 나서 어려운 문제로 돌아가 (문제와) 씨름하라는 것이다.

해설 (A)부터 (B)와 (D)까지는 시험을 잘 보기 위한 공부 방법에 관한 구체적 진술에 해당한다. (C)는 '일반적인 공부 기술'에 관한 일반진술에 해당하는 내용이므로 구체적 진술인 앞뒤의 문장들과 어울리지 않는다.

어휘 session **n** (특정 활동을 위한) 시간, 기간 instructor **n** 강사, 교사 cram **v** 벼락치기 공부를 하다 tackle **v** (힘든 문제·상황과) 씨름하다

Passage 1

정답 ②

해석 급속히 확산되고 있지만, 이슬람교는 규제에 대해 무심한 사람들을 위한 종교는 아니다; 오히려, 이슬람교의 규칙들을 충실히 지키는 데는 노력과 수련이 필요하다. 매일 요구되는 다섯 번의 기도 중 첫 번째 기도를 지키기 위해 동트기 전에 일어나야 하며, 우선 의식에 따라 자신의 몸을 씻지 않고는 다섯 번의 기도 중 아무 것도 행해지지 않는다. 자는 것과 일하는 것 그리고 오락 활동들은 기도에 비해 그렇게 중요한 것들이 아니다. 라마단 기간 동안 단식하는 것, 평생 적어도 한 번은 메카로 성지 순례하는 것, 가난한 이슬람교도들의 구호를 위해 세금을 내는 것, 그리고 이슬람교의 교리를 수용하는 것은 진지하고 열정적인 헌신을 요구한다. 전체적으로, 전 세계의 이슬람교도들 대다수가 그러한 교리를 실제 준수하고 있다.

해설 (B) 앞의 "이슬람교는 규제에 대해 무심한 사람들을 위한 종교는 아니다"라는 말과 (B) 뒤의 "이슬람교의 규칙들을 충실히 지키는 것은 노력과 수련이 필요하다"는 서로 상반되는 내용이라 '마찬가지로'라는 의미의 likewise는 어울리지 않는다. "rather(오히려)"와 같은 접속부사가 들어가는 것이 더 적절하다.

어휘 casual ⓐ 무심한, 태평스러운 adhere to ~을 충실히 지키다, 고수하다 discipline ⓝ 단련, 수련 observe ⓥ 지키다, 준수하다 cleanse ⓥ 씻다, 세척하다 take second place to ~에 비해 그렇게 중요하지 않다 fasting ⓝ 단식, 금식 pilgrimage ⓝ 성지 순례 creed ⓝ (종교적) 교리; 신념 tenet ⓝ 주의, 교리

Passage 2

정답 1. ③ 2. ① 3. ② 4. ⑤

해석 모든 과학은 인간이 지닌 편견에 영향을 받는다. 특히나 사회과학자들의 경우에 그러하다. 인간의 행동은 과학자들의 연구 영역이기 때문에, 사실상 그들도 연구 대상의 일부이다. 게다가, 인간의 행동 양식은 장소마다, 집단마다 가지각색이다. 이것은 자연과학의 연구 대상과 대조된다. 화학자가 수소를 연구할 때, 그는 어디서 발견하든 한 수소 원자가 다른 수소 원자와 매우 유사하다고 가정할 수 있으며, 수소 원자를 둘러싼 환경이 매우 정확하게 통제될 수 있다고 가정할 수 있다. 물리학자가 금속 막대를 측정할 때도 이와 같은데; 그는 자연 조건이 똑같다면 그것의 길이가 늘어나거나 줄어들지 않을 것이라고 매우 확신할 수 있다. 이것이 얼 배비(Earl Babbie)가 경제학자 다니엘 슈츠(Daniel Suits)의 말을 인용하는 이유인데, 다니엘 슈츠는 자연과학의 연구 대상의 예측할 수 있는 속성 때문에 자연과학을 "쉬운 과학"이라고 부른다.

해설 1. subject는 '~의 영향을 받는, ~에 의존하는'이란 뜻으로 "susceptible(민감한, 예민한, ~에 걸리기 쉬운)"이 유사한 의미를 지닌다.
2. 빈칸에는 자연과학의 연구 대상이 가지고 있는 속성을 설명하는 내용이 들어가야 한다. 지문에서 자연과학의 연구 대상인 수소 원자나 금속 막대는 자연 조건이 똑같은 한 그 대상이 달라지지 않는다고 언급되어 있으므로, 자연과학 연구 대상이 "예측 가능한" 속성이 있다고 말하는 것이 적절하다.
3. 사회과학과 자연과학의 차이를 "객관적"으로 설명하는 글이다.
4. "it will not stretch or shrink in length as long as natural conditions are the same"의 밑줄 친 부분에서 자연조건이 바뀌면, 금속 막대의 길이가 달라질 것이라고 추론할 수 있다.

어휘 bias ⓝ 편견, 선입견 subject matter (연구) 대상, 주제, 소재 in contrast to ~와 대조를 이루는 shrink ⓥ 줄어들다, 움츠리다 quote ⓥ 인용하다 apathetic ⓐ 냉담한, 무관심한 immune ⓐ 면역성이 있는, ~의 영향을 받지 않는 versatile ⓐ 다재다능한, 다용도의 flexible ⓐ 융통성 있는, 유용한 formidable ⓐ 무시무시한, 가공할 whimsical ⓐ 변덕스러운; 엉뚱한, 기발한 vindictive ⓐ 앙심을 품은, 보복하려는 cynical ⓐ 냉소적인 ambivalent ⓐ 반대 감정이 병존하는, 애증이 엇갈리는 stubborn ⓐ 다루기 힘든, 완고한, 고집스러운

Passage 3

정답 1. ① 2. ② 3. ①

해석 1960년대 초에, 앤디 워홀(Andy Warhol)은 미국의 모든 사람이 알고 있고 매일 다루는 가정용품들을 재료로 평평하고 상품화된 그리고 기묘할 정도로 정확한 그림들을 제작하기 시작했다. 일련의 콜라병들부터 시작하여, 워홀은 캠벨의 수프 캔과 식권 그리고 달러 지폐에 이르기까지 빠르게 진전했다. 그는 곧 팝 아트의 가장 유명한 그리고 가장 카리스마 넘치는 지지자가 되었다. 사람들은 새로운 것의 충격에 대해 이야기하지만, 팝 아트가 예술가들과 갤러리 운영자들 및 비평가들 모두에게 (A)불안감을 유발한 이유 중의 일부는 팝 아트가 언뜻 보면 카테고리 오류처럼 보인다는 것이며, 고급문화와 저급문화 즉 좋은 취향과 나쁜 취향 사이의 겉보기에는 의심의 여지가 없는 경계선이 붕괴되는 것이 고통스러웠기 때문이다. 워홀은 그가 정서적으로 끌리는, 심지어는 애착이 되는 것들을 그렸는데, 그것의 가치가 희귀하거나 독특하기 때문이 아니라 의지할 수 있게 동일한 것들이기 때문이었다. 1달러 지폐가 다른 1달러 지폐보다 더 매력적인 것은 아니며, 콜라를 마시는 것은 석탄 광부를 대통령과 영화계 스타들 사이에 들어가게 한다. 그것이 워홀로 하여금 팝 아트를 '공통 예술'이라고 부르고 싶어지게 만든 것과 똑같은 (B)민주주의적이고 포괄적인 충동이다.

해설 1. 밑줄 친 (A)wringing of hands의 동의어를 고르는 문제이다. wring one's hands가 '(불안하고 초조하여) 손을 쥐어짜다'라는 의미이고, ①번 disturbance는 '동요(불안)', ②번 joy는 '기쁨(즐거움)', ③번 apathy는 '무관심', ④번 applause는 '박수(갈채)'이므로 ①번이 정답이다.
2. 사회적 지위나 경제적 차별 없이 1달러는 누구에게 1달러이며, 그러한 차별 없이 콜라도 마시는 것이기에 모든 사람들을 포괄하는(inclusive) 개념인 "민주주의적인(democratic)"라는 단어가 빈칸에 가장 적절하다.
3. "He would soon be the most famous and charismatic proponent of Pop Art."에서 워홀은 곧 팝 아트의 가장 유명한 그리고 가장 카리스마 넘치는 지지자(proponent)가 되었다고 했으므로, '창시자(originator)'다고 한 ①번은 지문의 내용과 다르다.

어휘 flat ⓐ 평평한 commodified ⓐ 상품화된 curiously ⓐ 이상하게도, 기묘하게 progress to ~로 넘어가다, 발전(진척)하다 food stamp 식권, 식료품 할인 구매권 proponent ⓝ 지지자 on(at) first glance 언뜻 보면, 처음 보면 collapse ⓥ 붕괴 sentimentally ⓐ 정서적으로 derive ⓥ 유래하다, 비롯되다 unquestioning ⓐ 아무런 의심을 하지 않는, 절대적인 originator ⓝ 창시자, 시조 multiply ⓐ 무수히 많이

Passage 4

정답 ④

해석 연구원들은 최근에 신경과학의 기반이 되는 교리를 뒤집을 일련의 발견들을 발표했다. 수십 년 동안 ⓐ 완전히 성장한 뇌는 새로운 뉴런을 발달시킬 수 없다고 이해되었다. 사람이 성년에 이르면, 뇌가 뉴런을 얻기보다 잃기 시작한다고 생각되었다. 그러나 사실 ⓑ 성인의 뇌가 새로운 뉴런을 만들어 낼 수 있다는 증거가 쌓이고 있었다. 특히 쥐를 대상으로 한 ⓒ 놀랄 만한 한 실험에서, 과학자들은 단순히 쳇바퀴를 달리는 것이 해마, 즉 기억과 관련된 뇌 구조에서 새로운 뉴런의 탄생으로 이어진다는 것을 발견했다. 그 이후, 다른 연구들은 또한 운동이 인간의 뇌에, 특히 우리가 나이가 들어감에 따라 긍정적인 영향을 미친다는 것과 운동이 알츠하이머병과 다른 신경병성 질환에 걸릴 위험을 줄이는 데도 도움이 될 수 있다는 것을 확증했다.

해설 첫 번째 빈칸 뒤 문장에서 사람이 성년에 이르면, 뇌가 뉴런을 생산하기보다는 잃기 시작한다고 이해되었다고 했으므로, 첫 번째 빈칸에는 수십 년 동안 뇌는 새로운 뉴런을 발달시킬 수 없다는 내용이 나와야 적절하다. 따라서 '완전히 성장한'이라는 내용이 들어가야 자연스럽다. 두 번째 빈칸의 경우 앞부분에 대조의 의미를 나타내는 But(그러나)이 있으므로, 두 번째 빈칸에는 사실 뇌는 새로운 뉴런을 만들 수 있다는 증거 내용이 나와야 적절하다. 따라서 문맥상 '성인의'라는 내용이 들어가야 자연스럽다. 세 번째 빈칸의 경우 이어지는 내용에서 과학자들이 단순히 쳇바퀴를 달리는 것만으로도 새로운 뉴런의 탄생으로 이어진다는 사실을 알아냈다고 했으므로, '놀랄 만한'이라는 표현이 들어가는 것이 자연스럽다. 따라서 ④ ⓐ mature — ⓑ adult — ⓒ striking이 정답이다.

어휘 precipitous ⓐ 급작스러운 mammal ⓝ 포

유동물 immature **adj** 미숙한 astounding **adj** 믿기 어려운 adolescent **n** 청소년 definitive **adj** 확정적 인 mature **adj** 완전히 성장한 striking **adj** 놀랄 만한

Passage 5

정답 1. ① 2. ③

해석 생각은 자유로운 것이라는 표현은 흔한 말이다. 사람은 생각하는 것을 숨기는 한, 자신이 선택한 것은 무엇이든 그것을 생각하는 것으로부터 방해받을 수 없 다. 의식적인 작업은 오직 경험과 상상력의 한계에 의해 서만 제약을 받게 된다. 그러나 개인적인 사고의 이러한 천부적인 자유는 가치가 없다. 만약 자신의 생각을 다 른 사람에게 전달하지 못하게 된다면, 그것은 생각한 사 람 그 자신에게 만족스럽지 못한 것이 되며, 그의 이웃 사람들에게도 분명 무가치한 것이 된다. 더군다나, 의식 에 대한 영향력을 지니고 있는 생각을 숨기는 것은 매 우 어려운 일이다. 만약 한 사람의 생각으로 인해, 그가 주변 사람들의 행동을 규제하는 사상이나 관습에 대해 이의를 제기하고, 그들이 말하는 신념을 부정하고, 그들 이 따르는 삶의 방식보다 더 나은 삶의 방식을 인식하 게 되고, 그가 자신의 사유의 진실성을 확신한다면, 그 가 다른 사람들과 다르고 그들의 의견을 공유할 수 없 다는 사실을 침묵을 통해서건, 우연한 말실수나 일반적 인 태도 등으로 드러내지 않는 것은 거의 불가능하다. 소크라테스처럼 일부 사람들은 그들의 생각을 숨기기 보다 오히려 죽음을 맞이하는 것을 택했고, 오늘날의 일 부 사람들도 죽음을 택할 것이다. 따라서 사고의 자유는 어떤 가치 있는 의미에서든 언론의 자유를 포함하게 된 다.

해설 1. 생각의 자유는 제약을 받지 않는 천부적인 특권이지만, 다른 사람과의 소통이 허락되지 않는다 면 아무런 가치가 없다는 내용이 이어지고 있으므로 (A)를 of great value에서 of little value로 고치는 것이 옳다.
2. 소크라테스의 예를 통해서 "(진리의) 생각을 숨기 기보다는 죽음을 맞이한다"는 것은 마음 속의 생각 을 "표현"한다는 맥락에서 쓴 내용이므로 이와 관련 된 ③이 정답이다.

어휘 hinder **v** 방해하다, 훼방하다 conceal **v** 숨 기다; 숨다 bound **n** 한계; 경계, 범위 unsatisfac- tory **a** 만족스럽지 못한, 마음에 차지 않는 regulate **v** 규제하다, 통제하다; 조절하다 assembly **n** 집회, 회합

Passage 6

정답 1. ① 2. ③ 3. ② 4. ④

해석 10,000종 이상으로 분류되는 벌은 최남단과 최 북단 지역을 제외한 전 세계의 거의 모든 지역에서 발견 되는 곤충이다. 한 가지 잘 알려진 종은 밀랍과 꿀을 만 드는 유일한 벌인 꿀벌이다. 인간은 립스틱, 양초, 그리 고 다른 제품들을 만들기 위해서 밀랍을 사용하며, 음 식을 만들기 위해서 꿀을 사용한다. 벌이 벌꿀을 만드 는 꽃가루와 꿀을 모으는 동안, 벌은 동시에 그들이 내 려앉는 꽃을 수정시키는 데도 도움을 준다. 만약 벌이 이 꽃 저 꽃으로 꽃가루를 옮기지 않는다면, 많은 과일 과 야채는 생존하지 못할 것이다. 벌은 벌집 안에서 조 화된 환경과 사회 구조에서 산다. 다양한 유형의 벌이 특별한 기능을 수행한다. 일벌은 꿀주머니라고 불리는 특별한 위로 벌집까지 꿀을 나른다. 다른 일벌들은 밀랍 을 만들고, 그것에 형태를 주어 벌집으로 만드는데, 이 밀랍 벌집은 6면의 칸막이 방들로 구성된 방수가 되는 덩어리다. 여왕벌은 완성된 방에서 알을 낳는다.

해설 1. "concurrently"는 "동시에"라는 뜻이다. 동 의어로 ①이 정답이다.
2. '~를 가진'이라는 합성어를 만들 때 '형용사-명 사ed'형을 쓴다. 예 long-haired 머리가 긴 red- haired 빨간 머리의
3. "Bees, classified into over 10,000 species, are insects found in almost every part of the world except the southernmost and northernmost re- gions."의 밑줄 친 부분에서 보기 ②가 틀렸음을 알 수 있다.
4. 첫 번째 문단에서는 많은 과일과 야채뿐만 아니 라, 인간 생활에 필요한 밀랍과 꿀을 만드는 유일한 벌의 종인 꿀벌의 유용성을, 두 번째 문단에서는 꿀 벌의 특징(꿀벌의 생활구조와 각각의 역할)이 설명 되어 있으므로 보기 ④가 제목으로 가장 적절하다.

어휘 classify **v** 분류하다 species **n** 종 hon- eybee **n** 꿀벌 wax **n** 밀랍 pollen **n** 꽃가루, 화 분 nectar **n** 꿀 concurrently **ad** 동시에, 함께 fer- tilize **v** 수정시키다; (땅을) 기름지게 하다; (정신 등을) 풍부하게 하다 land **v** 내려앉다; 착륙하다 survive

v 살아남다, 생존하다 blossom **n** 꽃; 개화, 만발 structured **n** 조직화된, 구조화된 hive **n** 벌집, 벌꿀 통 honey stomach 꿀주머니 beeswax **n** 밀랍 honeycomb **n** 벌집 waterproof **a** 방수의 mass **n** 덩어리 six-sided **a** 6면의 compartment **n** 칸막이, 구획 cell **n** 작은 방; 세포 lay an egg 알을 낳다 completed **a** 완성된 drone **n** (꿀벌의) 수벌; 무인 비행기

Passage 7

정답 1. ④ 2. ②

해석 우리 신체에서 대기하고 있는 현장 감독은 골세포라고 불리는 세포이며, 골기질 전체에 포함되어 있다. 당신이 달리거나 무거운 상자를 들 때마다, 뼈에 극미한 손상을 유발한다. 골세포는 이것을 감지하여, 손상된 세포를 없애고 그 구멍을 새로운 세포로 메우기 위해 복구팀을 보낸다. 다시 덮는 복구 작업은 뼈를 강화시킨다. 그래서 조깅처럼 뼈에 충격이 가해지는 운동이 마르고 뼈대가 가는 북유럽 혈통 여성들의 뼈를 강화하기 위해 추천되는 이유이며, 그러한 여성들의 유전적 특성으로 인해 폐경 후 고관절 수술자 명단에 들어가게 될 것이다(고관절 수술을 받게 될 것이다).

해설 1. 제시문의 "re-paving"은 (D) 앞에서 언급한 "손상된 세포를 없애고 새로운 세포로 구멍을 메우는 것"을 의미하므로, 제시문은 (D)에 들어가는 것이 적합하다.
2. "~에 손해(손상)를 입히다"는 cause damage to로 표현한다. 따라서 ②의 in을 to로 고쳐야 한다.

어휘 foreman **n** (공장·건설 현장의) 감독; 배심원 대표 on call (비상시를 위해) 대기 중인 embed **v** 박다, 끼워 넣다 bone matrix 골기질 minute **a** 극히 작은, 미세한; 상세한 patch **v** (조각을) 덧대다, 때우다 jar **v** 충격을 주다, 부딪히다 small-boned 뼈대가 가는 ancestry **n** 가계, 혈통; 조상, 선조 shortlist **n** 최종 후보자 명단

Passage 8

정답 1. ③ 2. ①

해석 안보와 시민의 자유 사이에 맞춰야 할 필요가 있다고 우리가 흔히 듣게 되는 균형에 대해 생각해보라. 추상적으로는, 이러한 주장에 어느 정도의 진실성은 있다. 그러나 일부 특정한 정책 분야에서는 올바른 균형이 저울을 한쪽으로만 기울게 하는 것을 의미한다. 예를 들면, 재판 없이 사람들을 수년간 계속 투옥시키는 것과 국가안보 사이에서는 거의 틀림없이 균형을 맞출 필요가 없을 것이다; 전자(재판 없이 사람들을 수년 간 계속 투옥시키는 것)는 절대 일어나서는 안 되는 일이다. 저울이 확실하게 한쪽으로 기울어질 때는 균형을 맞출 필요가 없다.

해설 1. incarcerate는 "감금하다, 투옥하다"라는 뜻으로 이와 유사한 의미는 "confine(제한하다, 가두다, 감금하다)"이다.
2. 본문 중반에 일부 정책의 경우 균형의 저울이 한쪽으로 기울게 해야 하는 경우가 있음을 언급한 후 "국가 안보와 관련해 재판 없이 사람을 수년간 투옥시키는 일"은 절대 있을 수 없다고 했으므로 때로, "시민의 자유가 국가안보보다 훨씬 더 중요하다"는 의미이므로 보기 ①이 이를 가장 잘 반영하고 있다.

어휘 strike a balance between ~ 사이에서 균형을 맞추다, 절충하다 civil liberty 시민의 자유, 인권 in the abstract 추상적으로 specific **a** 특정한, 구체적인; 명확한 tilt **v** 기울다, 기울어지게 하다 scale **n** 저울, 천칭, 눈금 arguably **ad** 주장하건대, 거의 틀림없이 incarcerate **v** 감금하다, 투옥하다 trial **n** 재판; 시험, 실험; 시련 on end 계속, 연달아 blandish **v** 아첨하다, 알랑거리다 decry **v** 매도하다, 헐뜯다, 비방하다 confine **v** 제한하다, 가두다, 감금하다 banish **v** 추방하다 renounce **v** 포기하다, 단념하다 override **v** ~보다 더 중요하다, 우선하다 in the midst of ~의 한가운데에 asylum **n** 피신처, 피난처; 망명

Passage 9

정답 1. ① 2. ②

해석 당신은 아마존닷컴에서 판매한 많은 상품들을 반품하실 수 있습니다. 상품을 반품할 때, 판매자, 상품, 혹은 반품 사유에 따라 다양한 반품 관련 선택사항들을 보실 수 있습니다. 아마존닷컴에서 발송된 상품을 반품해야 합니까? 그러면 반품센터로 가세요. 당신의 최근 주문을 보여주는 반품항목을 고르세요. 선물을 반

품하시려면, 선물반품을 보세요. 반품할 상품을 고르세요. 상품이나 주문 내역 옆에 있는 반품 또는 교환 상품을 선택하세요. 당신의 상품과 그 상품을 반품하려는 이유를 선택하고, 반품 이유를 설명하세요. 반품을 처리할 방법을 선택하세요. 만약 해당된다면, 환불 또는 교환을 발부하도록 선택하세요. 아마존 사이트의 판매자에 의해 판매된 상품에 대해서는, 반품 요청 제출이 보일 겁니다. 아마존의 판매자가 환불금액이나 교환상품을 지급하기 전에 반품요청을 검토합니다. 만약, 영업일로부터 2일 이내에 회신을 받지 못하시면, 우리 웹사이트에 완전보증(A-to-Z Guarantee) (배상)청구를 제기하실 수 있습니다.

해설 1. if applicable은 "해당된다면, 해당되는 경우"라는 뜻이다. "(환불이나 교환을 위해 선택하는 것이) 적절하다면"이란 뜻의 if appropriate가 문맥 상 가장 유사한 표현이다.
2. 구매한 상품을 반품하려면 Returns Center에 가라고 했고, 선물을 반품하려면 Return a Gift를 선택하라고 했으므로 ②는 지문 내용과 일치하지 않는다.

어휘 resolve **v** 해결하다 issue **v** 지급하다, 발부하다 refund **n** 환불금(환급금) applicable **a** 해당되는, 적용되는 submit **v** 제기하다 claim **n** 청구, 요구; 권리

Passage 10

정답 1. ③ 2. ①

해석 나는 카슈미르의 히말라야 북부지방에서 자랐다. 나의 할아버지는 손주들 모두를 데리고 그의 사과 과수원에서 산책을 하시곤 했는데, 거기서 그는 새가 먼저 맛을 본 사과를 따서 반쪽을 파내어 우리에게 주시곤 했다. 나는 할아버지가 굉장히 구두쇠라 "좋은" 사과를 손주들에게 주기보다는 팔기를 원하시는 것이라고 생각했다. 나는 머뭇거리며 물어보았다. "왜 새가 건들지 않은 잘 익어 보이는 사과를 주시지 않으세요?" 할아버지는 다정하게 내 머리를 쓰다듬으셨다. "새는 오직 단 사과만 먹는단다. 그래서 난 너에게 가장 좋은 것을 따주는 거야." 라고 말씀하셨다. "짐작하지 말고 항상 질문하라." 이것이 바로 개인 생활에서나 직장 생활에서나 내가 주문처럼 마음에 새기는 것이다.

해설 1. 가산명사는 원칙적으로 단수형을 아무런 한정사 없이 명사만 쓸 수는 없다. ⓒ의 miser는 사람을 나타내는 보통명사이며 단수형이므로 부정관사를 붙여야 한다. 따라서 ⓒ를 "such a miser that he wanted"로 고쳐 야 한다.
2. 화자는 할아버지가 손주들에게 새가 파먹은 사과만 주는 것에 대해 구두쇠라고 혼자 짐작하다가 질문을 하고 나서야 할아버지의 본심을 깨달았으므로 화자가 깨달은 교훈은 ①이 적합하다.

어휘 carve **v** 파(내)다, 베다 miser **n** 구두쇠, 수전노 ripe **a** 잘 익은 affectionately **ad** 애정을 담아, 다정하게 mantra **n** 맨트라 (기도나 명상 때 외는 주문) affection **n** 애정 paralyze **v** 마비시키다

1회   p129

Passage 1

정답 ②

해석 강남에는 밤새도록 불이 계속 켜져 있으며, 성형외과병원들이 거리에 늘어서 있다. 중국어로 된 간판들이 방문객들을 유혹하고 있다. 일단 안으로 들어가면, 통역사들이 준비하고 있다. 해외여행을 하는 중국 신흥 부자들의 꾸준하고 흔한 유입을 이용할 기회를 놓치지 않고, 한국 정부는 한국을 쇼핑, 식사를 하고, 숙박하는 — 그리고 아마도 성형수술을 받을 수 있는 곳으로 홍보하고 있다. 그리고 주로 여성들인 중국인들이 쌍꺼풀 수술 같은 사소한 것에서부터 안면의 구조를 바꾸는 것과 같은 극단적인 수술에 이르기까지 신체 변형(성형수술)을 하기 위해 떼를 지어 방문하고 있다. 성형수술은 중국에서도 흔하지만, 한국의 병원들이, 비록 더 비쌀지라도, 더 안전하고 위생적인 것으로 인식되고 있다.

해설 마지막 문장인 "While plastic surgery is common in China, Korean hospitals are perceived to be safer and more hygienic, albeit pricier."의 밑줄 친 부분을 통해 ②는 지문의 내용과 일치하지 않음을 파악할 수 있다.

어휘 stay on 계속 남아있다. (불이) 계속 켜져 있다 plastic surgery 성형수술 beckon ⓥ 유혹하다, 꾀다; 손짓으로 부르다 seize ⓥ (기회 등을) 붙잡다 tap ⓥ 이용하다 ubiquitous ⓐ 아주 흔한, 어디에나 있는 promote ⓥ 홍보하다 nip and tuck (피부) 성형수술 in droves 떼를 지어, 무더기로 modification ⓝ 변형, 변경, 수정 double eyelid surgery 쌍꺼풀 수술 hygienic ⓐ 위생적인 albeit ⓒⓞⓝⓙ 비록 ~일지라도 pricy ⓐ 비싼(= pricey)

Passage 2

정답 ②

해석 식품의약국(FDA)은 제약회사들에 그들의 제품이 얼마나 오래 지속되는지를 시험한 다음 포장지에 유효기간을 포함하도록 요구하고 있다. (A) 그것이 꼭 유효기간이 지난 바로 다음날 그 제품이 전혀 약효가 없다는 것을 의미하는 것은 아니다. (B) 그것은 적어도 유효기간까지는 그 제품들이 안전하며, 효능이 있음을 확신할 수 있다는 의미이다. 대부분의 제약회사들은 그들의 제품이 언제 효능이 없어지는지 보기 위해 영원히 실험을 계속하지는 않는다. (C) 제약회사들은 겨우 1~2년 동안만 실험을 하고 그 제품이 괜찮으면, 그들은 제조일로부터 1~2년의 — 무엇이 적용될지라도 — 유효기간을 표시한다. (D) 유효기간의 문제는 까다로운 듯 보이지만, 소비자들이 의약품과 식품을 안전하게 보관하도록 도와줄 수 있는 가이드라인은 있다.

해설 (A)의 대명사 That과 제시문의 대명사 It은 모두 첫 문장을 가리키고 있다. 즉 FDA가 제약회사들에 포장지에 유효기간을 넣도록 요구한 것이 '이러한 의미가 아니라 저러한 의미이다'라고 이어져야 하므로 제시문은 (B) 자리에 들어가야 한다.

어휘 FDA = Food and Drug Administration (미국) 식품의약국 expiration date 유효기간, 만기일 potent ⓐ 효능이 있는; 강한 tricky ⓐ 까다로운, 힘든, 곤란한

Passage 3

정답 ⑤

해석 (D) 범죄와 교도소의 문제점에 대한 현재의 우려는 교도소의 목적과 유효성에 대한 계속되는 토론에 대중의 관심을 집중시키는데 도움이 되고 있다. (A) 여러 연구들은 훌륭한 갱생 프로그램조차 석방된 많은 죄수들을 교화시키지 못한다는 것을 보여주고 있다. (B) 그런 프로그램들의 분명한 실패로 인해 많은 사람들은 치료(교화)보다는 징역형을 처벌로서 강조하게 됐다. (E) 반면에, 전문가들은 교도소가 범죄자들을 무력하게 함으로써 또는 사람들이 법을 어기는 것을 막음으로써 범죄율을 줄인다는 것 또한 증명하지 못하고 있다. (C) 이런 이유 때문에, 일부 전문가들은 대부분의 범죄자들을 교도소보다 사회 교정 센터에 두는 것이 비용이 더 적게 들고, 더 인도적이며, 더 생산적이라고 믿는다.

해설 문장이나 문단을 배열하는 문제에서 실마리가 되는 것은 지시어와 연결어이다. 이 지문에서는 (B)의 such와 (C)의 this가 앞의 것을 가리키는 지시어

이며, (E)의 On the other hand가 단서를 주는 연결어이다. (B)의 "그런 프로그램들의 실패"가 가리키는 것은 (A)이므로, 일단 (A)에서 (B)로 이어져야 한다. (B)의 내용은 "많은 사람들이 징역형을 교화보다는 처벌로서 강조"한다는 것인데, 이는 "반면에 교도소가 범죄를 줄인다는 것을 증명하지 못한다"는 내용의 (E)로 이어지는 것이 적합하다. 그리고 (C)의 this reason은 (E)의 내용을 가리키며, 따라서 (C)의 "교도소보다 사회 교정 센터가 더 낫다"는 내용으로 이어지는 것이 자연스럽다. 따라서 특별한 단서가 없는 일반진술의 (D)보다는 (A) ─ (B) ─ (E) ─ (C)의 순서를 먼저 정하고 보기를 비교해보는 것이 빠른 해법이다.

어휘 rehabilitation **n** 갱생, 사회복귀, 재활 reform **v** 교화시키다 imprisonment **n** 징역(형), 투옥 offender **n** 위반자, 범죄자 incapacitate **v** 무력하게 하다

Passage 4

정답 1. ① 2. ③

해석 대부분의 사람들이 생각하는 것과는 달리, 많은 심오한 수학 개념들을 이해하는데 고급 기술이 필요한 것은 아니다. 실제로 과학 문제나 공학 문제를 해결하기 위해 미적분을 사용할 수 없다고 해도 우리는 미적분의 힘과 정밀함을 꽤 잘 이해할 수 있다. 이렇게 생각해 보자. 그림을 그리는 능력을 습득하지 않아도 미술을 이해할 수 있으며, 악보를 읽지 못해도 교향곡을 즐길 수 있다는 것을 생각해 보라. 수학 또한 그 자체로 즐길 만한 가치가 있다. 그러면 어떤 수학 개념을 계산이나 공식이 없어도 이해할 수 있을까? 예를 들면, 육각형, 팔각형 등 일련의 정다각형들을 보라. (다각형의) 변의 수가 계속 증가하면 무슨 일이 일어날지에 대해 학생들에게 곰곰이 생각해 보라고 요구하는 요가 강사를 상상할 수 있다. 결국엔, 변이 너무 줄어들어 그 둘레가 곡선으로 보이기 시작한다. 그러면 당신은 알게 될 것이다. 결국 나타나는 것은 원이지만, 동시에 다각형은 사실은 결코 원이 될 수 없는 것이다. 그 깨달음은 매우 유쾌한 것이다. 그것은 뇌의 쾌락 중추를 자극한다. 극한(limit)의 이런 근본적인 개념은 모든 미적분의 바탕이 되는 개념이다.

해설 1. 빈칸 (A) 앞에서 "그림을 그릴 줄 몰라도 미

술을 즐길 수 있으며, 악보를 볼 줄 몰라도 교향곡을 즐길 수 있다"고 했으므로 "수학 또한 특별한 지식이나 기술이 없어도 즐길 수 있다"는 내용이 빈칸에 들어가는 것이 적합하다.

2. (B) 앞에 있는 while은 주절과 대조적인 내용을 표현하는 접속사이다. 따라서 다각형의 변의 수가 많아질수록 원처럼 보일 수는 있겠지만 "실제로 원이 될 수는 없다"는 내용이므로, 부정대명사 one은 a circle을 대신한 표현이다.

어휘 appreciate **v** 감상하다; (진가를) 인정하다; 올바로 인식하다; 이해하다; 고마워하다 calculus **n** 미적분 elegance **n** 우아함; (과학적) 정밀함 regular polygon 정다각형 hexagon **n** 육각형 octagon **n** 팔각형 meditate **v** 명상하다; 숙고하다 perimeter **n** 주위(주변); 둘레 exhilarating **a** 아주 즐거운, 유쾌한 underlying **a** 근본적인, 근원적인, 밑에 있는 for one's sake = for the sake of ~을 위하여, ~때문에

Passage 5

정답 ③

해석 영화 타이타닉에 관한 모든 것은 원래의 그 배만큼이나 방대했다. 우선, 예산 ─ 그 당시에 나왔던 영화 중 어느 것 보다도 최대 규모다. 작가 겸 감독인 제임스 카메론이 2억 달러를 가지고 무엇을 했는가? 첫째로, 그는 원래의 그 난파선까지 11번의 심해 탐사를 했다. 그런 다음, 그는 레오나르도 디카프리오와 케이트 윈슬렛을 필두로 하여 모두 인기 스타들로 이루어진 캐스팅을 조합했으며, 그들을 1,700만 갤런의 수조에 넣었다. 갑판 위에는 호화로운 세트장이 건설되었고, 타이타닉 호의 원래 설계도를 본 따, 웅장한 계단과 도자기 위의 상표에 이르기까지 꼼꼼하게 만들었다. 그 돈은 잘 쓴 걸까? 타이타닉을 촬영하는 것은 악명 높을 정도로 힘든 과정이었지만, 최고작품상과 최고 감독상을 포함하여, 후보에 오른 11개 부문의 오스카상을 차지한 광장히 중요한 히트작이었다. 그것은 또한 엄청난 돈을 벌었으며, 흥행에서 10억 달러를 기록한 최초의 영화다.

해설 여섯 번째 문장인 "Above deck a sumptuous set was built, <u>meticulously modeled after the Titanic's original blueprints, down to the grand staircase and the logo on the china</u>,"의 밑줄 친 부

분을 통해서 "계단과 도자기 위의 상표까지도 꼼꼼하게 만들었다"고 했으므로 제임스 카메론 감독이 이 영화를 촬영할 때 자잘한 세부 사항에 얼마나 세심한 관심을 가졌는지 알 수 있다.

어휘 epic **a** 방대한, 웅장한, 대규모의 **n** 서사시 expedition **n** 탐험(대), 원정(대) wreck **n** 난파선 assemble **v** 조립하다, 모으다 cast **n** 배역 sumptuous **a** 호화로운 meticulously **ad** 꼼꼼하게 blueprint **n** 청사진, 설계도 china **n** 도자기 notoriously **ad** 악명 높게 rough sailing 거친 항해, 난항 be up for 입후보하다 boatload **n** 한 배에 실을 화물, 적재량, 많은 사람들 scrupulous **a** 세심한, 꼼꼼한, 주도면밀한

Passage 6

정답 1. ② 2. ④ 3. ③

해석 문학계에서 최근의 대중적인 추세는 디스토피아적인 풍경 — 무자비한 환경이나 파탄 난 사회적·정치적 체제, 또는 암울한 종말론적 형상화에 의해 병든 풍경 — 의 특징을 서술하는 것이다. 헝거게임(The Hunger Games)과 다이버전트(Divergent)와 같은 젊은 층 장르의 소설에 독특한 장점을 추가하려는 시도로 가장 두드러졌던 것(즉, 디스토피아적인 풍경)이 이제는 성인 문학에 스며들게 되었다. 비록 디스토피아적인 소설이 문학계에서 오랫동안 보편적이었지만, 디스토피아적인 작품의 이러한 새로운 추세는 사회적 가치 변화를 반영하려는 새로운 소재로부터 등장하고 있다. 압도적인 정부 통제나 자유의 상실에 대한 두려움을 조명하려고 만들어졌던 작품들이 이제는 우리의 관할을 한층 더 벗어난 새로운 위협을 활용하여 쓰이고 있다. 우리는 위험한 전염병과 기후변화, 자원 고갈과 같은 새로운 현상에 직면하고 있으며, 서점의 서가를 채우고 있는, 암울한 세계관을 반한 책들이 새롭게 늘어나고 있는 것은 우리 사회의 이러한 두려움을 반영하는 것이다. 우리 문화의 과도한 소비와 기술에 대한 중독은 더 이상 공상과학 소설에 국한되지 않는, 가까운 미래의 변화된 기후로 (이런 문학적) 환경을 부추기고 있다. 문학적 주제로서 이러한 기후변화를 이용하는 것은 당면한 문제의 시급성을 이해하고 우리의 삶에 대한 그 파급력을 수용하기 시작한 우리 사회의 사고적 패러다임의 전환을 보여준다. 이러한 디스토피아적인 소설 중에 인기 있

는 데이비드 미첼의 *The Bone Clocks*는 뛰어난 스토리텔링으로 이런 디스토피아적인 리얼리즘을 보여주는 작품이다. 이 소설은 1984년에 시작되어, 전쟁을 겪고, 화석연료의 고갈로 인해 인류가 생존을 위해 사투를 벌이는 시기를 거치면서 이후 수십 년간 이어진다. 세인트 존 만델이 쓴 소설인 *Station Eleven*에서는 등장인물들이 자기 발견을 향해 움직이고, 생의 가장 중요한 부분이 생존이 되어버린 세상에서 의미를 찾으려 하는 더 깊은 주제의 배경이 되는 종말 이후의 세상에서, 인류는 치명적인 유행성 독감으로 절멸하게 된다.

해설 1. 현재 유행하고 있는 디스토피아적 소설의 특징과 대표 작가들의 작품에 관한 설명과 함께 이러한 작품들은 구체적인 현실을 반영하고 있다는 내용을 다루고 있다. 디스토피아 장르의 미래에 관한 내용은 언급되어 있지 않다.
2. 본문의 첫 번째 문장 "The latest, popular trend in literature is to feature a <u>dystopian</u> landscape — a landscape <u>plagued by inhospitable environments, broken social and political systems, or dark, end-of-days imagery</u>."의 밑줄 친 표현을 통해서 hilarious의 맥락과는 거리가 멀다.
3. 디스토피아 소설은 문학계에서 오랫동안 보편적이었으며, 인류의 비관적인 미래를, 그리고 현대 사회의 암울한 모습을 직접적으로 그리고 있다.

어휘 dystopian **a** 반(反)이상향의 plague **v** 역병에 걸리게 하다; 괴롭히다, 성가시게 하다 imagery **n** 형상화, 이미지; 수사적 표현, 문학적 형상 edge **n** 강점(= advantage), 우세 seep **v** 스미다, 새다; 침투하다, 서서히 확산하다 pandemic **n** 전국적(세계적)으로 유행하는 (병) obsessive **a** 과도한; 강박적인, 강박관념의 paradigm **n** 패러다임; 보기, 범례, 모범 apocalyptic **a** 종말론적인; (재난이나 파멸의) 전조가 되는; 계시의; 천계의, 묵시록의 immediacy **n** 직접성, 현장감; 즉시성

Passage 7

정답 1. ⑤ 2. ②

해석 피자는 분명 세계인들이 가장 좋아하는 음식 중 하나이다. 그럼 피자는 어디에서 유래되었는가? 그리고 누가 최초로 피자를 만들었는가? 사실 사람들은 오랜 세월동안 피자를 만들어 왔다. 석기시대의 사람들은 피

자의 기본 재료인 반죽을 만들기 위해 달구어진 바위 위에서 곡물을 요리했다. 시간이 지나면서 사람들은 반죽을 다양한 다른 음식, 식물, 향신료 등을 놓아두는 접시로 사용했다. 그들은 세계 최초의 피자를 개발했다. 16세기 초 유럽의 탐험가들은 아메리카 대륙에서 최초로 토마토를 들여왔다. 토마토는 오늘날 많은 피자에서 기본 재료가 된다. 하지만 처음에 대부분의 유럽인들은 토마토를 독이 든 음식으로 여겼다. 약 200년 동안, 사람들은 토마토를 거의 먹지 않았다. 점차 사람들은 토마토가 맛있을 뿐만 아니라 먹기에도 안전하다는 것을 알게 되었다. 19세기 초, 이탈리아 나폴리의 요리사들은 구운 반죽 위에 토마토를 얹기 시작했다. 납작한 빵은 곧 나폴리 전역의 가난한 사람들 사이에서 인기를 얻게 되었다. 1830년에 나폴리 요리사들은 피자 역사상 한 걸음 더 내딛게 되었다 — 그들은 세계 최초의 피자 가게를 열었다. 오늘날, 매년 전 세계적으로 50억 개 정도의 피자가 소비되고 있다.

해설 1. 본문의 말미의 문장인 "The flat bread soon <u>became popular with poor people all over Naples.</u>"의 밑줄 친 부분을 통해서 ⑤가 지문의 내용과 일치하지 않는다.
2. 유럽에 토마토를 들여온 후 처음 200년 동안 토마토를 먹는 사람들이 거의 없었지만, 서서히 토마토가 맛있을 뿐만 아니라 먹기에도 안전한 음식이라는 사실을 깨닫게 되었다고 했으므로, 빈칸에는 음식의 안전과 관련된 의미표현이 들어가야 할 것이다.

어휘 dough ⓝ 가루 반죽 ingredient ⓝ (요리의) 재료; 성분, 요소 herb ⓝ 식용 식물, 약초 seedy ⓐ 씨가 많은 poisonous ⓐ 유독한 priceless ⓐ 대단히 귀중한, 돈으로 살 수 없는

Passage 8

정답 1. ① 2. ④

해석 비록 심리학이 19세기 말이 되어서야 그 자체의 분야로 인정받았을지라도, 심리학의 초기의 뿌리는 고대 그리스인들까지 거슬러 올라간다. 예를 들면, 플라톤과 아리스토텔레스는 인간 정신의 본질에 관심이 있었던 철학자들이었다. 17세기에 르네 데카르트는 상호작용을 통해 인간의 경험을 만들어 내는 측면으로서 정신과 육체를 구별했고 이렇게 해서 현 심리학으로 이르는 길을 열었다. 철학자들이 그들의 결론을 이끌어내기 위해서 관찰과 논리에 의존한 반면, 심리학자들은 인간의 사고와 행동을 연구하기 위해서 과학적인 방법을 사용하기 시작했다. 독일의 철학자인 빌헬름 분트는 1879년에 라이프치히 대학에 세계 최초의 심리학 실험실을 열었다. 그는 반응시간과 같은 정신적인 과정을 연구하기 위해서 실험적인 방법을 사용했다. 이 연구는 독립적인 분야로서 심리학의 시작을 기록한 것으로 간주된다. 정신의학이라는 용어는 독일의 의사인 요한 레일에 의해서 1808년에 최초로 사용되었다. 그러나 한 분야로서의 정신의학은 무의식의 역할에 초점을 맞춘 새로운 성격이론을 지그문트 프로이트가 주장하고 나서야 대중화되었다. 그 이전에는, 심리학자들은, 사람이 의식하는 인식, 사고, 기억, 환상을 포함하여, 주로 정신의 의식적인 측면에 관심이 있었다.

해설 1. 본문의 두 번째 문장인 "Plato and Aristotle, for instance, were philosophers <u>concerned with the nature of the human mind.</u>"의 밑줄 친 부분을 통해서 ①이 내용일치가 맞음을 알 수 있다.
2. 정신의학이라는 용어가 "1808년에 최초로" 사용되었지만 한 분야로 대중화된 것은 프로이트 이후기 때문에 빈칸 (A)에는 문맥상 역접의 부사가 필요하다. 프로이트는 "무의식"의 역할을 초점을 맞춘 "새로운" 성격이론을 주창했지만 "그 이전의" 심리학자들은 주로 정신의 의식적인 측면에 관심이 있었다. 이런 맥락에서 빈칸 (B)에는 '그 이전에는'이 어울린다.

어휘 psychology ⓝ 심리학 recognize ⓥ 인정하다; 인식하다 own ⓐ 자신의, 자체의 field ⓝ 분야 not A until B B하고 나서야 A하다 trace ⓥ 추적하다, 캐다, 밝히다, ~의 출처를[유래를, 기원을] 조사하다 concerned with ~에 관심이 있는 nature ⓝ 본질, 본성 aspect ⓝ 측면, 견지, 견해; (문제를 보는) 각도 interact ⓥ 상호 작용하다, 서로 영향을 주다 thus ⓐ 이렇게, 이런 식으로; 그러므로, 따라서 pave the way for ~을 위해 길을 열다, 촉진하다 laboratory ⓝ 실험실 process ⓝ 과정; 절차; 처리 reaction ⓝ 반응 separate ⓐ 독립적인, 개별적인; 분리된 term ⓝ 용어; 학기; 기간; 관점; 관계 psychiatry ⓝ 정신의학, 정신병학 the unconscious 무의식(적인 것) the conscious 의식(적인) be concerned with ~에 관련되다, ~에 관심이 있다 perception ⓝ 인식, 지각 fantasy ⓝ 환상, 공상 be aware of 인식[의식]하다

Passage 9

정답 ④

해석 폭풍우가 오기 전 공기의 변화에 아주 예민한 생물들은 날씨의 변화를 예측할 수 있다. (A) 예를 들면, 새들은 기압의 변화를 느껴서 더 낮게 난다. (B) 마찬가지로, 집파리도 이런 변화를 감지하고 폭우를 피하기 위해 실내로 들어간다. (C) 그리고 고양이는 폭풍이 오기 직전에 털을 다듬는 것으로 알려져 있다. (D) 그렇게 함으로써, 그들은 뇌우가 오기 전에 공기 중에 일어나는 정전기에 반응하고 있는 것이다. 그 정전기는 털을 서로 떨어지게 하고 더러워졌다고 느끼게 만들며, 그래서 그 동물들은 털을 다시 부드럽고 깨끗하게 하기 위해 자기 몸을 핥는다.

해설 제시문의 doing so는 (A) (B) (C)에 예로 든 동물들의 행동을 가리킨다. 그리고 (D) 뒤의 The electricity는 제시된 문장에 나온 the static electricity를 가리키므로 제시문은 (D) 자리에 들어가는 것이 적합하다.

어휘 sense ⓥ 느끼다, 감지하다 downpour ⓝ 폭우 groom ⓥ (동물이 가죽·털 등을) 다듬다 static electricity 정전기 lick ⓥ 핥다

Passage 10

정답 1. ⑤ 2. ③

해석 2008년 중국 베이징 올림픽에서 수영선수 마이클 펠프스는 8개의 금메달을 획득했다. 그는 한 올림픽에서 그렇게나 많은 메달을 획득한 최초의 사람이었다. 그는 그것을 어떻게 해냈을까? 수년 동안의 훈련이 있었고, 힘겨운 노력과 타고난 재능, 그리고 매우 큰 발이 필요했다. 펠프스는 수영할 때 돌핀킥을 사용한다. 돌핀킥은 물속에서 발을 움직이는 특별한 방식이다. 수면을 수영하면 물결이 일게 된다. 그리고 그 물결이 (수영하는) 속도를 늦추게 한다. 돌핀킥을 하면 수영 선수의 발은 항상 수면 아래에 있게 되어, 물결이 일지 않는다. 그것이 바로 돌고래가 수영하는 방식이며, 돌고래는 바다에서 가장 빠른 동물들의 부류에 속한다. 많은 수영선수들이 돌핀킥을 사용한다. 그러나 펠프스(Phelps)에게는 특별한 이점이 있다. 그의 발은 매우 크고 평평하다. 그의 발은 대부분의 사람들의 발보다 돌고래의 지느러미에 더 가까웠다. 그리고 그의 큰 발은 그에게 많은

힘을 준다. 펠프스는 또한 매우 멀리 발을 뻗을 수 있는데, 발레 댄서보다도 훨씬 더 멀리 뻗을 수 있다. 이것은 물속에서 그에게 큰 이점을 가져다준다. 그는 발을 아주 멀리까지 뻗는다. 그런 다음 발을 재빨리 아래로 움직여 몸을 앞으로 움직이게 한다.

해설 (E)의 "They"는 제시문의 발을 받는 대명사이다. 제시문의 내용은 (E) 앞의 But Phelps has a special advantage. 문장에 대한 구체적 진술에 해당한다.
2. 본문에서 돌핀킥을 하면 물결이 일지 않게 되며, 이것이 돌고래가 수영하는 방식이라고 했으므로 정답은 ③이다.

어휘 surface ⓝ 수면, 표면, 지면 flipper ⓝ 지느러미발, 물갈퀴 stretch ⓥ 뻗다, 늘이다 forward ⓐⓓ 앞으로, 전방으로 clumsy ⓐ 솜씨 없는, 서투른

Passage 1

정답 1. ② 2. ④

해석 대체로 과학은 매력적인 일이 아니다. 단일한 일련의 데이터 수치들은 통상적으로 실험실에서 수개월, 또는 현장에서 수년 동안 보내는 것을 의미한다. 심지어 가장 생산적 있는 연구원들도 지속적으로 곤경에 처하며, 자신의 길을 헤쳐 나가야 한다. 그동안에, 대부분 연구원들의 노력들은 결과적으로 잘못 고안된 계획이나, 단지 운이 좋지 않았던 가설들로 인해 낭비되거나 사라진다. 하지만 그들은 계속해서 일을 하며, 종종 숙명적인 결과를 얻기도 한다. 과학에 있어 작업(연구)의 어려움은 필연적이다; 누군가는 과학의 진정한 테마가 현실의 냉혹함이라고 주장할 수 있을 것이다. 그리고 과학에 쓰이는 것은 또한 과학적인 논문에, 적어도 최고의 과학 논문에 쓰인다. 그것은 해답에 관한 것이라기보다 오히려 질문에 관한 것이다: 왜 시간은 오직 한 방향으로 흐르는 것인가? 생명은 어떻게 시작되었는가? 네안데르탈인들에게 무슨 일이 일어났는가? 이런 이야기들은 흥미롭기도 하지만 힘에 벅차기도 하다. 이러한 질문들은 — 어떤 의미에서는 말 그대로, 또 어떤 의미에서는 비유적으로 — 도달하기 어려운 곳으로 우리를 이끈다. 그것들은 우리에게 새로운 방식으로 세상을 바라볼

210

것을 요청한다.

해설 1. "The difficulty of the work is essential to it; the true subject of science, one could argue, is _____."의 빈칸의 내용은 과학의 대상에 해당하는 내용이 들어가야 하므로 보기 ②의 내용이 들어가기에 가장 적절하다.

2. 글의 도입부에서 과학적 연구의 어려움을 설명하면서, 과학적인 작업은 실험실에서 오랜 시간과 노력이 필요하지만, 그럼에도 불구하고 많은 어려움에 직면한다는 내용이 나온다. 보기 ④의 내용은 본문의 내용과는 거리가 멀다.

어휘 enterprise **n** 기획, 계획; 기업(체), 사업 meanwhile **ad** 그동안, 그 사이에; 이럭저럭 하는 동안에; 한편 hypothesis **n** 가설, 가정; 전제 ill-conceived **a** (계획 등이) 발상이 나쁜, 착상이 나쁜 demanding **a** 주문이 벅찬, 지나친 요구를 하는; (일이) 힘든 literally **ad** 글자 그대로; 정말로, 사실상; (과장하여) 완전히 metaphorical **a** 비유적인, 은유적인 obduracy **n** 냉혹; 억지, 완고, 외고집(stubbornness) perseverance **n** 인내력, 참을성 expeditious **a** 신속한, 날쌘, 급속한

Passage 2

정답 ⑤

해석 타우린은 보통 하루에 3,000 밀리그램 미만을 섭취해야 한다. 이 정도 복용량으로, 당신의 몸은 타우린을 이용해 생명유지 과정에 에너지를 공급하고 남는 것은 신장을 통해 분비한다. 하지만, 더 많은 양을 섭취하면, 타우린은 의도치 않은 부작용을 유발할 수도 있다. 대량으로 섭취할 경우, 타우린의 영향에 대한 포괄적인 연구는 아직 이루어지지 않았다. 대량의 타우린을 섭취하기 전에 의사와 상의해야 한다.

해설 본문은 "타우린은 하루 3,000 밀리그램 미만으로 섭취해야 하며, 그 이상 섭취하면 부작용이 생길 수 있으니 먼저 의사와 상의를 해야 한다"는 내용이 글의 요지이므로 이를 가장 잘 반영한 제목은 ⑤이다.

어휘 dosage **n** (약의) 복용량, 투여량 vital **a** 생명유지와 관련된 excrete **v** 분비하다, 배설하다 excess **n** 과잉, 초과 kidney **n** 신장, 콩팥 compre-

hensive **n** 포괄적인, 종합적인

Passage 3

정답 ①

해석 쥐에 관한 연구는 동물이 번잡한 환경에서 살면 무질서하고 난폭한 생활을 한다는 것을 보여준다. (A) 인간도 다르지 않다. 혼잡한 도심지역은 무법천지의 전형이다; 로스앤젤레스의 붐비는 고속도로는 운전자들에 의한 공격행위, 심지어 총격을 부추긴다. (B) 우리의 도시 지역이 인구밀도가 계속 증가할수록, 이런 유형의 문제들 또한 분명히 증가할 것이다. (C) 그것은 더 많은 가정 폭력을 의미하며, 이용할 수 있는 자원을 놓고 더 많은 싸움이 일어날 것을 의미한다. (D) 아메리칸 드림은 ― 단지 꿈에 불과하게 될 것이다.

해설 첫 문장은 '쥐에 관한 연구결과'를 언급했고, (A)부터는 '인간들도 그 연구결과와 비슷하다'는 내용이므로 '인간도 다르지 않다' 라고 한 제시문은 (A) 자리에 들어가야 한다.

Passage 4

정답 1. ② 2. ③

해석 전직 대출 컨설턴트인, 크리스 일은 지난 7월에 아이오와 주의 에임즈에 있는 자신의 사무실 앞에 오토바이를 막 주차하다가 장애인 표시가 붙은 폰티악 본빌 승용차 한 대가 철길 위에 서 있는 것을 보았다. 그 때 그는 다음 교차로에서 기차의 기적 소리가 들려오는 것을 들었다. 크리스는 선글라스와 열쇠를 오토바이 근처에 던져놓고 그 승용차를 향해 달려갔다. 목 보조기를 착용한 84세의 노인 장 패피치가 운전석에 앉아, 키를 돌리면서 액셀을 밟고 있었다. Jean의 아내인 78세의 매리언은 조수석에서 안절부절못하며 남편을 응시하고 있었다. (A) 크리스는 건널목 차단기 아래로 머리를 수그리고 들어가서, 뒤쪽에서 승용차를 밀었지만, 그의 부츠가 따뜻해진 아스팔트 위에서 미끄러졌다. 그는 기차가 빠르게 접근해 오는 것을 볼 수 있었다. (B) 크리스는 차를 뒤쪽으로 미는 것은 더 쉬울지도 모르겠다고 생각했다. 그는 차 앞쪽으로 뛰어가서 장에게 차의 기어를 중립에 놓으라고 소리쳤다. 기관차가 그들을 향해 돌진하면서, 브레이크가 끼익 소리를 내고 경적이 울릴 때 그는 발밑의 땅이 우르릉하며 울리는 것을 느낄 수

있었다. 그는 자신의 부츠를 철로의 홈에 끼워 넣고 세차게 밀었다. 마침내, 차가 철로에서 빠져 나왔다. 크리스가 위를 올려다보았을 때, 유니언 퍼시픽 기차의 높이 솟은 그릴(라디에이터)이 겨우 몇 피트 떨어진 곳에 있었다. (C) 기차가 포효하며 지나갈 때 그는 몸을 승용차 옆에 대고 납작 엎드렸다. (D) 깜짝 놀라 말문이 막힌 채 크리스는 사람들이 현장에 모여들자 비틀거리며 일터로 돌아가 커피 한 잔을 마셨다. 몇 주 후에, 매리언이 크리스에게 전화를 걸어 감사를 표했다. 그는 "말해야 될 때가 있고, 행동해야 할 때도 있는 거죠."라고 대답했다.

해설 1. 제시문의 내용이 "크리스는 차를 뒤쪽으로 미는 것은 더 쉬울 지도 모르겠다고 생각했다."이므로 "차 앞쪽으로 뛰어가는 ~"의 내용이 시작되는 (B) 자리에 들어가야 한다.
2. 노부부가 탄 승용차가 철로 위에서 멈추었고 기차가 다가오고 있는 위기 상황에서 크리스라는 시민이 달려가 구해낸 이야기이다. 처음엔 차를 뒤에서 밀려고 했지만 잘 되지 않자 재빨리 생각을 바꾸어 차 앞쪽으로 달려가서 차를 뒤로 밀어내어 구조에 성공했으므로 보기 중에서 ③이 제목으로 적합하다.

어휘 mortgage **n** 대출, 융자 disabled **a** 장애를 가진 stall **v** (차량·엔진을) 멎게 하다, 시동을 꺼트리다 intersection **n** 교차로 neck brace **n** 목 보조기 hit the gas 액셀(가속페달)을 밟다 peer **v** 자세히 들여다보다, 응시하다 duck **v** (머리나 몸을) 휙 수그리다; 피하다 crossing gate 건널목 차단기 rumble **v** 우르릉거리는 소리를 내다 locomotive **n** 기관차 bear down on ~을 향해 돌진하다 squeal **v** 끼익하는 소리를 내다 blare **v** 요란하게 울리다 wedge **v** 끼워 넣다, 밀어 넣다 groove **n** (문지방, 레코드 등의) 홈 shove **v** 떠밀다, 밀치다 towering **a** 우뚝 솟은 grill **n** 그릴(자동차 등의 라디에이터) flatten **v** 납작하게 하다, 평평하게 하다 roar **v** 포효하다, 으르렁거리다 stagger **v** 비틀거리다, 휘청거리다

Passage 5

정답 1. ① 2. ③

해석 독창성은 예술과 기술을 구별해주는 것이다. 그러므로 독창성은 예술적 탁월함이나 중요성을 재는 (A) 척도라고 말할 수 있다. 안타깝게도, 독창성은 또한 정의하기가 매우 어렵다; 흔히 쓰이는 동의어 ─ 독특함,

참신함, 신선함 ─ 도 별로 도움이 되지 않으며, 사전들은 단지 독창적인 작품이 복제, 재현, 모방, 또는 번역이 아니어야 한다고 말해줄 뿐이다. 그 사전들이 지적하지 못하고 있는 것은 독창성이 언제나 상대적이라는 것이다: 완전히 독창적인 예술 작품 같은 것은 존재하지 않는다. 따라서 만약 예술 작품을 "독창성의 등급"으로 평가하고 싶다면 문제는 주어진 작품이 독창적이냐 아니냐를 결정하는 데 있는 것이 아니라 (B) 그 작품이 얼마나 독창적인지를 정확하게 밝히는 데 있다.

해설 1. 첫 문장에서 "독창성은 예술과 기술을 구별해주는 것"이라고 했으므로, 빈칸 (A)에는 "무언가를 재는 기준, 척도"를 의미하는 yardstick이 적합하다.
2. 빈칸 (B)의 앞 문장에서 "독창성은 언제나 상대적인 것이며, 완전히 독창적인 작품은 없다"고 했으므로, 예술작품을 "독창성의 등급"으로 평가를 할 때 어려운 점은 "작품이 어느 정도 독창적인지를 밝히는 것"이 될 것이다.

어휘 novelty **n** 참신함, 새로움 rate **v** 평가하다 establish **v** 밝히다, (사실을) 규명하다 the lowest common denominator 최소 공통분모, 누구나 쉽게 알 수 있는 것

Passage 6

정답 ③

해석 (C) 섬유질이 풍부한 음식들로 구성된 식단은 당뇨병, 심장병 그리고 관절염에 걸릴 위험을 줄여준다. (A) 정말로, 섬유질의 이점에 대한 증거는 특정 질환에 국한되지 않는다. (D) 그것이 바로 전문가들이 언제나 음식물의 섬유질이 우리에게 얼마나 좋은지를 말하는 이유이다. (B) 그러나 이점들이 명확한 반면에, 섬유질이 왜 그렇게 훌륭한지는 별로 분명하지 않다.

해설 섬유질이 풍부한 음식이 3가지 질병에 걸릴 위험을 줄여준다고 한 (C)가 먼저 오고 그다음에 섬유질의 이점은 특정 질환에 국한되지 않는다고 한 (A)가 오는 것이 자연스럽다. 그리고 이렇게 이점이 많기 때문에 전문가들이 항상 섬유질이 얼마나 좋은지를 말하고 있다고 한 (D)로 이어지고, 섬유질의 이점과 다른 내용인 (B)가 마지막에 오는 것이 자연스럽다. 따라서 주어진 문장의 올바른 순서는 ③번의 (C) ─ (A) ─ (D) ─ (B)이다.